本书为厦门市金砖创新基地建设领导小组办公室委托项目

“金砖国家新工业革命伙伴关系创新基地智库合作和课题研究”

2023年度项目研究成果

林宏宇 等著

金砖国家
国别研究报告

（第二辑）

Country Studies
on the BRICS Countries

天津出版传媒集团
天津人民出版社

图书在版编目(CIP)数据

金砖国家国别研究报告. 第二辑 / 林宏宇等著. 天津 : 天津人民出版社, 2025. 1. -- (金砖国家研究丛书). -- ISBN 978-7-201-20635-6

Ⅰ. D52

中国国家版本馆CIP数据核字第2024E8K876号

金砖国家国别研究报告(第二辑)

JINZHUAN GUOJIA GUOBIE YANJIU BAOGAO DIERJI

出　　版　天津人民出版社
出 版 人　刘锦泉
地　　址　天津市和平区西康路35号康岳大厦
邮政编码　300051
邮购电话　(022)23332469
电子信箱　reader@tjrmcbs.com

责任编辑　王　琤
特约编辑　曹忠鑫
封面设计　汤　磊

印　　刷　天津新华印务有限公司
经　　销　新华书店
开　　本　710毫米×1000毫米　1/16
印　　张　21
插　　页　2
字　　数　280千字
版次印次　2025年1月第1版　2025年1月第1次印刷
定　　价　99.00元

撰稿人（按照姓氏笔画为序）：

孙旭亮
李太龙（Laroslav Zaitsev，俄罗斯）
张恒艳
张晶盈
吴蔚琳
陈　磊
林宏宇
赵　栋
斯瓦兰·辛格（Jaswal Swaran Singh，印度）
蔡　晶

丛书总序

金砖合作引领全球南方发展

当前世界百年未有之大变局正加速向纵深演进，人类社会面临前所未有的挑战。面临巨大不确定性的国际社会需要更加有效的多边合作，尤其是创新性合作。而金砖合作机制就是这种创新性多边合作的典型范式，是实现全球南方国家共同发展的国际制度创新。

近来"全球南方"（Global South）的概念被炒作得很热。少数西方发达国家欲借此概念把中国从发展中国家里"除名"，而少数发展中大国也想借机削弱中国在发展中国家的影响与地位。实际上，早在2017年中国提出"金砖+"概念，就已开启了全球南方国家合作的大幕。"金砖+"概念承前启后，不仅与旧南南合作关系密切，而且还是新南南合作的典范。正是因为有"金砖+"的创新机制，中国作为全球南方国家的永恒代表与主导地位才不可撼动。

可以说"金砖+"机制"始于（旧）南南合作，终及新南南合作"，而其"全球南方"的属性始终很显著。以"金砖+"为代表的金砖合作将引领并推动未来"全球南方"国家合作进程。

一、"始于旧南南合作"，是指"金砖+"机制的原理源于20世纪50至60年代蓬勃兴起的（旧）南南合作运动

该运动是发展中国家通过团结互助追求独立自主、摆脱发达国家政治经济控制的标志性运动。在美苏冷战对抗的历史背景下，发展中国家通过

“不结盟运动”和“七十七国集团”两大平台追求政治独立,奠定了旧南南合作的政治基础。但是旧的南南合作运动在取得一定成果的同时,随之面临的是发展停滞及被边缘化的困境。由于发达国家产业转移、南南国家产业结构相互竞争等原因,“南南合作在很长的一段时间内并没有带动发展中国家实现预期的发展”,“南南合作已不再是发展中国家的主要战略选择”,[①]部分发展中国家回到依附发达国家的老路,旧南南合作平台进入发展瓶颈期。

陷入困境的旧南南合作运动急需塑造成功发展的典范,以形成从虚到实、行之有效的合作机制。当历史走入21世纪,一批新兴市场国家崛起为国际政治经济格局的新锐力量,尤其是在2008年全球金融危机爆发后,新兴市场国家和发展中国家成为全球治理重要力量的趋势越来越明显。2017年诞生的“金砖+”机制模式则进一步调动了更多新兴市场国家和发展中国家的积极性,客观上为推动旧南南合作迎来第二波发展高潮带来了历史机遇。

在2017年厦门金砖峰会上,习近平主席提出“金砖+”概念,时任外交部部长王毅在第一时间就阐述了“金砖+”与南南合作的内在关系。他在十二届全国人大五次会议记者会答记者问时指出:“我们将探索‘金砖+’的拓展模式,通过金砖国家同其他发展中大国和发展中国家组织进行对话,建立更广泛的伙伴关系,扩大金砖的‘朋友圈’,把金砖合作打造成为当今世界最有影响力的南南合作平台。”[②]

“金砖+”机制之所以成为引领全球新兴市场国家和发展中国家共同推进南南合作的典范,是因为它呼应了广大发展中国家的必然诉求。

首先,除了金砖国家,世界各个次区域都有大批新兴市场国家快速崛起。这些新兴市场国家在区域和全球的影响力在不断提升,也普遍希望通

① 田旭:《从“金砖+”机制看南南合作模式创新》,郭业洲主编:《金砖国家合作发展报告(2019)》,社会科学文献出版社,2019年,第162~163页。

②《王毅谈金砖合作四大看点:构筑南南合作新平台》,中国网,http://www.china.com.cn/lianghui/news/2017-03/08/content_40428024.htm。

过建立相互之间的南南合作对话平台，加强本国在本区域或全球经济体系的话语权。金砖国家是全球发展中国家的领头羊，金砖国家合作机制对迫切要求提升国际影响力和话语权的新兴市场国家有极高的吸引力，而金砖国家合作机制也有责任整合全球新兴市场国家力量，为促进旧南南合作继而提升发展中国家整体影响力发挥作用。

其次，20世纪南南合作的重心是通过相互支持追求意识形态的独立自主，但是囿于南方国家内部经济结构同质化而难于建立起有效的经济互补机制。进入21世纪，金砖国家合作机制通过金砖国家新开发银行（NDB）、金砖国家工商论坛等机制化经济合作平台为旧的南南合作注入新的理念。随着金砖国家从区域大国经济发展合作概念进一步升级为全球发展中国家命运共同体概念，“金砖+”为旧南南合作赋予了新的时代内涵，即广大发展中国家不仅要通过理念认同来维护独立自主的国际政治地位，还要通过经济互助来引领全球化的国际经济趋势，更要通过发展中国家共同体建设，实现公平、公正的人类命运共同体目标。

二、“终及新南南合作”，是指“金砖+”机制克服逆全球化与单边主义的挑战，致力于推动“全球南方”国家的共同发展

近年来，部分西方发达国家选择了单边、保守、“退群”、“脱钩”的对外政策，这导致推动人类进步的全球化发展道路和《联合国宪章》所提倡的多边主义都面临严峻挑战。全球新兴市场国家和发展中国家在“南北对话”“南南合作”中面临共同的问题，旧南南合作举步维艰。尤其是发展中国家在投资、贸易、技术等领域缺乏互补优势，严重阻碍了南南合作从务虚平台最终向务实平台的转化。

为此，中国提出并推动“金砖+”模式，是希望用中国经验回应广大发展中国家所面临的一些共性问题，尤其是中国作为对全球发展贡献最大的发展中国家的领头羊，能够在资金注入、技术转移、贸易互补、基础建设等方面为其他发展中国家提供发展动能。2015年，习近平主席在出席联合国发展

峰会期间宣布中国出资设立“南南合作援助基金”,2022年中国政府又在全球发展高层对话会宣布将“南南合作援助基金”升级为“全球发展和南南合作基金”,坚定不移支持发展中国家的可持续发展。“中国通过‘金砖+’合作带动其他有着相似发展目标的新兴市场国家借助金砖国际合作机制实现共同发展”[①],这也为“全球南方”国家的南南合作向创新转型作出表率。

正如2017年习近平主席在金砖国家工商论坛开幕式上指出的:“我们应该发挥自身优势和影响力,促进南南合作和南北对话,汇聚各国集体力量,联手应对风险挑战。我们应该扩大金砖合作的辐射和受益范围,推动‘金砖+’合作模式,打造开放多元的发展伙伴网络,让更多新兴市场国家和发展中国家参与到团结合作、互利共赢的事业中来。”[②]习近平主席在金砖国家领导人第十四次会晤时又指出:“金砖国家不是封闭的俱乐部,也不是排外的‘小圈子’,而是守望相助的大家庭、合作共赢的好伙伴。”[③]与七国集团不同,金砖国家合作机制始终向广大新兴市场国家和发展中国家开启大门,致力于推动更多新兴市场国家和发展中国家深化合作、共同发展,是21世纪新南南合作最有潜力的发展方向。从此,“金砖+”模式成为真正多边主义和新全球化的未来选择。

“金砖+”模式诞生以来,金砖国家保持与其他新兴市场国家和发展中国家竭诚合作、成果斐然,“金砖+”正从理念逐渐向机制发展,展现了强劲的生命力,代表了未来南南合作乃至全球化的发展方向。越来越多的新兴市场国家已经意识到金砖国家合作机制是推动新南南合作、维护发展中国家利益的重要平台。也正是在此背景下,“金砖+”机制正在以前所未有的姿态出现在世界舞台,吸引越来越多新兴市场国家的积极参与。2023年

---

① 李峰:《“金砖+”合作模式研究》,中国经济出版社,2019年,第22页。

② 习近平在金砖国家工商论坛开幕式上的讲话(全文),新华网,http://www.xinhuanet.com/politics/2017-09/03/c_1121596338.htm。

③ 习近平在金砖国家领导人第十四次会晤上的讲话,新华网,http://www.news.cn/world/2022-06/23/c_1128770800.htm。

的南非金砖国家峰会实现了历史性的突破。沙特、埃及、阿联酋、伊朗、埃塞俄比亚等发展中国家成为金砖国家正式成员。

三、以习近平外交思想为核心的中国外交始终重视南南合作，以金砖合作为代表的新型南南合作将引领和推动全球南方国家合作进程

在习近平外交思想众多关于南南合作或者中国与发展中国家合作的表述理念中，“金砖+”是习近平外交思想对于南南合作的全新创举和高度凝练。“坚定支持新兴市场和发展中国家在国际事务中发挥更大作用，推动世界大变局向正确方向演进。”[①]中国始终认同自己是发展中国家大家庭的一分子，把新兴市场国家和发展中国家作为对外关系的重要方向，始终把新兴市场国家和发展中国家看作共同构建人类命运共同体、构建新型国家关系的关键伙伴。在2023年南非金砖国家峰会上，习近平主席再次强调，中国坚定奉行独立自主的和平外交政策，致力于推动构建人类命运共同体。作为发展中国家、“全球南方”的一员，中国始终同其他发展中国家同呼吸、共命运，坚定维护发展中国家共同利益，推动增加新兴市场国家和发展中国家在全球事务中的代表性和发言权。正如习近平主席在南非约翰内斯堡金砖国家工商论坛闭幕式发表题为“深化团结合作 应对风险挑战 共建更加美好的世界”的致辞中所强调的，以金砖国家为代表的新兴市场国家和发展中国家群体性崛起，正在从根本上改变世界版图。无论有多少阻力，金砖国家这支积极、稳定、向善的力量都将蓬勃发展。我们将不断深化金砖战略伙伴关系，拓展“金砖+”模式，积极推进扩员进程，深化同其他新兴市场国家和发展中国家团结合作，推进世界多极化和国际关系民主化，推动国际秩序朝着更加公正合理的方向发展。

当前国际政治右翼思潮有进一步泛滥的苗头，不负国际发展与安全责

---

① 杨洁篪：《深化新兴市场国家和发展中国家团结合作 携手共建人类命运共同体》，《求是》2022年第14期。

任的国家可能越来越多,全球治理正面临严重赤字。而经济长期高速增长、社会保持长期稳定的中国,对国际社会的影响力日益提升,对全球治理的贡献度也日益提高。尤其是2023年以来,“一带一路”建设进入第二个金色十年,“金砖+”合作机制进一步蓬勃发展,“上海合作组织”安全合作机制日益完善。这标志着“一体两翼”的中国全球治理方案日益成形。“一体”就是“一带一路”:进入高质量发展阶段的“一带一路”,虽源自中国,但已成为各国追捧的国际公共产品。通过高质量合作,天堑可以变通途,“陆锁国”可以变成“陆联国”,发展的洼地可以变成繁荣的高地。“一带一路”正日益成为国际合作的最佳平台。“两翼”就是“金砖合作”与“上合组织”:这两个国际合作机制分别代表着良性的发展与共同的安全,是中国式现代化的全球治理主张。“一体两翼”将为进入新时代第二个金色十年的中国带来更大增长动力,将为动荡不安的国际社会注入和平发展、团结包容的正能量,成为纷乱晦暗世界中的一抹亮色。它也使得中国式现代化理念更加深入人心。谁代表世界和平与发展,谁代表世界公平与正义,相信国际社会未来将有明智的判断。

未来时势向我,我们应增强信心,正确处理好新发展格局与新安全格局的关系。既要敢于斗争,更要善于斗争,正确处理好中美战略相持与中华民族伟大复兴、祖国完全统一与中华民族伟大复兴这两对最重要的关系。针对外部世界对中国的“批评”要多回应、少回击。要有战略耐心,静待“慢热”的世界。

从2017年以来,我校国际关系学院金砖研究团队积极响应国家战略需求,先后推出“金砖三部曲”“金砖智库合作”等系列成果。自2020年11月习近平主席宣布在厦门建立金砖国家新工业革命伙伴关系创新基地以来,我校进一步加强与厦门市的合作。本丛书就是我校金砖研究中心与厦门市金砖办战略合作的重大成果。衷心期待本丛书能进一步推动我国学界的金砖研究进程,为中国式现代化贡献绵薄之力。

林宏宇

2024年1月17日

导　论

在中国特色大国外交理念布局中，金砖合作的分量举足轻重。习近平在金砖国家领导人第十五次会晤上的讲话指出："当前，世界进入新的动荡变革期，正在经历大调整、大分化、大重组。金砖国家是塑造国际格局的重要力量。我们自主选择发展道路，共同捍卫发展权利，共同走向现代化，代表着人类社会前进方向，必将深刻影响世界发展进程。"①

金砖合作机制代表了世界格局和国际秩序演变调整的前进方向，承载着广大发展中国家共同的殷切希望。面对全球经贸体系、全球治理体系和国际关系体系等正在面临的深刻变化，国际社会比以往更加需要金砖国家发挥创新性作用。这也给学界、智库机构提出了持续深入研究的丰富议题。华侨大学与厦门金砖国家新工业革命伙伴关系创新基地开展战略合作，依托华侨大学国际关系学院金砖合作研究团队编撰此书，意在持续推动金砖国家发展动态的跟踪研究。

作为金砖国家国别研究报告第二辑，本书紧扣"新工业革命领域创新合作""金砖合作机制三轮驱动"合作架构等内容，重点关注巴西、俄罗斯、印度、南非四国的中长期战略、投资与营商环境、科技产业发展等，具体评析了四国为提升国家竞争力在产业发展、科技创新等领域采取的具体措施

① 《习近平出席金砖国家领导人第十五次会晤并发表重要讲话》，《人民日报》2023年8月24日。

及实施效果,并对四国的一些重要的城市、经济技术园区及其创新发展能力、发展前景等进行了具体个案分析。同时,充分考虑在这四国投资的中资企业所面临的国别挑战,对四国的经贸发展状况、产业发展和产业政策、对外贸易和经贸战略进行了研究和分析,特别关注四国创新网络与科技创新架构的实施及在科技领域的创新和进展,重点凸显了中国在四国的投资参与、影响和风险因素。以期从智库视角对四国发展面临的若干重大政治、经济和社会议题及相关政策调整进行梳理;对深化与金砖国家在高新技术领域的合作及推动金砖国家发展战略的深度对接等命题进行了分析;立足国家战略,对如何在不确定的世界充分发挥金砖合作机制作为创新性国际合作范式的作用进行了探讨。

金砖国家已成为全球最重要的合作机制之一。从2024年1月1日起,沙特、埃及、阿联酋、伊朗、埃塞俄比亚成为金砖国家正式成员,金砖成员国数量增加到10个。随着金砖大家庭的进一步扩员,金砖合作迎来新的起点,金砖合作机制将在全球治理和国际格局重塑方面发挥更加积极的作用。新的形势也为金砖合作机制发展提出了新的研究议题,金砖合作视角下的国别研究需要更多的学术关注。在百年未有之大变局加速演进的时期,金砖国家如何把握大势,引领方向,在全球南方国家的发展中找到新的现代化方案;如何发挥金砖责任、金砖担当开创新的合作局面;如何进一步深刻践行并推广全新合作理念强化国际合作新典范,为国际社会注入和平、合作的正能量,创新发展的新动能,建构文明交往的新形态,为变乱交织的世界注入更多的确定性需要持续深入地探讨。希望本书抛砖引玉,以供各界同人共同交流,共同推动金砖国家国别研究的繁荣。

目　录

巴西篇

俄罗斯篇

印度篇

南非篇

巴西篇

第一章　卢拉政府首年执政概况

2023年1月1日卢拉宣誓就任巴西总统,开启了其政治生涯中第三届总统任期。外号“巴西之子”的卢拉是巴西历史上第一位工人总统,2003—2010年担任巴西总统。从工人到总统、从阶下囚到再次竞选总统成功,他的经历充满着坎坷与传奇。当他高喊“巴西回来了!”时,此时的巴西俨然已不是他当年任总统时的巴西。在他执政期间,巴西年均经济增长4.3%,重返世界经济十强行列。巴西经济总量在2006年和2010年分别突破1万亿美元和2万亿美元,并在2011年超过英国成为世界第六大经济体。在社会民生上,卢拉推行“零饥饿”“家庭补助金”等民生计划,使巴西贫困人口减少一半以上。在外交上,卢拉奉行“务实、平衡”策略,使巴西在国际舞台上获得了更大的影响力。在他任内,巴西赢得了2014年世界杯足球赛和2016年里约奥运会的主办权。卢拉执政下的巴西还取得了中产阶级规模持续扩大、国际评级提高等成绩。卸任时,卢拉的民意支持率超过80%。而卢拉的新任期则面临着以下挑战:国际环境的限制性更强,大宗商品贸易繁荣不再,国内政治也是错综复杂。巴西经济更是江河日下,国内生产总值已跌出世界前十,2022年巴西国内生产总值仅剩下16000万多亿美元,人均从13000美元降到大约7000美元。巴西正处于十字路口,在应对发展道路上的又一次转折时,亟需基于新的政治格局来重新配置资源。

一、2023年巴西政治形势分析

当前巴西国内派系对立、通货膨胀高企等让新政府面临不小的困难和挑战。卢拉新政府致力于“团结与重建”,解决当前巴西面临的种种危机与挑战,推动巴西重返世界主要经济体行列。

(一)多政党联合组阁,左翼政党力量逐步加强

在政治领域,巴西新政府的首要任务是恢复国家政治秩序,寻求民众的团结。卢拉回归面临由疫情、地区局势危机等诱发的世界经济下行周期,具有鲜明的高通胀、高赤字、低增长特征。从地区层面看,一方面,拉美地区的政治极化使得左右翼力量对比呈现旗鼓相当的态势,左翼虽然略胜一筹,但右翼仍拥有较为稳定的选票基本盘,左翼政党要想在大选中胜出必须积极争取中间力量,这导致左翼政党执政后很难推动重大经济和社会改革议程;另一方面,此次拉美左翼政党多推崇“绿色”发展理念,注重加强自然环境保护,主张积极应对气候变化,不同于上一轮左翼政府大力推动矿产、石油等自然资源开发的政策路线。

从国内层面看,极右翼势力的崛起使巴西政党格局呈现出极化的特征。一方面,由于卢拉曾因贪腐指控入狱(2021年巴西法院裁定此前判决无效)、劳工党在2018年总统大选中落败,以劳工党为代表的左翼进步力量被削弱;另一方面,因为特梅尔过渡政府期间经济严重下滑和公共安全问题恶化,温和右翼和中右翼政党力量也被持续挤压,以博索纳罗为代表的极右翼势力乘势崛起。自20世纪80年代“再民主化”进程开启之后,多党制的实行使巴西政党制度趋于“碎片化”,任何候选人都难以作为单一政党候选人在总统大选中胜出。由于右翼势力依然掌控足够强大的核心选民基本盘,且福音派和军队对右翼势力的支持不可小觑,仅凭劳工党的力量单独向右翼势力发起挑战难以成功。为赢得2022年总统大选,卢拉及其所在的劳工党采取“统一战线”策略,积极开展联络活动,广泛团结进步力量,组建与右翼势力相抗衡的中左翼政党联盟。具体而言,卢拉组建的

中左翼政党联盟共汇集了7个党派，其中处于核心位置的是由巴西共产党、绿党与劳工党直接结成的政党联盟，另有巴西社会党、社会主义自由党、可持续网络和团结党4个党派与劳工党以“统一战线”方式开展密切合作。对卢拉和劳工党而言，组建中左翼政党联盟有利于化解来自右翼势力的严峻挑战，从而在价值观念、民众基础、施政方略等多个维度进行广泛的组织动员，淡化意识形态的左右分歧，以最大化地团结各方力量、整合社会资源。

为尽可能地弥合意识形态和阶层鸿沟，卢拉在竞选中以《巴西重建和转型方案》为施政纲领，其竞选主张并未强调甚至有意回避劳工党的传统左翼政治主张，反而竭力树立“和平促进者”的形象，不断向“中间路线”靠拢，以更加务实、包容的政策争取跨党派、跨阶层的民众支持，着力解决社会矛盾，全力凝聚发展共识。相较于竞争对手博索纳罗，卢拉更擅长调和复杂的社会关系，整合协调不同立场的政治势力，并根据形势变化采取务实策略，这赋予了他强大的号召力和选票吸引力。此外，卢拉在此前两届总统任期内所创造的经济高速增长成绩和民生改善也为他带来了大量来自中下阶层的选票支持。胜选后，卢拉再次呼吁“不存在两个巴西”，执政联盟不是劳工党政府，而是一个代表广泛党派、各个阶层民众的巴西人民政府，他将“为2.15亿巴西人执政”，而不仅仅是为“那些投票给我的人”[①]。

卢拉当选后组建了多党联合的内阁团队，希望通过党派联合巩固政权，并在此基础上形成“合力”。在3个批次的名单中，新一届巴西内阁并非劳工党“一家独大”，而是平衡同盟阵线的各方需求，由多党联合组建而成。与前任政府不同，卢拉新政府将博索纳罗时期23个政府部门提升至37个，不仅恢复和新增了妇女部、种族平等部、原住民部等5个部门，更将原有经济部拆分为财政部、规划和预算部及发展、工业和贸易部。在团结民众方面，卢拉认为当务之急是重启人民与政府间的对话。他希望通过恢

① 崔守军：《巴西政治格局变迁与中巴关系发展新机遇》，《当代世界》2023年第5期。

复“国家会议”制度,让各行各业的民众积极向政府建言献策,共同助力国家和社会建设。

(二)颁布多项措施,挽救巴西经济

2023年1月1日,就职典礼后,总统卢拉签署了11项法令和3项临时措施,并于次日在《联邦官方公报》发布。其中,3项临时措施分别是建立巴西援助计划和巴西天然气援助计划的补充计划、废除国家健康基金会,延长对社会融合计划、公务员资产培训计划和社会保障筹资贡献计划的免税期。此外,11项法令,则分别是枪支管理法令、重建森林保护机构法令、亚马孙基金法令、小型采矿法令、特殊教育法令、终止机构法令、国家环境基金审议委员会法令、环境罚款份额法令、运费附加费率法令、驻外外交代表的税务和海关附加条款法令和任命规则法令。临时措施在《联邦官方公报》上公布后立即具有法律效力,但是必须经国会批准后才能成为正式法律。法令和政令签署后立即生效。上述临时措施、法令和政令体现了本届巴西政府的重大工作动向。

从以上文件内容来看,卢拉新政府的施政理念依然延续卢拉之前的执政理念。从多项法令来看,卢拉旨在推翻或调整博索纳罗政府的政策,重新回归此前执政期间的思路,以此遵循过往发展的有益经验。由此可见,在诸多重大问题上,卢拉及时对博索纳罗政府的政策予以调整,其执政理念重新回归劳动党执政时期的思路,遵循其历史轨迹。

脱贫是卢拉重点实施的政策之一。优化巴西援助计划,恢复家庭补助金计划对贫困家庭的现金补助,兑现大选期间的竞选承诺,试图解决巴西大量贫困人口的生存困境。强化巴西天然气援助计划,增加对普通居民的燃气补贴,强化对弱势群体的帮扶力度。贫困人群是卢拉的坚定支持者,民生牌是卢拉赢得大选的法宝之一,民生问题将是卢拉政府的重要施政内容。

卢拉尤其关注环境问题。巴西政府发布的367号法令、368号法令、369号法令、372号法令和373号法令都是关乎巴西环境保护的关键性举措。通过“废、立、改”等系列举措，卢拉政府及时形成有别于博索纳罗政府的新环境保护政策，将环境保护视为本届政府的重要内容。在环境保护议程中，尤其关注亚马孙雨林保护问题，通过系列举措，强化对亚马孙雨林的保护。

（三）国内阶级矛盾、种族矛盾突出，社会两极分化严重

巴西国内贫富分化、阶级矛盾突出是巴西长期遗留的历史问题。卢拉在任时实行的政策曾缓解了巴西的贫困问题。然而前任总统博索纳罗任职期间加剧了贫富分化和阶级矛盾。博索纳罗在任期间的经济自由主义政策没有解决巴西的就业问题，失业率居高不下；控制财政政策赤字的措施中还包括削减教育、医疗等公共领域的开支，这也使弱势群体的处境更加艰难；博索纳罗的社会主义理念并未有效促进巴西人民团结，反而使社会分裂程度加深。博索纳罗极度推崇福音教和西方文明价值观，其反对女权主义、反对性少数群体、开发土著部落保留地等争议性主张，都导致巴西社会逐渐走向攻击和排斥少数群体的极端，使族群矛盾进一步升级。[①]因此，卢拉总统在2023年第三次就任总统伊始即宣布要解决贫困人口的三餐问题，任命韦伦贡·迪亚斯为联邦政府发展与社会家庭救济及反饥饿部长，其拥有丰富的社会工作特别是减贫工作经验。

与此同时，当前巴西政局左右翼势均力敌，两极分化。卢拉与博索纳罗最终得票差距也仅不到2%。大选带来的社会撕裂，既是巴西结构性矛盾的体现，也是疫情下世界“极化政治”的缩影。卢拉的任期中势必将承受全国近一半右翼选民带来的压力。

二、巴西的经济政策和经济形势

巴西总统卢拉以“重建巴西”为主要目标，重点关注巴西经济的可持续复苏和社会民生发展，包括恢复因多年投资不足而遭受重创的公共服务、

① 程晶主编：《巴西发展报告（2020）》，社会科学文献出版社，2020年，第33页。

缓解贫困和饥饿及对抗通胀等任务。而在竞选中,推行巴西的“再工业化”已成为各个党派的共识。各阶层都在高度关注国家再工业化进程并对之寄予厚望。

在经济发展政策上,新任总统卢拉提出:改善营商环境,尽快实现经济复苏;扭转去工业化的进程,促进广泛和全新行业的再工业化,推动巴西向数字经济和绿色经济的过渡转型;寻求遏制森林砍伐,促进相关产业发展;要与巴西所有州长重新拟定发展计划,重启暂停的公共项目并开发优先项目;将寻求国际国内的投资合作伙伴,在公共服务、基础建设和战略资源开发等方面加强投资。

就任总统后,卢拉很快便签署了一系列行政法令:恢复被长期搁置的亚马孙基金的运作,允许使用这一基金来打击在亚马孙地区的环境犯罪;撤销使购买枪支更容易的法令和允许在原住民土地上进行手工金矿开采的法令;要求结束对巴西国家石油公司和巴西邮政的私有化可行性研究,把政治盟友——参议员普拉特斯提名为巴西国家石油公司的新任首席执行官,宣布巴西国家石油公司必须成为巴西发展计划的一部分;撤销前届政府刚颁布的给大公司减税的法令。

(一)经济现状

巴西是“金砖五国”(巴西、俄罗斯、印度、中国、南非)之一,是全球重要的新兴经济体。1980—2022年间,巴西国内生产总值实际年平均增长2.3%,但增长波动较大。1994年巴西政府确定巴西雷亚尔为新的法定货币,之后经济增长稳定性显著增强,2000—2007年为较快增长时期,巴西一跃成为全球重要经济体。2022年,巴西国内生产总值约为1.92万亿美元,位居全球第十大经济体。但由于巴西雷亚尔兑美元汇率贬值,2022年巴西国内生产总值远低于2011年的2.62万亿美元(当时巴西经济规模居全球第六位)。巴西经济增长率在2023年前六个月中,在已公布经济增长的49个经济体中排名第六,2023年上半年,巴西国内生产总值累计增长2.7%,紧随印尼和中国(均为3%)之后。

对外贸易方面，美国、阿根廷、中国、德国和日本等是巴西的主要贸易伙伴。2022年，巴西对外贸易总额6072.1亿美元，比1971年增长约98.4倍。其中2022年出口3342.51亿美元，增长19.9%；进口2729.59亿美元，增长24.7%。贸易顺差612.92亿美元。中国同时是巴西第一大出口国和进口国，2021年巴西对中国出口879.08亿美元，从中国进口534.64亿美元，对中国贸易顺差344.44亿美元。2021年巴西十大出口商品、十大进口商品中，铁矿石出口额最多，为487.23亿美元；原油进口额最多，为318.73亿美元。

通货膨胀方面，巴西历史上饱受高通胀之害，1981—1994年，巴西居民消费者物价指数涨幅连续14年超过100%，其中1990年居民消费者物价指数高达2949.7%。恶性通胀环境下，巴西货币严重贬值，巴西政府被迫于1986年、1989年、1990年、1993年和1994年先后5次更换货币（详见后文介绍）。1994年确定巴西雷亚尔为法定货币以后，巴西的恶性通胀得到遏制，居民消费者物价指数迅速从高位回落。1994年巴西通胀率高达2075.9%，1995年降至66%，1996年为15.8%，1997年为6.9%，此后一直维持在较低水平。随着通胀回落到正常水平，巴西经济发展取得了较大成就，国内生产总值保持较快增长，且波动率降低，2000—2007年间平均增长率为3.8%，显著高于过去40年的平均增速2.3%。

与美国、墨西哥相比，巴西失业率长期处于较高的水平，1981—2020年间经历了两个上升–下降长周期。1981—1987年，巴西失业率呈下降趋势，从1982年1月历史峰值15.8%降至1987年3月阶段低位5%；1987—2000年，巴西失业率趋于上升，2000年2月为14.3%；2000—2014年，巴西失业率不断下降，2014年4月降至历史最低的4.6%；2014—2020年，巴西失业率再次上升，2018—2019年间失业率略有降低，但2020年疫情冲击造成失业率上升，2021年4—5月达到14.7%。2021年以来，随着疫情冲击减弱，巴西经济复苏，失业率逐步降低，2023年7月降至7.9%，比2021年4—5月本轮峰值14.7%大幅降低6.8个百分点，创2016年2月以来最低。同期美国和墨西哥失业率分别为3.5%和2.7%,巴西失业率仍处于显著高位。

(二)经济政策

1."新财政框架"

当前巴西国内通货膨胀率较高,民众承受着较大生活压力。卢拉认为,当务之急是缓解通货膨胀、改善营商环境,尽快实现经济复苏。制定一个符合当前需求的财政新框架并进行税收改革,是卢拉政府2023年的优先事项。

2023年8月22日,巴西议会投票通过了替代政府支出上限规则的新财政框架法案,这项新规将作为平衡收支的新工具,助力巴西实现财政盈余、重启经济增长。据路透社报道,巴西下议院当天以379票赞成、64票反对通过了这项新财政框架法案。新财政框架包括放宽政府支出上限,允许支出增长不超过前一年政府收入增长幅度的70%。同时将支出增长限制在每年比通货膨胀高0.6%至2.5%的范围内。此外,如果没有达到预先确定的主要预算目标,下一年支出增长将被削减至收入增长的50%以内。

"新财政框架"是2023年3月巴西财政部部长费尔南多·哈达德向总统卢拉提交的提案,旨在为联邦政府财政支出的增长幅度制定新规则,以取代特梅尔政府自2017年以来实行的"财政支出上限"规则。原有的支出上限规定,在20年内巴西每年的财政支出增长量不得超过上一年的累积通货膨胀率,这一规则被认为限制了国家推动经济增长和施行公共政策的能力。依据新的财政框架,卢拉政府计划加强对公共支出的管控,在缓解财政赤字问题的同时保障政府对医疗卫生、教育和安全领域的投资,以拉动经济增长和保障社会福利。

这项财政新规结束了2016年起生效的严格的政府支出上限政策。巴西的学者和专家表示,新财政框架更具灵活性,纠正了财政盈余规则和支出上限政策的不足,使政府能够监测初级赤字,而不必在全年进行密集调整;有助于促进投资、减少公共债务及在收入扩张周期中实现初级盈余。

巴西的财政框架是一个复杂的体系,由联邦、州和市三级组成。总体来说，巴西的财政框架具有分权特点，联邦政府拥有较大的财政权力，而州和市政府的财政权力相对较小。这种分权模式有助于确保各级政府在财政上的独立性和自主性，同时也可以避免财政过度集中导致的风险和不公平问题。在实践中，巴西政府采取了一系列措施来加强财政管理和监督，例如设立专门的财政部门、实行预算透明制度、开展财政审计等。这些措施有助于保障财政框架的有效实施。

2.“再工业化”

卢拉自年初就职总统以来，多次谈及“再工业化”，但目前巴西政府对如何进行“再工业化”的政策导向依然不十分清晰。从近期巴西新政府高官相关言论及媒体报道来看，巴西政商各界将“再工业化”的重点聚焦于芯片、汽车、飞机、军工等高端制造业，石油、生物燃料、农业制造等传统制造业，以及健康、环保等新兴制造业，而数字、绿色、低碳等成为描述未来“再工业化”特色的高频词。同时，由于劳动力充足、人力成本近年来增长较慢，巴西也可能成为更多轻工产品、生活用品的制造国。对巴西来说，中国将是“再工业化”能否取得成功的一个重要外部因素。卢拉2023年4月访华前夕在接受新华社记者书面采访时坦率表示：“我们对中国的出口额大于我们对美国和欧盟出口额的总和。中国目前是巴西农业的主要发动机，我希望中国成为巴西‘再工业化’的强大引擎。”卢拉高度重视“再工业化”，希望巴西实现向数字经济和绿色经济的转型。他希望通过汇率政策保证巴西货币的稳定性，从而增强本国经济的韧性和活力。卢拉在执政计划中还提及要恢复联邦政府对基础设施建设和国家在工业化领域的投资，强化对农牧业、高科技行业及创意经济的支持力度。

（三）税务改革

巴西税收制度是世界上最复杂的税制系统之一，且税负在世界排名靠前。据巴西联邦税务局统计，2021年巴西消费税收共计1.29万亿巴西雷亚尔，在国内生产总值中占比14.5%，在税收总额中占比44%。为提高国家竞争力，近年来巴西一直在尝试推动改革税制，相关提案被列为立法部门当前工作的重中之重。

2023年7月7日,巴西联邦众议院高票表决通过历史性的税收制度改革法案。本次巴西众议院所通过法案的主要内容包括:现有的五种间接税,工业产品税、流转税、服务税、社会一体化税和社会保障金融贡献费将合并为商品及服务税。联邦、州和市政府可以自行制定税率,三级政府各自的税率之和将成为本地征收商品及服务税的总税率。新的商品及服务税从2026年起开始征收,之后不会再有如免税、税收优惠等区别对待的情况,取而代之的将是总额400亿巴西雷亚尔的地区发展基金。法案还设置了过渡期,从2033年起旧税种才正式退出舞台,新税种全面启用。根据计划,税收改革过渡期将从2026年开始,持续至2032年。2033年起,现行税收制度将全面被新的税制取代。巴西关于税收改革的讨论已历经三十年,税改一方面将帮助制造业和贸易企业减轻税负,但另一方面或提高服务业税负成本。

巴西本次税改或造成四个方面的影响:一是对制造业的影响。为了实现税务合规,过去企业花费了大量的时间成本。税改对制造业是利好的消息。二是调整了对商品和服务消费的征税方式,对加速巴西社会经济发展有重要促进作用,且对提高低购买力人群的收入将发挥决定性作用。三是从生产方面来看,税改使巴西能够开放更多的增值项目。如果实施得当,将大大缩小巴西同其他国家的成本差距。四是与民生相关,税改后老百姓的“基本食品篮”(包括米、面、油等生活用品)的价格有望整体下调1.7%,肉类、奶酪、卫生纸等商品的价格将有比较大的降幅。

(四)经济形势

第一,从债务规模来看,尽管巴西债务和财政收支情况比拉美大部分国家要好,但根据世界银行的统计数据,2021年政府债务仍然达到国内生产总值的88%,远高于经济情况、人口结构都具有相似性的墨西哥的46%。

第二,从内需的消费和投资结构来看,巴西储蓄率仍然较低,投资不足,这种结构下的巴西工业发展仍然脆弱。国内市场饱和、非耐用消费品生产的需求受限、制造业竞争力下降，导致制造业对经济增长的贡献率降低。在营商环境方面，尽管推行了多项改革，巴西的营商环境仍然非常不利。巴西较为复杂的监管环境，为企业进入和退出市场及生产各要素在企业之间的重新配置带来障碍。此外，在法律体系的运行上也有缺陷，导致各种合同在法律上的不确定性。这都加大了工业进一步发展的难度。

第三，从目前的产业结构来看，巴西的经济中工业部门仍在相对衰退。在巴西对外出口中，初级产品占比持续增加，目前占比超过50%，而制成品出口占比持续收缩。自2000年以来，巴西出口的增长基本由初级产品和半制成品的扩张带来，而制成品的出口规模始终在原地踏步。过于依赖初级产品的经济发展模式注定受经济周期性扰动较大，考虑到近2.2亿的人口规模，一旦出现周期性的不利因素，巴西很容易再次陷入财政收支不平衡，并再次发生财政危机。

总体来说，巴西新政府采取的财政扩张政策能够促使巴西经济的总体增长。根据国际货币基金组织2023年10月10日发布的《全球经济表现修正报告》，预计巴西经济2023年将增长3.1%，报告强调了巴西2023年经济增长的三个主要原因：一是农业扩张，二是服务业的弹性，三是卢拉政府财政刺激措施推动。根据巴西央行的报告，在2022年底巴西实现基本盈余后，政府赤字预计降至占国内生产总值的1.1%。这个结果反映了巴西相关政策如家庭补助金等社会计划支出的增加、最低工资的提高、公务员工资调整等带来的影响。

三、新政府的社会政策和社会形势

（一）消除贫困

巴西面临巨大的社会民生挑战：3300万巴西民众面临严重饥饿问题，1亿人生活在贫困中，这些数字均是近年来较高水平。卢拉在他获胜演讲中表示,他的首要任务是改善巴西穷人的生活。[①]对此,卢拉将延续其此前任期的执政亮点,重拾劳工党政府曾实施过的社会保障方案。上任前卢拉曾在施政纲领草案中推进全新的劳动法改革和税制改革,取消政府支出上限,提高最低工资,重启"家庭补助金"计划,促进种族平等,加强巴西雷亚尔的地位等改革事项。上任后,卢拉推行多项社会福利改革项目,推动"家庭助学补助金"计划减少贫困和饥饿,最大限度地发挥公共开支惠及底层民众的"涓滴效应"。在公共卫生领域,卢拉政府计划加强"统一卫生系统"的公共性和普及性,以应对公共卫生危机。卢拉在执政百日讲话中表示,将加大科研和教育投入,对低龄儿童家庭提供额外补助,提高对贫困家庭的救助金,致力于消除社会不平等。

(二)推出全国性的公共安全政策

由于不平等问题加剧,巴西国内的极端主义情绪和对民主制度的质疑滋长。《巴西政治和选举暴力》研究报告提到,2020年9月2日至2022年10月2日发生了523起政治暴力案件,涉及482名受害者,其中包括巴西民选职位的代表、候选人或预候选人及政治代理人。在短短两年多的时间里,记录了54起谋杀、109起袭击、151起威胁等犯罪事件,此外还有6起刑事定罪案件和5起入侵案件。仅在2022年8月1日至10月2日第一轮选举期间,就登记了121起针对政治代理人的政治暴力案件,几乎每天就有2起政治暴力案件。2019年以来政治暴力不断增长。2018年之前,每8天就有一人成为政治暴力的受害者,而从2019年开始,每2天就会记录一次暴力事件。仅2022年一年就记录了247起政治暴力案件,也就是说,每26小时就有1起政治暴力案件发生。[②]特别是在2022年大选中,社会撕裂加剧导

---

① Andrew Downie, "Poverty, housing and the Amazon: Lula's in-tray as president-elect of Brazil", *The Guardian*, https://www.theguardian.com/world/2022/oct/31/lula-policies-priorities-win-brazil-president-election-poverty-housing-amazon.

② https://terradedireitos.org.br/noticias/noticias/numero-de-casos-de-violencia-politica-e-eleitoral-em-2022-e-400-maior-do-que-o-registrado-em-2018/23792#.

致威胁、恐吓、政治暴力甚至流血冲突事件激增。为此，卢拉政府计划推出一项全国性的公共安全政策，改革“统一公共安全系统”，以实现安全系统的现代化，进而保障巴西社会治安的稳定。

（三）环境保护

卢拉是可持续发展愿景的坚定拥护者，一直谋求巴西在环保领域的国际领导地位。在卢拉此前两个任期内，巴西的热带雨林砍伐率比2004年的峰值下降了约3/4。但在博索纳罗执政期间，亚马孙雨林的砍伐量逐年增加，其破坏程度刷新历史纪录。2022年选举中卢拉组建了“希望联盟”，由旨在阻挡博索纳罗主义的左派和中间派政治家组成。这个联盟得到了政治家、艺术家、经济学家和国际组织的广泛支持。该联盟的关键目标是：提高环境保护的能力、促进再工业化、回到积极和建设性的外交政策、加强原住民社区的政治作用、重新安排农业以加强粮食安全。

卢拉先是整合了“环境保护”的主题：第一，展示气候变化意识，拒绝任何否定主义的立场。第二，在多边论坛上寻求国际上的支持。第三，保护亚马孙并促进原住民运动。第四，将绿色转型与国家再工业化的需要联系起来，获得最先进和生态友好的技术。该联盟计划确认了“对社会、环境和经济可持续性及应对气候变化的承诺”，这将要求“改变该国的能源生产和消费模式，参与全球努力”，因为“气候变化的紧急情况已经迫在眉睫，无可争议的科学证据显示，不应对气候问题的代价是不可接受的”。该计划指出，巴西必须成为世界生态转型的主角，“引导国家在知识前沿进行能力建设，产生技术和创新，完成生产结构转型”，打击“掠夺性使用自然资源”，“鼓励生态影响较小的经济活动”。

接着卢拉将环境保护和绿色转型与巴西“再工业化”和促进可持续增长的需要联系起来。他承诺：扭转去工业化的进程，促进各经济部门的“再工业化”，并发展数字和绿色经济转型有关的产业，同时支持巴西商人和企业家的创造力，探索生物多样性经济的发展和社会潜力。

竞选期间卢拉就宣布将实施“净零森林砍伐”政策，同时呼吁国际社会与巴西加强合作,建立“新的治理体系”来保护亚马孙雨林的生态环境。卢拉刚一胜选便出席第27届联合国气候变化大会,就环保议题向世界作出承诺,消除国际社会对巴西的疑虑。此外,卢拉在执政伊始便宣布重启博索纳罗任期内被冻结的“亚马孙基金”,并积极从德国、法国、美国、西班牙等国募资用于生态环境保护。截至2023年4月10日,“亚马孙基金”已经资助102个热带雨林保护项目。

第二章 卢拉政府的外交及2023年中巴两国的外交进展

到2023年9月为止，卢拉总统已经访问了22个国家，会见了50位国家元首。活跃的外交行为证明了卢拉正在努力实践其2023年4月在上海出席新开发银行行长就职仪式上的宣言："巴西回来了。"观察卢拉就职9个月来的外交工作，可以认为他主导"巴西回归国际社会"的外交行动，不仅要纠正过去4年间巴西被国际社会孤立所带来的负面影响，也要展示他"推动巴西成为发展中国家代表"的政治抱负。

一、2023年卢拉政府的外交主张和实践

卢拉纠正了前任总统一边倒的亲美政策，同时推进了四个方面的工作：推进拉美区域合作；加强全球"南方"的团结；多方位修复与主要大国间的外交关系；促进中巴两国多领域经贸合作。[①]他奉行的自主外交思想，使之对当前众多国际热点问题均有鲜明的主张。

（一）"去美元化"

2023年4月，卢拉在访问中国时首次正式提出"去美元化"的呼吁，并着手建设中巴之间的本币结算基础建设。中国银行（巴西）有限公司利用全球化布局优势，经过6个月的建设，中巴贸易已首次实现本币交易的全

① 何丙姿、李偲偲：《卢拉访华开启中拉合作新篇章》，海外网，https://baijiahao.baidu.com/s?id=1763027369914724794&wfr=spider&for=pc。

流程闭环交易。

2023年6月,在法国巴黎“新全球融资契约峰会”上,卢拉再次当着美国财政部部长耶伦的面,呼吁全球要加速去美元化。

2023年7月,卢拉在南方共同市场第62次首脑峰会上主张,在南共市国家之间使用共同货币进行贸易结算。

2023年9月,在约翰内斯堡举行的金砖国家峰会上,巴西呼吁建立金砖国家共同货币。

卢拉呼吁去美元化一方面是苦于美元加息环境下巴西日益高企的美元计价负债,另一方面也是在全球美元流动性缺乏条件下,推行“新经济增长计划”、扩大全球融资的必然选择。因此,在今后相当长一段时间,巴西必然坚定地奉行去美元化的全球经济合作主张。

(二)提升巴西在拉丁美洲中的领导力

2023年7月,巴西接任南方共同市场新一届轮值主席,并承诺在担任轮值主席国任期内(任期半年)完成南共市与欧盟的自贸协定签署。同月,卢拉还促成了已经中断8年的“第三届欧盟—拉美和加勒比国家共同体(拉共体)峰会”,峰会上欧盟承诺拉美和加勒比国家作为欧盟“全球门户”对外投资计划的重要合作伙伴,将获得450亿欧元资金支持,用以推动整个拉美地区的基础设施建设、气候变化和环保监测、药品和疫苗研发生产、绿色债券发行及减贫计划等130余个项目。①

2023年9月,卢拉和印度总理莫迪在二十国集团领导人峰会期间举行会晤,讨论了在巴西担任南方共同市场轮值主席期间,扩大“印度—南方共同市场优惠贸易协定”的问题。他们还欢迎建立印巴商业论坛,作为私营部门合作的专门平台。

2023年巴西在拉美地区外交中一改博索纳罗的保守原则,变得异常活跃。目前巴西利用其在拉美各类多边合作组织中的身份加强与世界其

① 孙岩峰:《表面热闹难掩巨大分歧的欧拉峰会》,《工人日报》2023年7月28日。

他国家和地区之间的联系，力图树立其拉美国家代言人的身份。

(三)通过保护雨林，参与全球气候治理

巴西新一届政府将恢复被长期搁置的“亚马孙基金”的运作，“允许使用33亿巴西雷亚尔的国际捐款来打击亚马孙地区的环境犯罪”。其最大捐助国为挪威和德国，以此为契机，卢拉利用环保重塑了巴西的国际形象，为其打开了通向美国和西方的外交之门。

2023年2月，卢拉访美，尽管在许多问题上受到美国的冷遇，但拜登仍就保护亚马孙雨林与卢拉达成共识，且双方还认为有必要一同应对全球气候变化。

2023年7月，冯德莱恩到访巴西，宣布欧盟将向巴西“亚马孙基金”捐款2000万欧元用于保护雨林，并表示将增加对拉丁美洲其他国家的可再生能源和森林管理项目的投资，到2027年投资金额将达到100亿欧元。

2023年8月，第四届《亚马孙合作条约》缔约国领导人峰会，巴西、哥伦比亚、秘鲁、玻利维亚等国的领导人签署《贝伦宣言》。根据各国制定的目标，强化执行森林管理法律法规，启动“打击毁林亚马孙联盟”。

(四)响应“新工业革命”话题，参与全球南南合作

2023年8月，在南非金砖峰会上卢拉明确表态：支持更多国家加入金砖会议，支持在金砖框架下扩大南南合作的规模。

2023年9月，七十七国集团在哈瓦那召开峰会。主题是“七十七国集团和中国”，讨论聚焦科学、技术和创新，宣言呼吁结束技术垄断，推动技术转让，以实现“造福所有人的科技发展”。卢拉表示，在第四次工业革命到来之际，七十七国集团的诉求应得到加强，这次工业革命涉及人工智能和生物技术等领域的进步。“我们不能分裂。我们要打造一个共同愿景，考虑到中低收入国家以及其他弱势群体的关切。”

2023年卢拉自主外交及其外交主张已经让世界对之留下深刻的印

象。尽管西方的智库不断批评卢拉的南方立场和对中国的友善态度，[①]但他依然坚持自己的选择，尽量利用多边主义在各类对抗局面中保持平衡，为巴西的经济复苏开拓必要的国际空间。

二、2023年巴西与中国的外交进展

（一）外交条约

从卢拉的国家发展战略来看，他将中国视为推进“再工业化”战略，尤其是新工业化的重要合作对象。因此，卢拉顶着美西方的强烈批评，借访华之机与中国签订了16项外交协议，加深了两国的合作基础。这是两国建交以来签订外交条约最多的一年，涉及领域非常广泛，标志着中巴全面战略伙伴关系得到进一步深化。

1.《中华人民共和国和巴西联邦共和国关于深化全面战略伙伴关系的联合声明》

2.《中国—巴西应对气候变化联合声明》

3.《中华人民共和国国家发展和改革委员会与巴西联邦共和国发展、工业、贸易和服务部关于促进产业投资与合作的谅解备忘录》（2023年4月14日）

4.《中华人民共和国科学技术部与巴西联邦共和国科技创新部关于科研创新合作的谅解备忘录》

5.《中华人民共和国财政部与巴西联邦共和国财政部合作谅解备忘录》

① Alicia Garcia-Herrero, “Brazil is not a real middle power if it just takes China's side”, https://asia.nikkei.com/Opinion/Brazil-is-not-a-real-middle-power-if-it-just-takes-China-s-side. Anthony Boadle, “Analysis: Lula struggles to revive Brazil's ‘soft power’ amid US-China tensions”, https://www.reuters.com/world/lula-struggles-revive-brazils-soft-power-amid-us-china-tensions-2023-09-18/.

6.《中华人民共和国工业和信息化部与巴西联邦共和国科技创新部的信息通信技术谅解备忘录》

7.《中华人民共和国农业农村部与巴西联邦共和国社会发展和援助、家庭和抗击饥饿部和农村发展与家庭农业部关于合作促进社会发展和抗击饥饿与贫困的谅解备忘录》

8.《中华人民共和国工业和信息化部与巴西联邦共和国通信部、巴西联邦共和国国家电信管理局关于信息通信领域合作的谅解备忘录》

9.《中华人民共和国商务部与巴西联邦共和国发展、工业贸易和服务部关于加强数字经济领域投资合作的谅解备忘录》

10.《中国—巴西动物源性产品电子证书合作工作计划》

11.《中华人民共和国海关总署与巴西联邦共和国农业和畜牧业部关于巴西输华陆生动物蛋白饲料检疫和卫生要求的议定书》

12.《中国中央广播电视总台与巴西总统府机构关系部合作备忘录》

13.《中华人民共和国政府与巴西联邦共和国政府关于合作研制地球资源卫星06星的〈中华人民共和国政府与巴西联邦共和国政府关于和平利用外层空间科学技术合作框架协定〉补充议定书》

14.《中华人民共和国商务部与巴西联邦共和国外交部和发展、工业、贸易和服务部关于贸易畅通工作组的谅解备忘录》

15.《2023-2032年中国国家航天局与巴西航天局航天合作计划》

16.《中华人民共和国政府与巴西联邦共和国政府关于电视合作制作的协议》

17.《新华通讯社与巴西通讯公司新闻交换与合作协议》

以上协议作为顶层规划，对两国各相关部门和机构加深合作无疑是重要的指引与保障。高层外交释放的信号已经推动了多层次的中巴交流。

(二)高层互访

2023年9月应巴西政府和劳工党邀请,中共中央政治局常委、中央纪委书记李希对巴西进行正式友好访问。

初步统计,卢拉就职后的9个月内至少有8个中国地方政府与企业代表团赴巴西访问,中国各地也接待了10个到访的巴西访团,说明在两国的地方政府和企业间交流日益活跃,彼此都在寻求建立伙伴关系的新途径。

美国和平研究所发表的中巴关系评估报告称,巴西总统卢拉在他的第三任期内访华,将有力地促进巴西与中国的关系,在贸易和投资领域尤其明显。而且,报告认为,中国和巴西关系的发展显示出中巴关系(包括中国和整个拉美)正在克服拉美国家政治中的左右翼之争。一般而言,拉美国家的左翼政党上台,和中国的关系一般会更近,右翼政党上台,和美国的关系一般会更近。但报告认为,左右翼政党的变化对中国和拉美关系的影响正在减弱,中国已经在拉美建立了结构性的影响力。[①]这篇报告指出了中巴外交出现的新趋势:与美国提倡的价值观外交刚好相反,在南南国家间的外交更偏向于国家互惠互利,也体现出更加鲜明的独立性特征。巴西外交关系一旦成为南南合作的模范,将更有益于南方国家团结和整体复苏。

三、巴西各州政府与福建地方政府的外事交流活动

2023年,福建省政府至少举办了6次大中型的中巴交流活动。其中,较为重要的有以下活动:

2023年5月,厦门市市长黄文辉率领的代表团出访巴西,与巴西东北部城市福塔莱萨市结为友好城市。

2023年5月,厦门市海联会客厅——走进巴西暨金砖国家新工业革命伙伴关系创新基地推介会在巴西圣保罗举办,8家厦门企业现场签订8个

① “Brazil's Economic Ties with China Flourish Despite Political Shifts”, https://www.usip.org/publications/2023/04/brazils-economic-ties-china-flourish-despite-political-shifts.

项目。建发集团、国贸控股集团、象屿集团、冠捷显示科技(厦门)有限公司、厦门万基生物科技有限公司、厦门科华数能科技有限公司分别在智能制造、生物科技、新能源等领域与巴西方面开展更加广泛深入的合作,签约额超10亿美元。瑞幸咖啡、金龙汽车集团也有大额的贸易订单。

2023年6月,福建省外办党组成员、副主任陈国全在福州会见巴西皮奥伊州投资局主席和首席执行官维克多·雨果·阿尔梅达和通用技术集团国际控股有限公司副总经理陈明。

2023年9月,巴西工贸部、巴西驻华大使馆及巴西出口投资促进局牵头,组织了巴西朗多尼亚州、阿拉戈斯州、巴拉那州、托坎廷斯州、南马州、北大河州6个大州共同来厦门参展。巴西副总统兼发展、工业、贸易和服务部部长热拉尔多•阿尔克明通过视频连线向大会致辞,邀请中国商人增加对巴西的投资,并参与新型工业化项目。他表示巴西希望发展绿色产业和碳减排技术,也计划吸引尖端领域的投资,例如半导体、绿色氢能和卫生领域。

此外,金砖创新基地还长期面向巴西等拉美国家举办多种工业人才培训班,2023年重要的培训有4月举办的2023"进入中国市场"人才培训,6月2023海洋经济高质量发展研修班。

在元首外交的推动下,厦门作为金砖创新基地的所在地必将获得更多的关注,正是利用新工业革命议题促进巴西合作的好时机。

第三章　巴西的经贸概况和中巴工业合作

一、2023年巴西的经贸发展

(一)巴西2023年进出口总体概况(截至2023年9月)

1.出口

2023年1月—2023年9月的出口量增长1.2%。这一结果是近期连续第三次增长。就整个历史系列(1998年—2023年9月)而言,出口总量达到第二高结果,比2023年3月创下的纪录水平低0.2%。

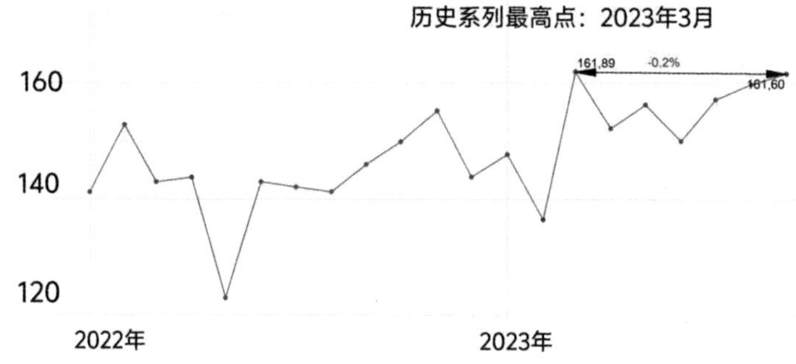

图1.1　巴西出口情况历史对比

来源:SECEX-Foreign Trade Secretariat

有针对性地选择重要的出口目的地市场是巴西出口总量增长的原因,其中亚洲(不包括中东)(8.7%)、大洋洲(8.1%)和欧洲(0.2%)的出口量增长最为突出。其他地区下降,包括中东(0.0%)、中美洲和加勒比地区(-

1.3%)、北美(-4.4%)、非洲(-5.2%)和南美洲(-11.7%)。

2.进口

进口量下降0.6%,比2022年10月达到的纪录水平低8.1%。

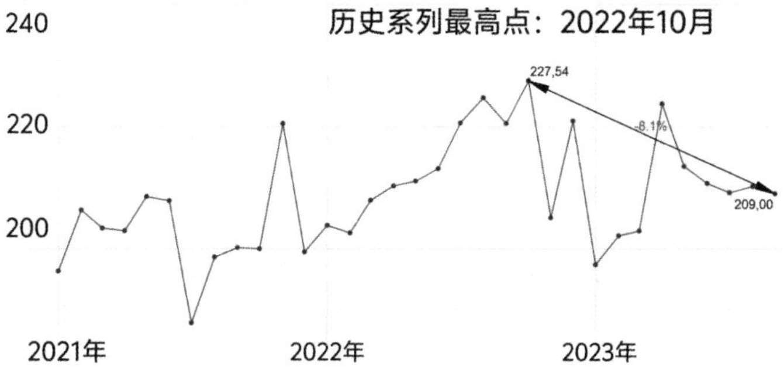

图1.2 巴西进口情况历史对比

来源:SECEX-Foreign Trade Secretariat

原产于以下贸易伙伴的商品生产数量下降是进口总量下降的主要原因:亚洲(不包括中东)(-1.3%)、欧洲(-2.3%)、非洲(-4.0%)。北美洲(-7.2%)、南美洲(-7.6%)及中美洲和加勒比地区(-8.2%)。国外采购量增加,分别来自大洋洲(89.2%)和中东(15.5%)。

(二)主要区域和国家数据统计(截至2023年9月)

1.出口情况统计

表1.1 世界各主要出口大国或地区出口情况

	价值总量(百万美元)		平均值(百万美元)		年度累计份额(%)		
地区/国家	2023年	2022年	2023年	2022年	变化幅度(%)	2023年	2022年
亚洲	113381.5315	107104.1648	603.0932524	566.6887028	6.424082464	44.817302	42.28544538
中国	78219.3134	70689.7117	416.0601777	374.0196386	11.24019561	30.91842689	27.90877412
东盟	18321.12951	17982.73764	97.45281652	95.14676002	2.423683691	7.241951874	7.099705895
韩国	4229.118706	4655.614929	22.49531227	24.63288322	-8.677713189	1.671680457	1.838068119
日本	4964.564184	4689.723907	26..4072563	24.81335401	6.423566489	1.962386374	1.851534573
其他	7647.405656	9086.376649	40.67768966	48.07606693	-15.38889876	3.022856407	3.587362677

续表

地区/国家	价值总量(百万美元)		平均值(百万美元)		年度累计份额(%)		
	2023年	2022年	2023年	2022年	变化幅度(%)	2023年	2022年
北美	37390.02864	36911.34733	198.883131	195.298134	1.835653489	14.77948114	14.57284844
美国	26612.72676	27864.36598	141.5570573	147. 4305078	-3.983877314	10.51944349	11.00103929
墨西哥	6618.266568	5129.845131	35.20354557	27.14203773	29.7011887	2.616059668	2.025297396
加拿大	4159.035304	3917.136225	22.12252821	20.72558849	6.740169145	1.643977982	1.546511755
欧洲	43203.77175	48255.96896	229.8072965	255.3225871	-9.993354234	17.07752984	19.05178144
欧盟	34342.18406	38757.95782	182.6711918	205.0685599	-10.92189269	13.57473316	15.30190269
俄罗斯	1101.015245	1392.316572	5.856464069	7.366754349	-20.50143399	0.435207852	0.549695957
其他	7760.572443	8105.694575	41.27964065	42.88727288.	-3.748506541	3.067588826	3.200182792

来源:SECEX-Foreign Trade Secretariat

2.进口情况统计

表1.2 世界各主要进口大国进口情况

地区/国家	价值总量(百万美元)		平均值(百万美元)		年度累计份额(%)		
	2023年	2022年	2023年	2022年	变化幅度(%)	2023年	2022年
亚洲	62454.51064	71153.31873	332.2048438	376.4725859	-11.75855659	34.36607957	34.56182847
中国	40127.19602	46190.04658	213.442532	244.3917808	-12.66378464	22.08030128	22.43623341
东盟	7022.042079	7400.212054	37.35128765	39.15456113	-4.605525961	3.863933195	3 594559807
韩国	3680.437752	4292.270881	19.57679655	22.71042794	-13.79820493	2.02518946	2084916524
日本	3844.967215	4092.331112	20.45195327	21.65254557	-5.54 14808998	2.115723074	1.987798299
其他	7779.867571	9178.458108	41.38227431	48.56327041	-14.78688737	4.280932558	4.458320433
北美	35669.2205	47383.60261	189.7298963	250.7068921	-24.32202613	19.62726563	23.01598822
美国	28912.98579	39327.82579	153.7924776	208.0837343	-26.09106229	15.909595	19.10299608
墨西哥	4087.718024	3776.206176	21.74318098	19.97992686	8.825128011	2.249298593	1.834244593
加拿大	2668.516694	4279.570648	14.19423773	22.64323094	-37.3135496	1.468372038	2.078747546
欧洲	47766.95308	44990.7478	254.0795377	238.0462847	6.73535107	26.28413694	21.85368913
欧盟	34968.32841	32685.02956	186.0017468	172.9366644	7.554836636	19.24159431	15.87634148
俄罗斯	6835.817935	6236.931818	36.3607337	32.99963925	10.18524603	3.761461913	3029511083
其他	5962.80674	6068.786422	31.71705713	32.10998107	-1.223681634	3.281080723	2.947836574

来源:SECEX-Foreign Trade Secretariat

（三）巴西经贸数据总结

1.中国。2023年1—9月期间，与上年同期相比，对中国内地、香港和澳门的销售额增长11.2%，达到782.2亿美元。进口额下降12.7%，总额为401.3亿美元。贸易顺差380.9亿美元，贸易流量增长1.8%，达1183.5亿美元。

2.日本。2023年1—9月，与上年同期相比，对日本出口增长6.4%，达50亿美元。进口下降5.5%，共计38.4亿美元，贸易顺差为11.6亿美元。

3.东盟。2023年1月—9月，与上年同期相比，对东盟出口增长2.4%，达183.2亿美元。进口下降4.6%，共计70.2亿美元，贸易顺差为113亿美元。

4.美国。2023年1—9月，与上年同期相比，对美国出口下降4.0%，达266.1亿美元。进口下降26.1%，总额为289.1亿美元。因此，这一时期该国贸易差额呈现23.0亿美元逆差，贸易流量下降16.9%，达到555.3亿美元。

5.欧盟。2023年1—9月，与上年同期相比，对欧盟出口下降10.9%，达343.4亿美元。进口增长7.6%，总额达349.7亿美元。因此，这一时期，与欧盟贸易逆差为6.3亿美元，贸易流量减少2.5%，总计693.1亿美元。

综上，通过上述地区/国家对比，出口量排名前三的是中国、美国、欧盟；进口量排名前三的是中国、欧盟、美国。

（四）巴西与主要贸易伙伴的进出口产品分析（以进出口排名前三的区域与国家为例）

1.中国

表1.3　巴西对中国出口商品概况表

	2023年		2022年			年度累计份额（%）	
产品	价值总量（百万美元）	平均值（百万美元）	价值总量（百万美元）	平均值（百万美元）	变化幅度（%）	2023年	2022年
大豆	32243.13	171.5	27877.71	147.5	16.27	41.22	39.43
石油及沥青矿物（例如，页岩、石灰质石、矿砂）油的原油	13939.41	74.14	11231.57	59.42	24.76	17.82	15.88

续表

产品	2023年		2022年			年度累计份额(%)	
	价值总量(百万美元)	平均值(百万美元)	价值总量(百万美元)	平均值(百万美元)	变化幅度(%)	2023年	2022年
铁矿石和精矿	13514.79	71.88	14271.63	75.51	-4.79	17.27	20.18
新鲜、冷藏或冷冻牛肉	4304.68	22.89	6319.72	33.43	-31.52	5.5	8.94
纤维素	2828.75	15.04	2304.24	12.19	23.41	3.61	3.25

来源:SECEX-Foreign Trade Secretariat

2023年1—9月,巴西对中国出口产品排名第一的为大豆,较上年同期出口量相比增长16.27%。石油、原油、纤维素的出口量较2022年同期相比都有所增加,铁矿石和精矿、牛肉出口量有所下降。

表1.4 中国对巴西出口商品概况表

产品	2023年		2022年			年度累计份额(%)	
	价值总量(百万美元)	平均值(百万美元)	价值总量(百万美元)	平均值(百万美元)	变化幅度(%)	2023年	2022年
热阴极、冷阴极或光电阴极阀门和电子管、二极管、晶体管	4245.05	22.58	5293.14	28	-19.37	10.57	11.45
电信设备包(括零部件和配件)	2471	13.14	3200.55	16.93	-22.38	6.15	6.92
有机—无机化合物、杂环化合物、核酸及其盐类以及磺酰胺类化合物	2081.47	11.07	3868.51	20.46	-45.9	5.18	8.37
电机和电器	1186.27	6.3	1265.57	6.69	-5.76	2.95	2.73
肥料或化肥(原料肥料除外)	1022.26	5.43	1790.05	9.47	-42.58	2.54	3.87

数据来源:SECEX-Foreign Trade Secretariat

2023年1—9月，中国对巴西出口产品按出口量比排名第一的是阀门和电子管、二极管、晶体管，较上年同期出口量相比下降19.37%。剩余产品出口量较2022年同期相比都有所下降，其中削减最多的是有机—无机化合物、杂环化合物、核酸及其盐类及黄酰胺类化合物。

2. 美国

表1.5 巴西对美国出口商品概况表

2023年			2022年			年度累计份额(%)	
产品	价值总量(百万美元)	平均值(百万美元)	价值总量(百万美元)	平均值(百万美元)	变化幅度(%)	2023年	2022年
半成品、钢锭和其他初级形态的铁或钢	3725.25	19.81	3480.46	18.41	7.6	13.99	12.49
石油及沥青矿物(例如，页岩、石灰质石矿砂)油的原油	3124.76	16.62	3889.29	20.57	-19.22	11.74	13.95
生铁、明矾、海绵铁、铁或钢颗粒和粉末以及铁合金	1282.02	6.81	1560.8	8.25	-17.42	4.81	5.6
飞机和其他设备，包括零部件	1242.52	6.6	1242.43	6.57	0.53	4.66	4.45
土木工程和建筑装置和设备及其部件	1237.76	6.58	881.18	4.66	41.21	4.65	3.16

来源：SECEX-Foreign Trade Secretariat

2023年1—9月，巴西对美国出口产品价值总量排名第一为半成品、钢锭和其他初级形态的铁或钢，较上年同期出口量相比上升7.6%。飞机和其他设备，包括零部件，土木工程和建筑装置和设备及其部件出口量与2022同期相比皆呈上升趋势。而石油及沥青矿物、油的原油，生铁、明矾、海绵铁、铁或钢颗粒和粉末及铁合金与2022年同期相比出口量呈下降趋势。

表1.6 美国对巴西出口商品概况表

	2023年		2022年			年度累计份额(%)	
产品	价值总量(百万美元)	平均值(百万美元)	价值总量(百万美元)	平均值(百万美元)	变化幅度(%)	2023年	2022年
石油或沥青矿物燃料油(原油除外)	3618.99	19.24	10075.71	53.31	-63.89	12.51	25.61
非电动发动机和机器及其零部件(活塞发动机和发电机除外)	3539	18.82	3088.78	16.34	15.18	12.24	7.85
煤炭	1321.12	7.02	1431.37	7.57	-7.21	4.56	3.63
石油和原油	1026.75	5.46	2269.96	12.01	-54.52	3.55	5.77
飞机和其他设备,包括零部件	914.72	4.86	809.42	4.28	13.61	3.16	2.05

来源:SECEX–Foreign Trade Secretariat

2023年1—9月,美国对巴西出口价值总量最高的产品为石油或沥青矿物燃料油(原油除外),但其出口量与2022年同期相比下降了63.89%,而煤炭、石油和原油出口量也呈下降趋势,剩余产品与2022年同期相比,出口量呈上升趋势。

表1.7 巴西对欧盟出口商品概况表

	2023年		2022年			年度累计份额(%)	
产品	价值总量(百万美元)	平均值(百万美元)	价值总量(百万美元)	平均值(百万美元)	变化幅度(%)	2023年	2022年
石油或沥青矿物燃料油(原油除外)	6680.49	35.53	7015.47	37.11	-4.26	19.45	18.1
豆粕和其他动物饲料(不包括木磨碎的谷物)、肉和其他动物饲料	4144.66	22.04	3520.44	18.62	18.35	12.06	9.08

续表

产品	2023年		2022年			年度累计份额(%)	
	价值总量(百万美元)	平均值(百万美元)	价值总量(百万美元)	平均值(百万美元)	变化幅度(%)	2023年	2022年
大豆	2806.53	14.92	4019.75	21.26	-29.81	8.17	10.37
咖啡	2276.04	12.1	3196.51	16.91	-28.41	6.62	8.24
铜矿石和精矿	1750.14	9.3	1539.47	8.14	14.28	5.09	3.97

来源:SECEX-Foreign Trade Secretariat

3.欧盟

2023年1—9月,巴西对欧盟出口价值总量价值最高的产品为石油或沥青矿物燃料油(原油除外),但其出口量与2022年同期相比略有下降,大豆和咖啡出口量也呈下降趋势,而豆粕和其他动物饲料(不包括未磨碎的谷物)、肉和其他动物饲料,铜矿石和精矿的出口量与2022年同期相比呈上升趋势。

表1.8 欧盟对巴西出口商品概况表

产品	2023年		2022年			年度累计份额(%)	
	价值总量(百万美元)	平均值(百万美元)	价值总量(百万美元)	平均值(百万美元)	变化幅度(%)	2023年	2022年
药品和医药产品,兽医产品除外	3258.72	17.33	2711.15	14.34	20.83	9.31	8.29
石油或沥青矿物燃料油(原油除外)	2407.75	12.8	1070.82	5.66	126.04	6.88	3.27
包括兽医药在内的其他药物	1937.8	10.3	1581.14	8.36	23.2	5.54	4.83
汽车零配件	1845.5	9.81	1928.1	10.2	-3.77	5.27	5.89
有机-无机化合物、杂环化合物核酸及其盐类以及磺酰胺类化合物	1273.09	6.77	1503.29	7.95	-14.86	3.64	4.59

来源:SECEX-Foreign Trade Secretariat

2023年1—9月,欧盟对巴西出口价值总量价值最高的产品为药品和医药产品,兽医产品除外,较上年同期出口量相比上升20.83%,而包括兽医药在内的其他药物,石油或沥青矿物燃料油(原油除外)出口量与2022同期相比皆呈上升趋势,其中石油或沥青矿物燃料油(原油除外)出口量上升了126.04%。但汽车零配件,有机—无机化合物、杂环化合物、核酸及其盐类以及磷酸铵类化合物出口量与2022同期相比皆呈下降趋势。

二、中巴两国的经贸概况

(一)中巴经贸额及商品进出口情况

据中国海关统计,2022年中巴双边贸易额已达1714.9亿美元,巴西对华顺差475.5亿美元。2023年前8个月,两国贸易总额约1164.73亿美元,中国出口390.39亿美元,巴西对华顺差383.59亿美元。已超过2022年记录的全年286.84亿美元,如果2023年前8个月的顺差趋势得以维持,2023年全年巴西与中国贸易顺差额可达到自1997年该记录开始公布以来,巴西与单个国家贸易顺差额的历史最高水平。

在这种顺差额创纪录的情况下,中巴贸易数据中的一种趋势引起了人们的关注:仅4种产品就占巴西对中国出口总额的84%以上,它们分别是:大豆、石油、铁矿石和牛肉,此数据再一次说明巴西持续集中于附加值较低的矿产和农畜牧业产品的对华出口特征。

据巴西发展、工业、贸易和服务部外贸秘书处数据显示,截至2023年8月底,巴西对华出口总额为678.83亿美元,较2022年同期增长6%,大豆类产品出口总额为297亿美元,相当于对华总出口额的44%,出口金额第二大的是石油类产品,创造了121亿美元的出口收入(比2022年1月至8月增长18.6%),占对中国总出口额的18%,铁矿石是对华贸易中第三重要的商品,其出口额为117亿美元(与2022年相比下降6.035%,占巴西对华出口总额的17%),另一个亮点是牛肉出口额的增长,目前已成为巴西对华出口第四大类产品。

巴西的出口产品主要集中在基本类和原材料产品，而巴西从中国的进口则完全由工业制成品组成。2023年前8个月，中国向巴西出口销售的5种主要产品分别为：热电阀门和管材（38亿美元）；电信设备（21.3亿美元）；有机和无机化合物产品（19.3亿美元）；制造业的其他种类产品（17.1亿美元）；机械设备和电器类产品（10.27亿美元）。数据还显示，向中国的出口量占巴西出口总量的30.2%，超过2022年全年记录的26.8%。进口方面，2023年1—8月，巴西从中国进口总额下降12.6%，至347.35亿美元，进口中国的产品占巴西进口总比下降为21.4%，而去年为22.3%。

巴西官方数据还显示，2023年1—8月巴西与中国的贸易流量总金额为1026.18亿美元，而2022年全年为1501.72亿美元，这是巴西开始统计贸易流量数据后，与单个商业伙伴国家的贸易额最高纪录。

2023年9月28日，中银巴西成功为巴西企业办理人民币信用证贴现业务，并即时兑换为巴西雷亚尔入账，在中巴贸易史上首次实现人民币计价、人民币结算、人民币融资和人民币直接兑换巴西雷亚尔的全流程闭环操作。首次试水的是巴西埃尔多拉多纸浆公司。该公司成立于2010年，是巴西纸浆工业领域最具竞争力的企业之一，产品约4成销往中国。该公司接受中国厦门某进口企业采用人民币作为合同计价货币，指定中银巴西为收款行，试水人民币结算。2023年4月巴西总统卢拉访华期间，两国签署合作谅解备忘录，推动本币贸易。据知，中银巴西目前正通过中银集团全球化布局优势，帮助巴西企业在离岸开立人民币结算账户，接受中国进口商通过人民币付款，并使用人民币从中国进口机器设备等生产资料。

（二）巴两国签订的经贸条约

除了国家层面的经济合作框架之外，民间的商贸活动也蓬勃发展，自卢拉总统访华之后，中巴两国又签订了20项商务协议，代表未来深化两国间经贸发展的具体方向。这20项协议分别是：

1.巴西普鲁莫物流公司公司与中国国家电力投资集团签署关于研究和评估里约热内卢阿苏港的可再生能源项目(海上风力、太阳能、蓝色和绿色氢气)的财务和技术可行性谅解备忘录。

2.巴西Seara公司宣布从江淮汽车购买280辆电动卡车。

3.巴西福里宝(Friboi)与WHG建立合作伙伴关系,该公司将成为Friboi中国分销商。

4.JBS和中国银行建立合作关系,中国银行向JBS提供出口信贷,期限最长为4年。

5.巴西银行和中国工商银行签署关于合作应对气候变化谅解备忘录。

6.Furnas与中国国家电网合作,为巴西最大水力发电站——伊泰普水电站开发直流输电翻新项目。

7.巴西邮政与菜鸟集团签署合作协议,以加快点到点交付时间以及邮局派送效率。

8.苏扎诺签署3项协议:与中远集团合作,建造5艘纸浆和生物基产品运输船,项目包括长期运输合同;与中国林业集团签署关于生物基材料和碳及研发投资方面合作谅解备忘录;宣布在上海张江科学城启动创新中心。

9.淡水河谷签署了七项协议。与清华大学进行技术知识交流;与中南大学进行低碳炼钢的科学研究合作;与徐工集团开发世界上第一台零排放平地机,如果成功,该项目将使淡水河谷在未来几年内升级整个平地机车队;与宝山钢铁(宝武集团旗下公司)签订合作协议,生产生物炭及其副产品,旨在为钢铁行业提供脱碳解决方案;与中国工商银行、中国银行签订绿色金融合作,加强绿色能源项目金融合作协议;印尼淡水河谷与太钢(宝武集团)和鑫海签署建设RKEF镍加工厂和其他配套设施协议。该项目具有低碳潜力,将使用燃气能源。

10.Sete Partners与中国能源在可再生能源、农业和其他领域建立了合作关系。

11.BOCOM BBM银行宣布加入人民币跨境支付系统(CIPS)。

12.中国工商银行巴西分行已经开始担任巴西的人民币清算银行。

13.Unifique公司与中兴通讯设备公司签署协议,加强巴西南部的第五代移动通信网络覆盖。

14.VYP医药和中国互联网协会(深圳)签署了协议,在巴西注册和商业化阿兹维定。阿兹维定是中国开发的第一种小分子口服新冠药物。

15.ETERC工程公司和中国中信建设有限公司签署合作协议,在巴西的基础设施项目与社会住房计划进行合作。

16.Propav Construções e Montagens与中国华融签署关于开发基础设施领域的商品和服务出口的商业机会合作备忘录。

17.Motrice Energy Solutions与中国甘肃国际经济技术合作有限公司(CGICO)在可再生能源领域签署合作备忘录。

18.BMV global与中国公司建立了2个生物多样性信用交易协议。

19.Sete Partners与天津食品集团合作创建跨国公司,旨在扩大对巴西农业链的投资,包括物流等几个领域。

20.昆施伯(Comexport)公司已与富瑞特装达成协议,在巴西市场销售其产品。①

(三)巴西与福建的经贸发展概况

随着两国跨境电商的发展,2023年中巴经贸合作的最大亮点是开通了“厦门—巴西圣保罗—智利—厦门”航线。2023年2月以来,进出港航班

①《中国与巴西签署数十项合作协议》,巴西商业资讯网,转引自网易,https://www.163.com/dy/article/I2BGDA4R0519BOH6.html。

共执飞超过百班次，进出港货量超过8000吨，进出港货值约4亿美元，成为厦门空港口岸2023年首个货量突破8000吨的洲际货运航线。

2023年5月首批从巴西进口的5.5万吨新能源原料锂矿石顺利在泉州海关放行，这是2023年进口的第一批锂矿石。①

另据巴西商业资讯网报道，2023年7月又有一条1.5万吨高纯锂和1.5万吨超细锂尾矿的散货船启程前往中国。预计至2023年年底，巴西锂矿的出口量将达到13万吨左右。锂矿由巴西西格玛锂业（Sigma Lithium）公司开采生产，因这家公司的锂矿勘探采集厂没有建设污染环境的尾矿坝而将其产品命名为“绿色锂”。另外，该公司回收利用了在锂矿提纯步骤中使用的水，并且在提纯过程中没有涉及使用化学制剂，提纯过程中形成的尾矿干堆，最终被出售以回收残余矿物质。②

总而言之，2023年中巴的经贸合作不仅是在数量上有所增长，而且已经按照两国的能源转型、环境保护战略做出了很大的调整，以适应未来的经济、科技合作。世界经济论坛在中国进口巴西牛肉的案例中指出，随着巴西重新努力引领气候行动，中国越来越认识到其大宗商品需求正在产生的影响，“牛肉联盟”与食品巨头和民间社会团体一起，为巴西的牛肉出口制定标准，限制森林砍伐和土地转换。这一举措将推动世界上最大的牛肉贸易关系之一的全系统变革，并成为其他大型经济体的典范。③

三、中巴工业合作

2023年既是巴西新政府推动“再工业化”的第一年，也是第六届金砖

---

① 刘倩等：《首批南美锂矿石登陆泉州》，泉州网，https://baijiahao.baidu.com/s?id=1767189796301352662&wfr=spider&for=pc。

②《巴西首批“绿色锂”矿产启程，出口中国》，巴西商业资讯网，转引自网易，https://www.163.com/dy/article/IAPNSBDL0519BOH6.html。

③ Jack Hurd, “Brazil-China ‘Beef Alliance’ is a model for other big economies to follow”, https://www.weforum.org/agenda/2023/04/the-brazil-china-beef-alliance-signposts-a-more-positive-future-for-the-world-s-most-important-ecosystems/.

国家疫后制定工业化发展路线的第一年。金砖国家工业部长会联合宣言就加强金砖工业领域全面合作、促进产业数字化转型、强化产业链供应链合作、提升工业发展能力等方面达成广泛共识,重申致力于深化金砖国家合作,强化新工业革命伙伴关系,携手创造发展新机遇。中巴2023年的工业合作从全面战略伙伴的新高度打开了合作的新局面。

正式实施"再工业化"政策之前,巴西新政府面对的最大国情是:处理疫情危机的后遗症和政权过渡期产生的诸多行政问题。2020—2022年巴西经济受到疫情的严重影响,导致经济萎缩和巴西联邦政府的债务急剧上升,美元加息使巴西的国家金融形势更加严峻。另外,卢拉改变了前任总统博索那罗亲美的经济政策取向,开始转向与南方国家合作,其上任后花费8个月组建了新的经济行政班底,于2023年8月18日正式推出"新增长加速计划"作为任内的主导经济政策。该计划涉及交通、能源、城市基础设施、互联网和全民供水等领域,另外还囊括国防、教育、科学技术等其他领域。可以视为新政府实现巴西"再工业化"目标的蓝图。

(一)2022—2023年巴西工业发展概况和面临的困难

根据世界银行统计,2022年巴西国内生产总值为1.92万亿美元,其中工业总产值是4380亿美元。截至2023年7月,巴西的工业总产值2252亿美元,大体与去年同期持平。世行数据称从2020年到2022年,巴西的工业增加值(占国内生产总值比值)分别是19.5%、20.2%、20.7%,呈现出微弱增长趋势。①

2023年以来,各主要的国际经济组织均认为巴西经济开始复苏,纷纷上调了2023年巴西的国内生产总值增长预期。7月,国际货币基金组织把巴西本年的增长预测值上调了1.2个百分点,至2.1%。9月,经合组织也大幅上调巴西2023年国内生产总值增速预期,由6月的1.7%上调至3.2%,增幅几乎翻番,较2023年3月的1%更是大幅上调2.2个百分点。但他们认为

① https://knoema.com/atlas/Brazil,https://www.ibge.gov.br/indicadores#variacao-do-pib.相关分析转引自:《巴西2022年工业产值同比下降0.7%》,中国新闻网,https://baijiahao.baidu.com/s?id=1756868037541234117&wfr=spider&for=pc。

巴西的国内生产总值增长的主要原因是2023年第一季度农业产出大幅上升,并对服务业活动产生了积极的溢出效应的结果。经合组织的经济学家则认为2023年底至2024年巴西的国内生产总值增长可能会受到全球经济复苏步伐放缓的抑制,并特别指出巴西的经济增长与巴西商品出口有直接关系。[①]这些国际组织的观点说明,巴西经济虽然开始复苏,但是其工业化之路并不顺利。

巴西国家地理统计局的数据显示,2022年巴西工业产值同比2021年下降0.7%,相比2020和2021年,工业总产值出现了萎缩。[②]2023年巴西国家统计局对实物生产工业的月度统计也显示,2023年以来只有3个月出现了正值。全球经济指标网的"制造业PMI指数"[③]也证明同期内只有8月指数超过50%荣枯线。以上迹象均证明,疫情后巴西的工业没有出现明显增长。

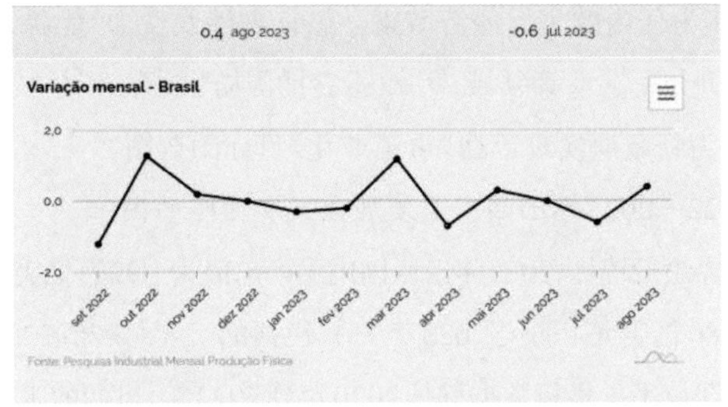

图1.3 巴西实物生产工业月度调查图

来源:巴西国家统计局

①《经合组织大幅上调巴西2023年国内生产总值增速预期》,驻圣保罗总领馆经贸之窗,http://stpaul.mofcom.gov.cn/article/jmxw/202309/20230903443076.shtml。

② 巴西2022年工业产值同比下降0.7%。

③ PMI指采购经理指数,是一套月度发布的、综合性的经济监测指标体系,能够反映经济的变化趋势。制造业PMI可以观察制造业的变化形势,指标值以50%为荣枯分水线。

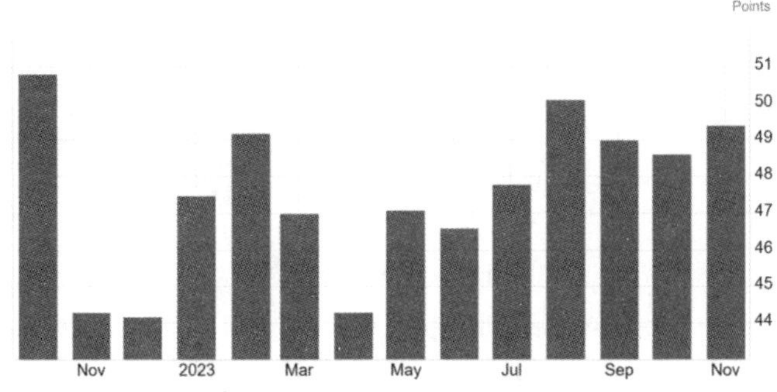

图1.4 巴西制造业PMI指数

来源:全球经济指标网,https://zh.tradingeconomics.com/brazil/manufacturing-pmi

各方认为巴西工业发展受阻的原因主要有三:一是巴西工业发展面临的进出口阻碍。巴西工业联合会(CNI)与外贸研究中心基金会(Funcex)的联合研究认为,同外国竞争对手相比巴西工业的竞争力仍然低下,主要原因是三年疫情期间巴西所需的工业原料进口价格都在上升,而且,美洲等地的贸易保护措施正在限制巴西的工业出口。二是疫情危机后遗留的国家债务问题可能在国际金融环境中发酵,拖累工业发展。疫情三年,为了应对危机巴西联邦公共债务急骤增(详见图1.5)。[①]2022—2023年美元紧缩迫使巴西央行持续跟随美元加息,巴西央行的基准利率长期维持在13.75%,2023年8月在卢拉总统的协调下降至13.25%。高利率将使巴西长期陷于债务泥淖,无法扩大国家基础设施和工业投入。巴西的负债家庭也高达80%,工业品消费能力受到限制。三是21世纪以来,巴西一直是反倾销措施的活跃使用者,无益于本国基础工业的竞争力的提升。

---

① 世界银行的报告详述了巴西疫情危机对社会的影响及政府的救助方案。World Bank,"Brazil Poverty and Equity Assessment: Looking Ahead of Two Crises",http://hdl.handle.net/10986/37657.转引自《这项重大经济计划,被卢拉称为第三任期的开始》,《参考消息》,https://ckxxapp.ckxx.net/pages/2023/08/13/77a5888b62164b28b32fd8f5e03176dd.html。

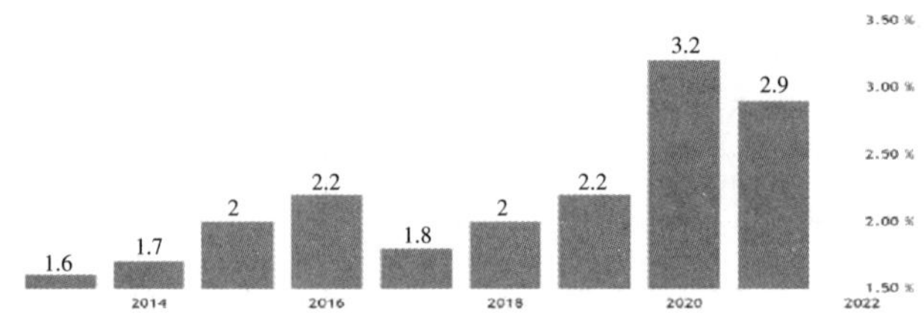

图1.5　巴西外债比例图

来源:全球经济指标网,https://zh.tradingeconomics.com/brazil/manufacturing-pmi

(二)卢拉政府的工业政策及其前期准备

在上述背景下,卢拉政府发布了此次任内的经济政策:新增长加速计划。此计划本身包含9项核心任务:可持续交通运输系统、弹性城市、卫生保健、能源安全及转型、教育与科技、供水项目、数字包容发展及连通、社会基础设施、国防工业创新。总投资额预计为3470亿美元,在卢拉任内分两期进行。

这个新计划普遍被认为是延续了2007年卢拉第二任期和2011塞罗夫总统任期内的经济政策。前两期的经济计划均把发展国家基础设施作为经济建设的重点任务,但由于预算超支而未能完成任务。此次"新版加速增长计划"则旨在促进经济、社会和城市基础设施发展,增加公共部门及私人部门投资,创造优质就业岗位并整体提高巴西经济的竞争实力。政府将着眼于发展新领域,实现生态转型,推动新型工业化,坚持联邦与地方政府之间民主对话模式,并以战略行动为指引协调融资安排。①

从以上介绍来看,此次计划的任务同样以基础建设为重点,同时也兼具在能源转型的时代大背景下,把巴西的"再工业化"方案改造为"追求新型工业化"。然而当前国际经济形势与卢拉的第二任期相比更不利于巴西联邦政府扩大基础设施投资,如何获得投资仍然是新计划面临的挑战,因此,卢拉政府实施计划的具体思路是:以生态转型时期的能源工业、绿色新

① 巴西政府新版"加速增长计划",http://br.mofcom.gov.cn/article/sqfb/202309/20230903442350.shtml。

工业化和国家的基础设施建设为着力点，通过分配投资比例在联邦政府、大型国企和私人部门之间建立公私关系，同时利用“公共特许权”的方案吸引国际投资。[①]

总体而言，此次卢拉推行的新经济政策与前任总统的根本区别在于后者倾向于将国家资源私有化，而卢拉政府则希望通过公私合作的方式推动经济，改变国际社会对巴西牺牲自然生态发展经济的刻板印象，强调自己独立的执政风格。卢拉的幕僚长鲁伊·科斯塔称“这个新增长加速计划和此前的不同，国家将刺激公私伙伴关系”“在照顾社会需求的同时，巴西政府将承担财政和环境责任”。

为了顺利启动这项计划，卢拉政府进行了8个月的前期准备，主要有三个方面：一是组建了38个政府部门，并协调了他们的关系。[②]二是为增加政府收入，出台了新的财政框架，要求巴西央行将基准利率降低0.5个基点，要求废除政府支出上限规则，达到降低政府负债的目的；开辟了一些新税源，但可能征税会遭遇阻力。[③]三是前8个月预先启动了一些有关于大型的能源、交通、工业等国际融资项目，积极处理与中国在经贸领域存在的纠纷，如暂停了多项针对中国的反倾销调查，缓和了与大型实体投资国的关系。[④]

（三）新经济计划推出后巴西国内部门及全球各国的反应

在正式推出新增长计划后，发展、工业、贸易和服务部作为新计划实施

---

① “Novo PAC tem tudo parar atrair investimentos da Arábia Saudita”, diz Rui Costa em agenda bilateral , https://www.gov.br/casacivil/pt-br/assuntos/noticias/2023/outubro/201cnovo-pac-tem-tudo-parar-atrair-investimentos-da-arabia-saudita201d-diz-rui-costa-em-agenda-bilateral.

②《这项重大经济计划，被卢拉称为第三任期的开始》，《参考消息》，https://baijiahao.baidu.com/s?id=1774094796400037190&wfr=spider&for=pc。

③ 贸促会驻巴西代表处、巴西中资企业协会秘书处：《经济学家对巴西新财政框架总体乐观，但指出挑战》，《巴西经济月刊》2023年第2期。

④ 从中国商务部的跟踪数据来看，2023年以来至少有4项针对中国的反倾销调查被搁置了。

的主要负责部门,出台了名为"APP"的计划,其中包含88个具体的项目,等待国会正式批准,发起了6轮会议,召集中小型工业代表、民间社会的工人代表和各企业生产部门负责人说明新经济计划提倡"生物经济,脱碳和能源转型与安全,可以保证子孙后代的资源的持续性"[①]。该部门也通过各种渠道积极向巴西的主要投资国:中国、日本、瑞士等传达融资的意愿。

目前,同样面临能源转型压力的沙特对巴西的邀请表现出强烈的兴趣,沙特投资部部长表示最感兴趣的两大投资领域是绿色能源和食品安全,金融、汽车、农业、运输和物流、基础设施、生态旅游及娱乐等行业也是沙特重点关注的领域。[②]中资企业对巴西的新经济政策也有较多响应,2023年8月28日,巴西国家石油公司与中国国家开发银行和中国银行签署两份谅解备忘录,评估中国和巴西之间低碳和绿色金融倡议方面的投资机会和合作,为巴西国家石油公司的供应链提供融资,初步预计该协议价值将超过10亿美元。[③]在能源、汽车、家电市场,中资企业尝试与巴西建立新合作伙伴。

(四)中国与巴西的工业合作概况

中巴两国在工业领域互有投资,中国对巴投资主要涉及能源、矿产、农业、基础设施、制造业等行业,巴西在华投资主要涉及压缩机生产、煤炭、房地产、汽车零部件生产、纺织服装等项目。[④]

据巴西—中国企业家委员会发布的报告显示,巴西2021年获得中国

---

① Descarbonização, bioeconomia e transição energética em pauta no CNDI, https://www.gov.br/mdic/pt-br/assuntos/noticias/2023/outubro/descarbonizacao-bioeconomia-e-transicao-energetica-em-pauta-no-cndi.

②《沙特投资部出访巴西:绿色能源和食品安全是最感兴趣的投资领域》,财联社,https://i.ifeng.com/c/8RwONut6q3O。

③ 贸促会驻巴西代表处、巴西中资企业协会秘书处:《巴国油与中国两大银行签备忘录,提供全球战略融资》,《巴西经济月刊》2023年第9期。

④ 江时学:《中国与巴西的关系是南南合作的典范》,光明网,https://www.gmw.cn/xueshu/2023-04/15/content_36498686.htm。

59亿美元的投资。2022年中国在巴西的投资金额下降了78%,仅为13亿美元,但投资的项目变得更多元了。[①]2023年前6个月,上述报告记录的中国对巴西的超1亿美元的投资有3笔:中国电建投资3.4亿美元;中国中铁投资1.1亿美元,还有一笔1.1亿美元的媒体投资。[②]总体来看,中国与巴西在大型的工业合作方面还有很大的提升空间。

2023年中巴企业生产合作较往年有更为多元的进展,重要的合作包括:电商平台希音、虾皮在巴西扩建了生产基地和物流园,短视频平台希望开拓巴西化的发展新模式,3家中国车企在巴西投资建厂,中国家电厂商在巴扩大生产规模,更多的中资企业开始进入巴西的新能源生产领域。具体表现如下:

1.跨国电商

希音2023年4月宣布计划在巴西投资1.48亿美元,公司表示,将在未来5年内与巴西的2000家纺织工厂建立合作伙伴关系,至今巴西国内已有100家工厂为希音生产产品。6月希音与巴西企业合作,在巴西东北部北里奥格朗德州塞里多地区生产牛仔布和斜纹布服装。服装制造是当地主要产业,但由于主要客户订单减少,工厂闲置产能高达50%,希音的到来为他们带来了希望。

虾皮在巴拉那州新建了3个物流中心,分别位于卡斯卡维尔市、蓬塔格罗萨市和乌姆阿拉玛市,采用就近销售模式运作。公司的目标是通过在该州投资这些物流中心,优化从收货到发货的流程,改善巴西消费者和卖家的体验。巴拉那州是南部地区虾皮公司注册零售商最多的州。除上述

---

① 贸促会驻巴西代表处、巴西中资企业协会秘书处:《中国去年对巴西投资减少,项目增多领域趋多元化》,《巴西经济月刊》2023年第9期;中国贸促会:《巴西等南美经贸发展概况及市场前景指南——中国贸促会2023年度出国(境)展览可行性研究报告》2023年第8期。

② The American Enterprise Institute, "China Global Investment Tracker(2005-2023)", https://www.aei.org/china-global-investment-tracker/.

城市外,公司已在该州的平尼亚斯、隆德里纳、库里提巴和马琳加等城市设立了物流中心。①

2.短视频社交媒体

快手与中国—巴西企业家委员会在巴西圣保罗联合主办了首届“巴西—中国创意经济论坛”。快手科技副总裁、国际化运营负责人程稷,快手科技副总裁、国际化业务商业化负责人杜铮,圣保罗州副州长费利西奥·拉穆斯,中国驻圣保罗总领馆白春晖参赞,中国—巴西企业家委员会执行主席克劳迪娅·特雷维桑,以及众多中巴行业协会、贸易企业代表及专家学者出席论坛,共同探讨中巴两国通过数字技术消除数字鸿沟的见解,介绍中国互联网企业通过电子商务减贫的经验,并讨论中国在构建数字社会方面的经验如何在巴西推广等问题。

与会的两国官员表示,论坛的举办将是中巴两国在创意经济领域合作的良好开端。此外,来自巴西各级投促机构的代表与中资企业代表交流分享了在巴投资的机遇与挑战。

自2019年进驻巴西市场以来,巴西版快手Kwai在巴西的月活跃用户已超过4800万,2022年3月至2023年4月,Kwai在巴西为3.2万余名内容创作者提供了发展支持。洞察本地用户内容喜好,Kwai深度挖掘本地文化,开展本土化内容项目。Kwai合作美洲杯足球赛事等赛事,构建起足球、方程式赛车、排球和电子竞技等多元体育赛事的直播内容矩阵。同时,Kwai与巴西狂欢节、圣若昂节庆等活动进行合作,打造丰富的线上音乐直播内容。

Kwai目前开始增强在电商及商业化发展上的投入。2021年,Kwai成为巴西国内首个与零售公司合作开展直播电商业务的平台,并基于此不断拓展在线销售能力。经过两年的试水,快手认为,在中国已经成熟的商业

①《Shopee扩大在巴西巴拉纳州的投资》,中巴商业资讯,https://china2brazil.com/2023/07/20/shopee扩大在巴西巴拉纳州的投资。

模式对巴西企业和Kwai来说都有巨大的潜力。

着眼中国互联网发展的经验，短视频在过去5年飞速增长，在互联网广告行业，短视频平台已占据了约30%的市场份额。在巴西，短视频行业份额只有25%，纯短视频平台则只有13%份额。快手认为，除了国家的基础设施投入如第四代、五代移动通信技术的覆盖率、支付渗透率、物流效率等，各个行业内的高度竞争、专业积累、效率优化是带动中国互联网行业增长的重要因素。巴西则可以借鉴中国的经验，通过短视频+商业模式一定程度上促进其他互联网基础设施建设。

快手愿意持续深入巴西用户市场，带动短视频直播、电商销售等行业发展，Kwai平台也将以更繁荣的内容生态、更完善的商业机制，为用户带来更佳的使用体验，并为巴西各行业的企业创造更多的互联网经营场景，向更多品牌广告主释放出强大的巴西商业市场潜力，推进中巴创意经济合作发展。

3.汽车

长城汽车收购圣保罗州伊拉塞马波利斯的奔驰工厂，表示其将向新工厂投资100亿巴西雷亚尔，对该工厂进行现代化改造以扩大产能，生产混合动力和电动汽车。工厂将于2024年年初投产，估计2024年下半年两款混动汽车可以投入市场。预计每年产量大约为100000辆，是原工厂的5倍。制造商预测，这将直接创造2000个工作岗位。

比亚迪2023年7月表示将投资30亿巴西雷亚尔在巴西巴伊亚州建设3家工厂。第一工厂专门生产电动卡车和巴士底盘；第二工厂专门生产混合动力和电动汽车；第三工厂专门加工原料，如锂和磷酸铁，将出口到海外市场。在此项投资中，比亚迪不但创造就业机会，还将培训专业劳动力，优先考虑巴伊亚州本地人。这些经过培训的专业人员将在新工厂中工作。此项投资受到州政府的欢迎。2023年10月，福特汽车已经把旧工厂卖给该州政府为比亚迪让路，比亚迪新工厂预计将在2024年下半年开始生产。

奇瑞汽车2023年8月与巴西本土品牌Caoa联合成立的“Caoa奇瑞集

团”表示要对巴西果亚斯州阿纳波利斯市的工厂开始了新一轮投资,逐步实现产品的电动化转型。未来5年该公司将投资30亿巴西雷亚尔,并为该工厂雇用800名员工。此次投资的重点是将瑞虎5XSUV车型的产能提高150%,另外还计划扩大专门从事销售奇瑞品牌汽车的经销商网络。

海格汽车制造商于2023年4月20日签署了一份在塞阿拉州建立工厂的意向协议。该协议的谈判于2023年4月开始,目标是在位于考卡亚市和圣贡萨洛-杜阿马兰特市之间的佩塞姆工业港口建立生产线。该汽车商预计将在2024年开始生产,估计会为当地提供500个工作岗位。海格品牌的所有者苏州金龙汽车集团正在密切关注着巴西需要使用电动公交的公共交通招标,期望从2025年起每年生产700辆电动公交车。

中国新能源车企在巴西投资受到普遍欢迎的原因是,巴西传统汽车企业在能源转型浪潮下已受到巨大冲击,2023年3月大众、通用、现代和斯特兰蒂斯等汽车制造商的工厂因销量下滑而被迫放假。而新能源汽车在拉美的销售份额正在上升。[①]受到新能源车市场繁荣的鼓励,2023年7月巴西圣保罗冶金工人工会表示要同中国国机集团合作生产电动巴士,目前正在洽谈。[②]

4.清洁能源

过去10年中国国企一直是巴西水电、风能、光伏和生物质能开发的重要投资与合作方。2023年,不但中国的国企,一些民营企业也开始涉足该领域。2023年上半年中国国有企业对巴西的能源投资已超100亿美元,占存量投资的1/4(存量投资为320亿美元)。

2023年巴西总统卢拉访华时已经部分提到巴西的能源战略——分散

①《因市场低迷,各汽车制造商的巴西工厂集体休假》,中巴商业资讯,https://china2brazil.com/2023/03/22/因市场低迷,各汽车制造商的巴西工厂集体休假/。

②《中企与巴西工会就在圣保罗大ABC地区建设工厂进行洽谈》,https://www.ipim.gov.mo/zh-hans/portuguese-speaking-countries-news-sc/2023-07-20-中企与巴西工会就在圣保罗大abc地区建设工厂进行洽谈/。

式推进国家可再生能源发展,目前巴西政府正在计划推出更多的可再生能源大型项目,为了配合能源生产,巴西政府同时启动了国家的能源传输扩大项目。许多中国企业开始与巴西政府签订合作备忘录。如果政府采用新的投资招标政策,今后中国对巴西的能源投资战略可能会突破并购或收购方式,实现绿地投资。

2023年5月,华为集团通过其子公司华为数字电力与巴西Rio Alto可再生能源集团签署的合作协议,将共同开发并安装光伏电站的人工智能解决方案。①

2023年6月中国电建集团与巴西清洁能源技术企业Pontoon Clean Tech共同达成了将在塞阿拉州两地区进行建设的,总投资额约18亿巴西雷亚尔的大型太阳能发电站项目。

国家电投巴西子公司2023年6月表示将会在巴西追加约20亿美元的投资,通过并购与收购措施增加公司规模,预计该公司在巴西两个太阳能项目的总发电量将在2025年从目前的2.5吉瓦增加到5吉瓦。②

2023年6月巴西副总统阿尔克明与巴西矿业与能源部长西尔维拉一同会见了中国能建国际董事长吕泽翔,争取其在巴西输电系统与风能产业的投资。

2023年6月中信集团就收购巴西北大河州的太阳能发电站项目与该州政府进行谈判,预计总投资额为25亿巴西雷亚尔。包括收购、开发一个超600兆瓦的太阳能项目。中信集团除了太阳能发电站项目,也表现出了对巴西社会住房项目的兴趣。该公司已经与巴西政府签署了有关“我的家,我的生活”住房项目的谅解备忘录,并会参与供水与污水处理方面的技

①《华为与Rio Alto达成太阳能发电厂人工智能应用合作》,中巴商业资讯,https://china2brazil.com/2023/05/12/华为与rio-alto达成太阳能发电厂人工智能应用合作/。

②《中国企业将加大在巴西清洁能源产业的投资》,中巴商业资讯,https://china2brazil.com/2023/06/13/中国企业将加大在巴西清洁能源产业的投资。

术项目。[①]

5.通信和显示技术

2023年5月冠捷显示科技(厦门)有限公司与其在拉丁美洲最大的生产基地——巴西玛瑙斯敲定了2023年液晶电视的生产合作,可为玛瑙斯工厂带来约4亿美元的年产值,同时有效拉动厦门出口产值。

2023年9月长飞巴西线缆及解决方案有限公司(以下简称"长飞巴西")在米纳斯吉拉斯州投资新建的通信光缆生产基地顺利投产。[②]

6.家电

2023年以来,中国大型电器公司,如格力、美的、海信及TCL开始加大在巴西电器与电子产品市场的投资,开始更加深入地发掘巴西的潜在市场。4月,美的集团投资超7亿元人民币在包索市建设巴西新工厂,覆盖冰箱、洗衣机等家电品类的生产。

美的开利是由两家中国企业合资的联合品牌,2023年4月,其在米纳斯吉拉斯州南部地区以6亿巴西雷亚尔的投资额开设了一家双开门冰箱工厂,预计将于2024年开始运营。[③]

海信集团2023年3月份起开始在圣保罗州的38家实体店中销售从欧洲与中国进口的电烤箱、洗衣机和烘干机、灶台、冰箱和空调。公司表示有计划在2023年年底开始在巴西生产电视机。

7.基础设施

2023年7月,中铁十局参与联合体承建的巴西东西一体化铁路正式

①《中信集团将斥资25亿雷亚尔在巴西开发太阳能》,中巴商业资讯,https://china2brazil.com/2023/06/22/中信集团将斥资25亿雷亚尔在巴西开发太阳能。

②《长飞巴西通信光缆生产基地顺利投产》,https://finance.sina.com.cn/tech/roll/2023-09-22/doc-imznpwar5789597.shtml。

③《中国企业逐步主导巴西电器市场》,中巴商业资讯,https://china2brazil.com/2023/06/22/中国企业逐步主导巴西电器市场。

开工。[①]

2023年8月,中粮国际在巴西桑托斯港举行STS11码头项目开工仪式。码头将于2025年初开始运营,到2026年初达到最大产能,成为桑托斯港最大码头之一。[②]

综合2023年卢拉推出新经济政策及各方的反应来看,新经济政策的开局大体顺利,如果卢拉政府的金融与财政政策能配合解决政府负债过高、税收政策不稳定的问题或可实现其计划。

①《中铁十局参与的联合体承建巴西东西一体化铁路》,中巴商业资讯,https://china2brazil.com/2023/07/04/中铁十局参与的联合体承建巴西东西一体化铁路/。

②《中粮集团董事长:长期坚持在金砖国家投资为深化金砖农业合作探新路》,中国新闻网,https://baijiahao.baidu.com/s?id=1775017379274521060&wfr=spider&for=pc。

第四章 巴西的科研发展概况与国际合作

卢拉新政府的科研政策比前任政府更为务实,主要表现在其并未延续全面推进国家创新的政策思路,而是将科技研究与国家具体生产领域联系在一起。①新政府虽尚未发布正式的科研战略文件,但据科技部部长卢西亚娜·桑托斯称,卢拉总统相信科学将在抗击饥饿、社会技术、团结经济、国家再工业化政策及制定气候和能源转型议程方面发挥作用,也可以保证国家的独立和主权。②

在新增长加速计划的主导下,教育被视为支持科技发展的重要基础,许多教育工作是与科技工作同时开展的,而根据联合国教科文组织的调查报告,巴西的基础教育质量并不太好。

一、2023年巴西的科研情况

本节将主要介绍新政府组建的科研主管部门及其职能、巴西政府颁布

① 之前巴西的科研战略是以航空和信息技术为重点发展领域,并同时推进“第五代移动通信技术网络战略、国家物联网计划、科学进校园计划”等诸项工作,整体框架十分复杂。郭栋、林娴岚:《新的突破:2019年巴西科技创新政策与发展评析》,《巴西发展报告(2020)》,社会科学文献出版社,2020年,第160~172页。

② Ministra Luciana Santos anuncia Ricardo Galvão como novo presidente do CNPq, https://www.gov.br/mcti/pt-br/acompanhe-o-mcti/noticias/2023/01/ministra-luciana-santos-anuncia-ricardo-galvao-como-novo-presidente-do-cnpq. Lisandra Paraguassu, “Lula to seek Chinese semiconductor technology, investment in Beijing”, https://www.reuters.com/technology/lula-seek-chinese-semiconductor-technology-investment-beijing-2023-03-24/.

的重要科研政策、国家科研的主攻方向及取得的进展，同时也介绍巴西科技方面的重要国际合作，尤其是与中国的合作情况。

（一）科研部门的重组

新政府改组了原来的科研主管部门，组建了新的“科学、技术和创新部”（以下简称科技部）。由17个相关单位组成，其中具体的核心分管单位主要有以下4个：

战略政策和计划司：为部长提供相关建议，帮助制定、改变或废除国家战略性的科技发展政策和计划（特别是关于国家气候和可持续性发展方面的计划）。

社会发展科学技术司：在科学技术和科学教育普及、粮食主权与安全、国民营养、技术援助等领域向部长提出建议，帮助制定、改变或废除国家政策和计划。

技术发展与创新司：主要与“社会参与和多元化咨询”等部门配合提议、协调、监测和监督国家技术发展和创新计划。

数字化转型科学技术司：与科研部门、政府、生产部门和社会组织合作，从技术上协助推动巴西数字战略的制定和实施。

科技部还下辖27个附属机构：巴西航天局、巴西物理研究中心、半导体企业—塞泰克公司、国家自然灾害监测和警报中心、矿物技术中心、东北战略技术中心、管理与战略研究中心、国家核能委员会、国家能源与材料研究中心、国家科学技术发展委员会 、雷纳托·阿切尔信息技术中心、巴西工业研究与创新公司 、巴西科学技术信息研究所 、国家基础数学与应用数学研究所、国家大西洋森林研究所 、国家亚马孙研究所 、国家空间研究所 、国家半干旱研究所 、国家理工学院、国家天体物理实验室 、国家科学计算实验室、马米拉乌阿可持续发展研究所、天文学及相关科学博物馆、拉恩斯埃米利奥戈尔迪博物馆、国家天文台、国家教育和研究网络及一家上市融资公司。

(二)科研部门的职能恢复

新科技部组建后前5个月的主要工作:一是恢复政府与各大学、研究机构、科学协会等社会部门的接触;二是重组国家科学技术发展基金,向各重要部门的项目拨款,标志着科技部门工作的全面恢复;三是举办了各类研讨和科普活动,推动国民了解国家科技政策。

2023年1—5月,卢拉和科技部官员在等待国会批准拨款的过程中,先后与国内重要的科技机构召开了5次交流会议,与各方达成了"科学作为经济发展支柱"的基本共识。1月,该部还未获得国会正式批款时,已率先拨款20万巴西雷亚尔用于重建国家博物馆,该博物馆在2018年火灾中85%的藏品被大火烧毁。通过积极修复博物馆,卢拉政府向全社会树立起重视科学技术的形象。

2023年6月,负责为科技部提供资金的国家科学技术发展基金全面重组以后,其获得99.6亿巴西雷亚尔的总投资,标志着巴西科技部工作全面启动。截至2023年9月,数字化转型、国防、可持续"再工业化"创新、"亚马孙综合学科"计划、可持续发展领域等10个相关领域已经获得国家科学技术发展基金的投资批款。

重要的工业州首先获得政府投资,如塞阿拉州获48万巴西雷亚尔的创新投资。投资主要用于信息和通信领域的技术人才培训计划"C-Jovem"的第二阶段,将总共培训8400名学生,这是科技部与塞阿拉州政府合作的项目。[①]2023年10月阿拉戈斯州也获得了超过1800万巴西雷亚尔的投资,用于科技部与该州合作的"Infovia-AL"计划。该计划要在该州建设1000公里的光纤,将为州内的15个城市带来互联网基础设施,实现全州

① https://www-gov-br.translate.goog/mcti/pt-br/acompanhe-o-mcti/noticias/2023/06/mcti-investira-r-48-4-milhoes-em-projetos-no-ceara?_x_tr_sl=pt&_x_tr_tl=zh-CN&_x_tr_hl=zh-CN&_x_tr_pto=sc.

教育、研究和创新的民主化。这也是新增长加速计划的一部分。[①]

2023年7月,国家科技发展基金向中小微企业创新项目发放贷款,总额为16亿巴西雷亚尔,其中10亿巴西雷亚尔是直接的公司贷款,用于补助小微创新企业、技术型公司和重要的企业。低息贷款的费率每年约2%,缓冲期最长可达4年,还款期限最长可达20年。其余6亿巴西雷亚尔将用于促进公司与科技机构之间的合作。

2023年8月,“亚马孙综合学科”计划得到34亿巴西雷亚尔的投资,用于研究基础设施、创新支持、粮食安全和其他行动。科技部当月还为国家天文台等科学基础设施投资了42万巴西雷亚尔。

2023年9月,国家科学技术发展基金为国防工业基地的创新提供2.38亿巴西雷亚尔投资,这是该基金有史以来向国防工业分配的最大数额的经济补贴。用于促进航空航天推进、网络防御和无人驾驶车辆等22个具体项目。

科技部还举办并参与了面向全社会展示科研工作重要性的多种活动:

2023年9月,举办了促进科技部与社会部门合作的“公共采购:良好实践、创新与控制”研讨会。目的是引导各相关单位讨论公共采购相关话题并强调其战略性。技术发展和创新司司长吉拉·卡列罗斯与相关专家讨论认为,通过公共购买,可以达到可持续性和社会包容等目标,实现国家现代化。

2023年10月,科技部积极参与里约创新周的活动。里约创新周是拉丁美洲最大的创新和技术活动之一。在创新周内科技部发起了关于是否应加强与金砖国家科技活动的讨论话题,也参与了多方发起的“支持创新的公共政策:最新消息”的小组讨论。

---

① Ministra Luciana Santos anuncia mais de R$ 18 milhões em investimentos para Alagoas, https://www-gov-br.translate.goog/mcti/pt-br/acompanhe-o-mcti/noticias/2023/10/ministra-luciana-santos-anuncia-mais-de-r-18-milhoes-em-investimentos-para-alagoas?_x_tr_sl=pt&_x_tr_tl=zh-CN&_x_tr_hl=zh-CN&_x_tr_pto=sc

2023年10月17—21日举办了第20届全国科技周活动,该活动由巴西总统卢拉原创于2004年,定于每年10月的第一个星期举办。科技周上,科技部宣布了新的拨款项目,将投入1亿巴西雷亚尔用于2023年的科学普及行动。这些科普活动包括颁发了"数字包容"为主题的第30届青年科学家奖,出版了许多科普读物,讨论了科研的社会共享问题,着重强调了女童与妇女参与、共享科研成果的必要性,为各级学生举办了相应的奥林匹克科学竞赛,发布了一些重要的技术成果。巴西天文台还为全球直播了日环食。

由于科技部在2023年度的出色表现,10月其已入围国家公共管理学院主办的2023年第27届公共部门创新大赛决赛。举办方认为其主要贡献是"创建国家实验室系统模型,在科学、技术、创新和创业领域提供多用户访问"的倡议 与"联邦行政部门服务或公共政策创新"等。

总体来看,巴西科技部的改组是相当成功的,它作为卢拉以科技作为"再工业化"支柱战略的重要推动者,做到了重新凝聚社会各类力量,架设政府与社会部门之间科技桥梁的关键作用。

二、2023年巴西科技创新面临的挑战和主要的进展

(一)巴西科技创新面临的挑战

在2023年9月公布的全球创新指数中,巴西在所有参加评比的132个经济体中位列第49名,与上一年相比上升了5位,为拉丁美洲排名第一的国家。但在国际管理发展学院发布的《2023年世界竞争力年报》中,巴西在64个国家和地区中,仅排第60名。这说明,长期来看巴西科研基础仍然雄厚,但是短期内其科研队伍建设遭遇了严重困难。

巴西现有的科研体系由研究人员、本科生、研究生和博士后组成。巴西国家科技发展委员会的研究团体名录显示,在巴西共登记了3.76万个科研小组,共计19.96万研究人员,分布于531个机构中,其中90%是大学。巴西科技部2023年5月发布的《2022年国家科技创新指标》指出,该国疫

后需要改善研发生态系统,否则难以在创新排名中取得进步。[①]关于巴西科研发展迟滞的原因,本报告将在后文详细分析。

(二)主要的科研进展

据巴西政府网公布的消息,2023年只达成3个振奋人心的科研成就。

一是巴西多用途反应堆的建设取得进展。位于伊佩罗的巴西多用途反应堆的建设取得进展,在这里巴西新建了一座放射性同位素制造厂,未来巴西在放射性同位素生产方面更接近自给自足。国家核能委员会的专家说,核能在巴西有三个用途:用于癌症治疗药物和成像诊断;用于新材料的战略应用和开发,例如反应堆的新燃;将建成的一个大型中子束实验室和几个相关实验室,用于开展科学研究和开发新技术。该项目已经被列入政府的新增长加速计划,将由国家科学技术发展基金计划投资10亿巴西雷亚尔,到2026年,此多用途反应堆将成为巴西最重要的核技术研究和药物生产中心之一。

二是由科技部支持开发的100%国产新冠疫苗SpiN-TEC获得欧洲医学奖项。该疫苗是由米纳斯吉拉斯州联邦大学和奥斯瓦尔多·克鲁兹基金会自2020年3月开始合作开发,获得了巴西科技部的支持。与其他免疫剂的不同之处在于,面对新冠病毒原株和奥密克戎变体,这种疫苗均可诱导T淋巴细胞产生免疫反应。迄今为止的临床试验证明,该疫苗可有效防止新冠患者病情的恶化。此外,它在冰箱温度下至少可以稳定9个月,在室温下可以稳定约1个月,这使得它易于长途运输。

研发机构还强调,他们已经建设了疫苗工厂,没有依赖任何进口技术。这样可以减少外部依赖,在医药领域保障国家的主权。在17个拉丁美洲国家的推荐下,该款疫苗已经获得欧洲医疗奖项,主要获奖者将获得500万欧元。该疫苗公司表示将这笔奖金投入两种新疫苗的开发:用于防治加

---

① MCTI elabora retrato mais recente da ciência, tecnologia e inovação no Brasil, https://www.gov.br/mcti/pt-br/acompanhe-o-mcti/noticias/2023/05/mcti-elabora-retrato-mais-recente-da-ciencia-tecnologia-e-inovacao-no-brasil.

斯病和寨卡病毒。[①]

三是大西洋森林国家研究所编制了有关大西洋森林600种物种的数据集,2022—2023年还发现了该地区的13种新的植物和昆虫物种。这些基础性研究工作将为雨林监测、物种保护、减碳研究开创新局面。

(三)科研进展迟滞的主要原因

根据2022年5月巴西科技部的智库机构战略研究与管理中心发布的《科技与创新年度观察报告2021》,疫情三年对巴西的科研工作的影响很大,不但加大了巴西与全球主要经济体(如美国和中国)的差距,而且逆转了巴西原先的科研发展态势,长此以往将拖累国家经济。具体的数据证实了这个发展趋势。[②]

2020年巴西的研发总投资较2019年下降8,2%,从2019年的95.3亿巴西雷亚尔降至87亿巴西雷亚尔,国内生产总值占比从1.21%下降至1.14%。这些投资主要来自政府和商业部门,来自后者的资金大幅减少,从0.63%下降到0.53%,实际减少了1亿巴西雷亚尔,而公共支出从0.58%增加到0.62%,这也说明疫情对商业部门的影响。

巴西公司在研发方面的投资减少造成的直接结果是,目前巴西的全职研究人员高度集中在大学。这意味着科研成果与实际生产存在阻隔,导致年轻研究人员的就业能力低下,而缺乏职业前景又反过来影响大学对高端人才的培养。

实际上这种趋势并不完全是疫情造成的,疫情可能只是加剧了这个现象。根据2018年联合国对巴西的高等教育发展趋势的监测报告可知,在

---

① SpiN-TEC, vacina 100% nacional desenvolvida com apoio do MCTI, é finalista do Prêmio Euro, https://www.gov.br/mcti/pt-br/acompanhe-o-mcti/noticias/2023/08/spin-tec-vacina-100-nacional-desenvolvida-com-apoio-do-mcti-e-finalista-do-premio-euro.

② MCTI elabora retrato mais recente da ciência, tecnologia e inovação no Brasil, https://www.gov.br/mcti/pt-br/acompanhe-o-mcti/noticias/2023/05/mcti-elabora-retrato-mais-recente-da-ciencia-tecnologia-e-inovacao-no-brasil.

2014年左右，巴西大学的公私立教育体系开始分化。私立学校入学率在高速发展之后呈现放缓趋势，而公立大学的招生规模日益扩大。

从20世纪90年代后半段开始实施经济稳定计划以来，高等教育开始呈现非常高的招生率。这在本科生招生方面体现得尤为明显，自2008年起本科生多出了150万名。其中大约有3/4的本科生(730万)加入了私立教育机构。[①]

私立教育系统以实用的教学为主，各类远程教育项目助长了这种趋势。但是在2014年因大宗商品周期结束而使巴西的经济陷入低迷之后，私立高等教育的入学率也日益下降了。2014年政府用补贴给200万名大学生进行了助学贷款。尽管有补贴的资助，私立高等教育院校的入学率还是有所下滑，直接原因可以归为学生不再愿意贷款上学。政府推出的12万份贷款延续到了2015年3月(新学年开始后的一个月)仍然无人申请。2015年后政府提供的教育贷款降到25万份。

在公立教育方面，重组和扩张联邦大学计划使得公立大学及大学和技术学院的数量提升25%，学生人数在2007年到2013年提升80%(从64万名增长至114万名)。研究生教育也慢慢盛行于公立大学，2008年到2012年授予的博士学位增长了30%。但是公立大学的教育未能直接与市场产生联系，而2020年连公立大学的博士学位数量也开始下降了。2021年的博士人数至少倒退了6年，与2016年持平，博士毕业人数从2019年的2.44万下降到2020年2.01万，2021年是2.07万。这已经背离了国际教育的大趋势，对于巴西而言是一个危险信号。

科研队伍的萎缩造成巴西研究成果数量下降，研究领域逐渐狭窄。2020—2021年巴西科研论文的增长率急剧降低(从2015—2016年的8.72%降至1.73%)。巴西排名靠前的研究领域是生命科学和生物医学，寄生虫

① 雷纳托·须达·德·卢纳·佩德罗萨、埃尔南·塞姆维奇:《联合国教科文组织科学报告:迈向2030年》,2018年,第214~215页。

学是巴西2021年的重点领域,疟疾、利什曼病和寨卡病毒是该领域的高频术语。在疫情推动下,"远程教育"成为2019—2020年的新兴主题,未来有望成为专业研究的较大主题。畜牧业和渔业领域产生了新的涉及动物营养学和水产养殖的主题。在创新和可持续领域,农业综合企业、治理透明度、工业4.0、知识管理等成为新兴主题。关于亚马孙森林砍伐和工业4.0的影响的主题在研究中也变得越来越重要,但这方面研究的主要兴趣点在于对国家相关历史问题的研究,与国民经济相关的市场研究刚刚开始。①

大学科研体制的另一弊病也比较突出。具体来说就是高被引论文往往带有合作研究的特征,巴西与美国合作最多,23.7%的高被引论文有美国合作者参与。除美国外,巴西合作较多的是英国、西班牙、德国、法国、意大利、澳大利亚、葡萄牙和中国。

科技部的官员称,联邦政府致力于恢复对科学和技术的投资,并利用研发来应对国家挑战。具体的措施有二:一是将加强对博士毕业生的社会培训,为各经济部门补充高级管理人才,通过这些职位可以在不同的经济部门插入创新工具。二是在世界各国各领域寻求更广泛合作,改变科研力量不足、研究领域窄化的问题,也希望通过科研合作带动巴西的再工业化过程,从而创造出更多的高端就业机会,达到推动国家经济加速的目的。

三、2023年巴西的科研国际合作

2023年巴西科研国际合作的主要方向是,在基础领域立足于拉丁美洲各国的共同利益,在前沿领域加强与美、中两国的合作,同时展开与欧洲的合作。

(一)与拉美各国的合作

1. 委内瑞拉。2023年6月,科技部部长卢西亚娜·桑托斯接见委内瑞

① 刘澌:《巴西智库报告评价本国近六年科技与创新表现》,中国科学院科技战略咨询研究院,http://www.casisd.cn/zkcg/ydkb/kjzcyzxkb/kjzczxkb2022/zczxkb202207/202209/t20220927_6517800.html。

拉驻巴西大使曼努埃尔·维森特·阿基诺时讨论双边合作和深化伙伴关系，两国的合作主要集中在健康、教育、空间技术方面。①

2.亚马孙国家。2023年8月，巴西科技部宣布向亚马孙国家转让监测技术。巴西科技部部长卢西亚娜·桑托斯在贝伦(宾夕法尼亚州)宣布，巴西将向亚马孙合作条约组织国家转让卫星监测技术。她说，巴西将与相关国家展开科学合作，包括培训来自亚马孙国家的研究人员和专家，以实施监测其领土上生物群落的计划。培训将由国家空间研究所进行，它们目前正在优化卫星系统，可以通过地球观测卫星图像监测森林砍伐情况。②

3.古巴。2023年9月，巴西和古巴宣布恢复科学合作。巴西科技部在古巴哈瓦那举行的“七十七国集团和中国”峰会期间与古巴科学、技术和环境部签署了一份联合声明，重新启动科学、技术和创新指导委员会。该倡议标志着两国科学合作的恢复，促进了生物技术、气候、可再生能源、生物经济、生物制造、粮食主权和安全、农业科学及教育和研究网络等领域的知识交流。③

4.阿根廷、巴拉圭、乌拉圭。2023年10月，巴西科技部与阿根廷签署了谅解备忘录，旨在倡议南方共同市场国家中创建现代生物技术产品国际生物安全网络。它是一个生物技术机构，可以对转基因生物及其衍生生物进行风险评估，还可以组织研究新育种技术，为农业、环保等领域提供现代生物技术产品。目前加入这个合作计划的还有巴拉圭和乌拉圭农业和畜牧

---

① Embaixador da Venezuela no Brasil visita o MCTI, https://www.gov.br/mcti/pt-br/acompanhe-o-mcti/noticias/2023/05/ministra-recebe-embaixador-da-venezuela-no-brasil.

② Brasil vai transferir tecnologia de monitoramento para países amazônicos, anuncia ministra Luciana Santos , https://www.gov.br/mcti/pt-br/acompanhe-o-mcti/noticias/2023/08/brasil-vai-transferir-tecnologia-de-monitoramento-para-paises-amazonicos-anuncia-ministra-luciana-santos.

③ Brasil e Cuba selam a retomada da cooperação científica, https://www.gov.br/mcti/pt-br/acompanhe-o-mcti/noticias/2023/09/brasil-e-cuba-selam-a-retomada-da-cooperacao-cientifica.

部。巴西科技部希望把这种以前沿知识为引领缔造区域关系的模式在全世界树立为榜样。①

巴西和阿根廷签署核能合作协议,根据总统卢拉在1月份访问阿根廷时确立的核合作战略联盟方案,巴西在推进多用途反应堆的建设时寻求阿方的帮助。巴西科技部部长称,阿根廷在开发放射性同位素生产厂方面拥有国际公认的能力。该项目将聘请阿根廷研究与应用公司(Invap)作为合作方。②

除此之外,巴西在全球环境基金的资助下,也积极与拉丁美洲的其他国家合作解决气候异常和雨林地区气候暖化的问题。

(二)与美国的合作

美国是巴西的主要科学合作方。在过去10年,两国的合作主要集中在卫生、气候和航空航天领域。两国签订有10年的双边生物医学研究计划;国家自然灾害监测和预警中心和美国宇航局共享的NOAA天象卫星联合项目;2020年初巴西国家空间研究所和美国宇航局联合开发的新天气预报系统开始运行。2023年巴西科技部表示,巴西不仅希望稳定和扩大与美国在气候变化、航空航天和卫生等领域的伙伴关系,而且也希望在不稳定的地缘政治争端局势中,可以通过科学将不同立场的国家聚集在一起共商问题的解决方案,最后可以达到利用科技国际合作追求共同发展的目的。

---

① Brasil, Argentina, Paraguai e Uruguai criam Rede Internacional de Biossegurança de Produtos Derivados da Biotecnologia Moderna, https://www-gov-br.translate.goog/mcti/pt-br/acompanhe-o-mcti/noticias/2023/10/brasil-argentina-paraguai-e-uruguai-criam-rede-internacional-de-biosseguranca-de-produtos-derivados-da-biotecnologia-moderna?_x_tr_sl=pt&_x_tr_tl=zh-CN&_x_tr_hl=zh-CN&_x_tr_pto=sc.

② Brasil e Argentina assinam acordo de cooperação em energia nuclear, https://www-gov-br.translate.goog/mcti/pt-br/acompanhe-o-mcti/noticias/2023/10/brasil-e-argentina-assinam-acordo-de-cooperacao-em-energia-nuclear?_x_tr_sl=pt&_x_tr_tl=zh-CN&_x_tr_hl=zh-CN&_x_tr_pto=sc.

为了促进巴美合作，巴西政府恢复了2020年来中断的“巴西—美国科学和技术合作联合委员会”工作，重启了委员会主导的一个双边对话和规划论坛。美国驻巴西大使伊丽莎白·巴格利大使对于巴方的主张表示赞同。[①]

2023年7月，科技部与美国宇航局开始讨论在太空领域建立合作伙伴关系的可能性，以改进亚马孙监测技术。巴西国家空间研究所正在开发的一项新技术——合成孔径雷达，希望在全天候条件下通过云生成数据，提高监测精度，为建设森林砍伐警报系统提供支持。目前美国宇航局并不愿意展开技术合作，只愿意提供美国卫星的相关监测数据。双方正在讨论合作的具体方式。[②]

（三）与欧洲的合作

1.爱尔兰。2023年3月，巴西科技部正在研究与爱尔兰建立科学、技术和创新谅解备忘录的方案。3月16日科技部战略政策和计划司与爱尔兰代表团见面，讨论加强两国之间的双边关系和合作的可能性。巴西看重欧洲国家在高等教育和工业方面的快速发展的经验，特别是爱尔兰在2022年全球创新指数中排名第23位，在科学研究方面享有越来越高的声誉，是欧洲技术领导者。[③]

2.欧盟。2023年4月，双方讨论了巴西和欧盟之间如何展开合作。科技部部长表示卢拉总统优先考虑与欧盟展开科研合作，双方主要表达了在

① MCTI busca fortalecer parcerias com Estados Unidos, principal parceiro científico do Brasil, https://www.gov.br/mcti/pt-br/acompanhe-o-mcti/noticias/2023/07/mcti-busca-fortalecer-parcerias-com-estados-unidos-principal-parceiro-cientifico-do-brasil.

② https://www-gov-br.translate.goog/mcti/pt-br/acompanhe-o-mcti/noticias/2023/07/brasil-e-eua-discutem-acordo-para-aperfeicoar-monitoramento-da-floresta-amazonica? _x_tr_sl=pt&_x_tr_tl=zh-CN&_x_tr_hl=zh-CN&_x_tr_pto=sc.

③ MCTI estuda memorando de entendimento em ciência e tecnologia com Irlanda, https://www.gov.br/mcti/pt-br/acompanhe-o-mcti/noticias/2023/03/mcti-estuda-memorando-de-entendimento-em-ciencia-e-tecnologia-com-irlanda.

半导体、大数据、绿色工业、教育网络设施方面的合作意愿。①

3.葡萄牙。2023年4月,在第十三届巴西—葡萄牙峰会期间,两国签署了一份关于能源的谅解备忘录,鼓励相关国家机构之间进行经验和知识的交流。

此外,两国还签署了一份促进地矿领域技术交流的谅解备忘录,一份驾照互认谅解备忘录,以及巴西卫生部、奥斯瓦尔多·克鲁兹基金会和葡萄牙科技与高等教育部、经济与海洋部之间的国际合作谅解备忘录。②

4.卢森堡。2023年6月,巴西寻求与卢森堡的科技合作。巴西认为卢森堡是一个具有多样性的欧洲国家,国内拥有大量机构和多元化经济的金融中心。其在人力资源和智力资源方面均在世界排名领先。巴西可以向其学习金融市场知识,以及如何对国内的研究、创新和高等教育领域进行投资。卢森堡则对与巴西共同开发卫星有兴趣。③

5.法国。2023年6月,巴西科技部战略政策和计划司借在法国出席科技会议之机向法方表示,非常愿意开展机构间的对话,并进一步构建科技合作群。巴西认为在量子计算、流感病毒研究方面双方有合作的可能。④

10月,巴西矿产和能源部部长亚历山大·西尔维拉与法国能源转型部长阿涅丝·帕尼耶·吕纳谢就能源转型和战略合作举行会谈,双方希望在能

---

① Brasil e União Europeia buscam fortalecer cooperação científica, https://www.gov.br/mcti/pt-br/acompanhe-o-mcti/noticias/2023/04/brasil-e-uniao-europeia-buscam-fortalecer-cooperacao-cientifica

②《巴西总统卢拉访葡萄牙期间,签订了哪些合作协议?》,巴西华人网,https://www.brasilcn.com/article/article_74004.html。

③ Brasil debate possibilidades de cooperação em ciência e tecnologia com Luxemburgo, https://www.gov.br/mcti/pt-br/acompanhe-o-mcti/noticias/2023/06/brasil-debate-possibilidades-de-cooperacao-em-ciencia-e-tecnologia-com-luxemburgo.

④ Queremos construir uma agenda conjunta de longo prazo com a França, avalia secretária Marcia Barbosa, https://www.gov.br/mcti/pt-br/acompanhe-o-mcti/noticias/2023/06/201cqueremos-construir-uma-agenda-conjunta-de-longo-prazo-com-a-franca201d-avalia-secretaria-marcia-barbosa.

源领域重建合作关系，重点是核能方面。

巴西矿产和能源部称，两国已确定一项长期合作议程。会谈后，包括法国电力集团、法马通在内的核企代表与巴西代表进行会面。

巴西目前在运的安格拉核电厂1、2号机组为全国供应了3%的电力，3号机组于1984年开工，但在1986年停工，后在2006年重启建设，2015年又再次停工，工程总进度达到65%。2022年，3号机组再次重启建设，并计划2026年底前投运。

此外，巴西在2022年启动新核电项目选址工作。根据巴西2050年国家能源规划，届时将新增10 GWe的核电装机容量。①

6.马耳他。2023年6月，巴西科技部与马耳他讨论合作减少海洋中的微塑料。科技部官员玛西亚·巴尔博萨接待了马耳他驻巴西大使约翰·阿奎利纳，讨论两国在可再生能源和减少海洋塑料领域的合作。

巴西和马耳他于1975年建立外交关系。目前巴西驻罗马大使馆负责代理在马耳他的外交事务，而马耳他则于2022年在巴西利亚设立了大使馆。这是该国首次在拉丁美洲建立外交存在。

马耳他大使回顾说，尽管马耳他很小，但马耳他是一个拥有先进海事技术并对与巴西合作感兴趣（例如数字技术）的国家。巴西官员认为与海洋塑料作斗争是科技部关注的一部分，他们愿意在两国间展开合作。②

7.瑞士。2023年7月，科技部代理部长路易斯·费尔南德斯接待了世界上最具创新力的国家瑞士教育、研究和创新秘书玛蒂娜·平山。

瑞士方面详细考察了巴西科技部的架构和主管的项目，秘书玛蒂娜·

---

①《巴西与法国探讨核能合作》，国际电力网，https://power.in-en.com/html/power-2437971.shtml.

② Ministério da Ciência, Tecnologia e Inovação discute parceria com Malta para redução de microplásticos no oceano, https://www.gov.br/mcti/pt-br/acompanhe-o-mcti/noticias/2023/06/ministerio-da-ciencia - tecnologia-e-inovacao-discute-parceria-com-malta-para-reducao-de-microplasticos-no-oceano.

平山评估说,代理部长提到的基金会内部存在合作点,并强调了两国之间伙伴关系的长期轨迹。自2009年以来,两国就在科学和技术方面达成了合作协议。自2019年以来,两国的研究和创新资助机构之间也达成了合作协议。许多项目已经得到支持,合作已经在进行中。

比如瑞士创新促进署定期与巴西伙伴机构一起组织双边合作项目征集活动。2016—2023瑞士国家科学基金会为与巴西研究人员的合作提供了大约190项财政支持。

巴西的圣加仑大学和瑞士全球教育、研究和创新网络在巴西的办事处,都有助于深化两国的合作。①

8.俄罗斯。2023年9月科技部寻求加强巴西和俄罗斯在计算和量子技术方面的伙伴关系。科技部部长接待了俄罗斯量子中心的联合创始人兼首席执行官鲁斯兰·乌努索夫,并陪同俄罗斯代表团讨论巴西和俄罗斯在计算和量子技术方面的伙伴关系。会议期间讨论了金砖国家内部的科学合作和科学家交流等议题。

俄方在会议开幕式上介绍了该国量子计算的路线图,并表示到2024年,俄罗斯将拥有一台50至100量子位的计算机。俄方还指出,量子计算超越了硬件,包括软件和访问平台的开发。乌努索夫强调,在金砖国家集团(巴西、俄罗斯、印度、中国和南非)的平台上可以发展科学合作,俄罗斯愿意对国际伙伴关系持开放态度。

俄方建议,在金砖国家内部建设一个通用技术平台。反对许多国家限制量子编程访问的做法,在金砖国家内拥有这个平台可以发展量子技术的共同市场。

最后,俄方还指出通过交换专家促进科学交流才是量子技术合作的本质,"我们希望鼓励巴西科学家来到这里,鼓励俄罗斯科学家来到巴西"。

---

① Brasil e Suíça buscam aprofundar cooperação científica, https://www.gov.br/mcti/pt-br/acompanhe-o-mcti/noticias/2023/07/brasil-e-suica-buscam-aprofundar-cooperacao-cientifica.

在会议期间,巴西科技部部长列举了巴西已经采取的几项行动,例如投资3260万巴西雷亚尔,用于在科技部下属的巴西物理研究中心安装量子技术实验室;还有一个巴西量子技术能力中心项目正在进行。它由巴西工业研究与创新公司进行遴选,由科技部提供资源。

此外,科技部正在为定于11月举行的巴西—俄罗斯政府间合作委员会会议做准备,并强调了国家核能委员会与俄罗斯国家原子能公司之间的长期关系,重点是放射性同位素和核反应堆方面的合作。[①]

(四)与中国的合作

自卢拉总统访华后双方签署了17份战略协议,其中有5份涉及科研方面的合作。形成了包括卫星、通信技术、航天、创新合作等方面的顶层框架。在此框架下,巴西与中国的科研合作交往呈现出全方位、多角度、主动性强三个特点。

一是高层接触,维持热度。2023年5—10月,中巴双方的高层会晤每次都涉及科研合作的问题,最高领导人也时常关注双方的高层次的科研合作交流活动。

5月,卢西亚娜·桑托斯陪同卢拉访华时指出巴中科技合作是巴西加强同中国全面战略伙伴关系的重要一环。[②]她总结了2023年巴中科技合作的两个层次和重点领域。

在国家层次,有巴中地球资源卫星、纳米技术研究与创新中心等合作项目,两个重点合作已经深入展开:一是航天领域合作达成一系列共识,包括尽快开展巴中地球资源卫星05星、06星论证工作,优先编制巴中地球资源卫星06星技术方案。双方在这方面加快合作步伐,对于加强亚马孙雨

① MCTI busca fortalecer parcerias em computação e tecnologias quânticas entre Brasil e Rússia, https://www.gov.br/mcti/pt-br/acompanhe-o-mcti/noticias/2023/08/mcti-busca-fortalecer-parcerias-em-computacao-e-tecnologias-quanticas-entre-brasil-e-russia.

②《巴中科技合作不断结出丰硕成果》,中工网,转引自https://baijiahao.baidu.com/s?id=1763114570496208971&wfr=spider&for=pc。

林地区的环境监测、提升气候研究水平具有积极作用。二是建设了巴西—中国气候变化与能源技术创新研究中心,这是两所顶尖大学:巴西里约热内卢联邦大学和中国清华大学合作致力于在清洁能源与应对气候变化领域开展共同研究的重要平台。

在市场层次,巴西的生物燃料技术和中国的新能源汽车产业发展处于世界领先水平,加上双方在能源转型和环境保护的方面价值观与目标一致,未来可以在应对气候变化、加强生态环境保护、开发新能源等领域爆发出巨大合作潜力。在其他科技产业中,巴中都拥有独特优势,也是重要合作伙伴。例如,巴西的飞机制造业和中国的电子商务等互联网科技产业都具有发展优势,双方可以开展合作。

2023年8月,巴西召开了第七次全体会议部际筹备会议,介绍各部门落实中国—巴西高层协调与合作委员会第六次会议通过的《2022年至2031年中巴战略规划》的执行情况。代理总统(工业部部长)杰拉尔多·阿尔克明主持会议。

科技部表示,与中国的合作是该部的优先事项。部长再次指出有把握取得进展的重要领域包括:

1. 同步加速器光源使用技术(巴西在这方面的发展比中国更先进),气候变化和创新能源技术及空间开发项目有关的问题。如卫星和射电望远镜。

2. 清华大学和里约热内卢联邦大学共同维护的中巴气候变化与能源创新技术中心。科技部对其的资金支持已经延续至2027年,该中心的主要合作研究领域涉及能源规划、智慧城市、混合动力汽车及创业和创新。

3. CBERS-6卫星项目,该项目将携带多任务平台,巴西国家空间研究所工程师向中国伙伴学习合成孔径雷达技术,可以穿透云层获得图像。

4. 帕拉伊巴的BINGO(综合中性气体观测的重子声学振荡)射电望远镜项目,已经由中巴单位形成创新共同体,包括:巴西坎皮纳格兰德联邦大学、巴西圣保罗大学、巴西国家空间研究院、上海交通大学、扬州大学、中国科技大学、中科院上海天文台等。该项目除了暗物质研究的主要任务外,它还将为观测宇宙学和天体物理学提供仪器技术的开发。

5. 关于工业和信息通信技术小组委员会,电信研究与发展中心与中国信息通信研究院之间的合作活动正在进行。目标是开发先进通信技术项目,包括人力资源培训。

2023年9月,在科技部与中国共产党中央政治局常委李希率领的中国代表团会晤时,部长首先回顾了巴西和中国之间40年的科学合作,特别指出两国的卫星项目和合成孔径雷达技术对巴西的帮助。在这次为了庆祝两国建交50周年而进行的访问中,巴西再次表示延续和扩大双方合作的意向。部长还特别提到,有必要扩大巴西—中国青年科学家交流项目,鼓励更多的巴西科学家,特别是年轻医生访问中国,以及年轻的中国医生访问巴西研究机构。[①]

在高层的推动下,6、7月巴西科技部的重要分管单位常常与中国驻巴使馆联系,讨论合作的进展。7月,中国驻巴西大使祝清桥访问科技部时重申两国在太空领域长期全面合作的承诺,并表示共同开发巴西中国地球资源卫星CBERS-6可以作为两国其他伙伴关系的榜样。6月,中国驻巴西利亚大使馆科技参赞陆平和巴西科技部社会发展科学技术司官员伊纳西奥·阿鲁达开始讨论双边合作领域的具体合作方案。双方认为可以将高端的合作拓展到科普和科学教育合作。例如组织科学奥林匹克竞赛,例如巴

---

① Ministra Luciana Santos participa de reunião com delegação chinesa, https://www.gov.br/mcti/pt-br/acompanhe-o-mcti/noticias/2023/09/ministra-luciana-santos-participa-de-reuniao-com-delegacao-chinesa.

西公立学校数学奥林匹克竞赛和高中数学教师奥林匹克竞赛,获奖者将获得到上海参观的机会。

二是依托平台建设,多元合作齐头并进。

在中层合作领域,中国与巴西已经建设了一些战略性的合作平台。

农业方面,中国农业大学—巴西圣保罗大学联合学院于2021年获批成立,是亚洲和拉美国家之间正式成立的第一个农业高等教育机构。学院的目标是汇集世界顶尖涉农大学力量,在国际组织的支持下,为中国、巴西和各国学生提供国际文化和教育环境,提供一流农业学科的创新教育,发展成为亚洲、南美洲和世界顶尖的跨国教育机构。学生毕业后由中国农业大学和巴西圣保罗大学分别授予硕士学位。未来学院将在多个领域开设新专业,面向非洲等发展中国家,开展国际减贫人才培养和农业发展项目建设。

中国农业科学院中国—巴西农业科学联合实验室于2011年挂牌成立,旨在配合国家整体外交需要,巩固两国元首互访成果,落实两国政府联合公报中建立联合实验室和促进农业科技创新合作的有关内容。联合实验室主要开展巴西重要的农业种质资源收集与引进;利用特有的农作物、微生物资源进行重要功能基因挖掘,抗逆抗除草剂水稻、新型转植酸酶基因玉米研发和转基因安全技术研究;借鉴巴西生物技术产业化经验,促进中国生物技术成果向巴西转移,为中国农业科技全球战略布局实施做出贡献。

马托格罗索联邦大学"中文+农业科教发展中心"于2023年成立,由中国华南农业大学和巴西马托格罗索联邦大学合作建立,将进一步深化中拉人文与农业科技创新融通发展,推动新形势下国际中文与农业教育事业在拉美地区的创新和可持续发展。

工业方面,金砖国家新工业革命伙伴关系创新中心在2021年9月7日正式揭牌,主要职责是承担金砖国家新工业革命伙伴关系创新基地政策协调、人才培养、项目开发等事务性、辅助性工作。目前该基地除了人才培养工作，还积极建设金砖国家间技术合作（转让）平台。

在疫情防控期间，金砖创新基地专门面向巴西举办了线上职业教育：2022金砖国家全球跨境电商人才培训（巴西专场）。这是由福建省外办与巴西马托格罗索州科技和创新厅、厦门金砖国家新工业革命伙伴关系创新基地共同主办的课程。主要面向包括巴西在内的金砖及“金砖+”国家跨境电商企业管理人员，共吸引25个国家36万人次在线观看。培训共分为三期，分别于2022年7月13日、20日和27日举行，着眼外贸新模式、新业态，介绍了速卖通、虾皮、亚马孙平台基础运营有关情况，取得积极反响。①

2021年，中国信息通信研究院、厦门市工业和信息化局和厦门市通信管理局三方签署“星火·链网”超级节点（厦门）合作协议，标志着“星火·链网”这一国家区块链与工业互联网协同创新基础设施正式落地厦门。2022年9月，“星火·链网”超级节点（厦门）正式发布，巴西作为中国在南美最大的经贸、科研合作伙伴一直有心加入此项目，但目前仍未能有单位有效推进，这可以作为未来工作的着力点。

尖端科技方面，中巴气候变化与能源创新技术中心是在中国和巴西两国政府的支持下于2010年4月正式成立的联合机构，分别在清华大学和巴西里约热内卢联邦大学设立办公室。该中心的主要职能是发挥中国、巴西气候变化与能源技术创新合作的桥梁作用，开展气候变化与能源技术创新领域相关研究工作，为中巴合作特别是提高气候变化与能源技术创新研究水平做出贡献。

高层级公共平台方面有上海浦江创新论坛，论坛创设于2008年，是对标中关村论坛，力争成为中国南方地区主办的面向全球科技创新交流合作

---

①《2022金砖国家全球跨境电商人才培训（巴西专场）取得圆满成功》，福建外事，https://mp.weixin.qq.com/s?__biz=MzAxNTg0MDgwNg==&mid=2247515579&idx=3&sn=822691294ff44eb46969cf22c8330aa3&chksm=9bff1ef2ac8897e46bef9401b56c094d581cedc3feb8476ef060dc3500b92cfa698c8c91af65&scene=27。

的国家级平台。[①]2023年设置了“创新体系与科技评价”“区域创新发展”两场主题论坛,旨在推进中国科技评价体系转型,打造区域协同发展交流的大舞台;此外,借助国家级平台推动与主宾国等国家的科技合作,积极开展科技外交,体现开放科学和链接全球创新生态的理念。2023年的论坛召开了“第一届巴西—中国纳米技术研讨会”。该活动的重点是介绍两国在纳米技术方面的发展及创新和创业方面的主要政策。其他目标是促进创新环境、项目签约和科研合作机会。这次会议受到巴西科技部的格外重视。[②]

依托于该平台,许多合作可以长期开展,形成重要反响。比如中国农业大学全球食物经济与政策研究院就可以依托,即可与世界经济论坛联合举办“关于中国牛肉贸易推动巴西热带雨林保护”圆桌论坛,形成国际影响。经过长时间的舆论造势,2023年世界经济论坛开始注意到中国与巴西牛肉进出口已经形成联盟。很快将成为国际牛肉类大宗商品交易标准的制定者。

三是科研单位的合作主动性日益增长。

据不完全统计,2023年两国各科研单位间的互访有10余次。其中取得进展的有:

4月,巴西科研机构奥斯瓦尔多·克鲁兹基金会与中国科学院—发展中国家科学院新发突发传染病研究与交流卓越中心在北京签订了科学合作协议。

巴西国家通讯社报道,双方的合作聚焦于大流行病及传染病的预防和控制,包括新冠、流感、基孔肯雅热、寨卡病毒、登革热、黄热病、结核病等,

① 《习近平主席与巴西总统致贺信,浦江创新论坛开幕,中外嘉宾探讨开放创新生态》,澎湃新闻网,https://new.qq.com/rain/a/20230910A072AW00。

② Brasil e China promovem seminário para fortalecer cooperação em Nanotecnologia, https://www.gov.br/mcti/pt-br/acompanhe-o-mcti/noticias/2023/09/ministra-luciana-santos-participa-de-reuniao-com-delegacao-chinesa.

同时还将合作开发疫苗、药物等公共卫生产品。

奥斯瓦尔多·克鲁兹基金会方面表示，签署合作协议的对话始于2019年之前，因疫情等原因被延迟。该机构认为，巴西联邦政府的换届有利于强化两国的合作伙伴关系，并将两国的利益重新连接起来。今后要合作的主要方向是加强两国之间科研人员的流动，并计划在2023年第四季度或2024年第一季度之前举办研讨会。

据悉，双方将建立巴中传染病研究预防中心，一个设在北京，另一个设在里约热内卢，两个中心均有来自两国的研究人员，除了进行学术交流外，还将开展合作项目，如开发疫苗、抗体及急慢性传染病治疗药物等。[①]

2023年5月，巴西亚马孙联邦农业大学、河海大学、中联拉美亚马孙科技创新公司签署三方科技合作项目协议。

河海大学是金砖国家网络大学成员高校，历来重视与巴西的交流，希望今后能够与亚马孙联邦农业大学在师生交流、科学研究等领域开展更多务实合作。亚马孙联邦农业大学校长全面介绍了亚马孙联邦农业大学的发展历程及巴西亚马孙地区的自然和地理优势，希望双方能够以该科技合作项目为契机，在更多领域开展深层次合作，成为中巴高校合作的典范。

会议中，河海大学和巴西亚马孙联邦农业大学及中联拉美亚马孙科技创新公司三方还签署了“发展有机肥修复亚马孙流域退化土壤”科技合作项目协议。[②]

2023年9月，中国农业大学与巴西圣保罗大学签订了中国农业大学—巴西圣保罗大学联合学院二期专业的合作意向书。两校合作将进一步深化：包括在中巴联合学院建设、学术交流、师生互访、产业合作、A5联盟创新发展等方面开展更加深入的合作。中国农大代表团考察了巴西圣保罗大学创新中心、温室气体创新研究中心、布坦坦研究所，与机构相关负责人

---

①《巴中科研机构合作将在北京和里约设传染病研究中心》，南美侨报网，http://www.br-cn.com/static/content/news/br_news/2023-04-13/1096124051753549824.html。

② https://www.hhu.edu.cn/2023/0515/c13911a261228/page.htm.

和研究人员座谈,详细了解巴西圣保罗大学科技创新、校企合作、成果转化,以及服务本地经济发展的情况,还考察了巴西圣保罗大学农学院的示范农场,调研大学示范农场合作模式和巴西肉牛产业发展情况。[①]

目前,中国与新一届巴西政府治下的科研部门已经初步建立了顺畅的沟通合作机制,以高端科技为先导,在国家科技合作的不断拓展下,各级政府、公共论坛、科研责任单位都获得了很大的鼓舞和发展的空间。尽管这种合作只积累了不多的经验,但与巴西的其他国际科研合作相比,中国巴西的合作明显更为全面和系统。两国对于目前世界格局变化的认知大致相同,也树立了科研可以推动经济、社会发展的基本理念。因此,展望未来两国的科研合作必将是发展战略伙伴关系的重要纽带和动力。

---

①《党委书记钟登华率团访问巴西》,中国农业大学官方网站,https://baijiahao.baidu.com/s?id=1777645393510418944&wfr=spider&for=pc。

第五章　巴西的文化发展情况及中巴两国的文化合作

随着中巴经济合作走深走实，尤其是中资企业在巴西投资与投产数额增加，有利于中巴两国人民相互了解的深入文化交流合作势在必行。2024年是中巴建交50周年纪念，文化交流领域必将受到格外关注，以往中巴的文化交流主要集中在教育、科研和政商层面，由于相距遥远两国人民对彼此的了解远远不足，疫后经济恢复、工业发展将促进两国人民开启广阔的文化交流空间，因此，本报告主要从民心相通的角度简要介绍近年巴西的文化发展情况，以及中巴文化合作的潜在领域。

一、近年巴西的文化发展概况

（一）文化主管部门变迁

2019年，巴西前任总统博索纳罗正式通过"官方公报"的一项法令，将文化部合并到旅游部。这是文化部成立34年以后首次被解散。国家文化政策委员会、国家文化奖励委员会和国家文化基金委员会等组织也被合并。2019—2023年巴西政府对文化资助资金大幅减少，导致了文艺创作部门、博物馆等公共文化部门的职能衰退，文化从业者数量减少，对外文化交流也减少了。

卢拉上台恢复了文化部，还有几个与文化相关的部门也在配合工作。包括：教育部、旅游部、科技部、原住民部。目前文化部刚刚开始展开工作，主要措施是通过举办“巴西创意产业市场”的商业活动重新凝聚国内的文化创意企业力量。[①]对外交流方面,巴西文化部部长梅内塞斯在中国访问时也表示,进一步加强巴中两国文化交流,深化双边文化合作。

(二)巴西的文化和文化市场

巴西是一个移民国家,在长期的多族源文化交流中,孕育出丰富多彩的文化样式。葡萄牙移民文化、非洲文化、天主教文化及土著文化在此对峙、交融,也塑造了巴西人民继承自己的传统文化和接受外来文化并行不悖的包容性格。

目前巴西最有名的公共节日有:葡萄牙移民的纪念节日“卡瓦利亚达什节”;天主教区和非洲裔聚集区举行的节日康茄舞节(Conga);巴西东北部的传统节日敬牛节,它从非洲黑人的牛复活节演变而来,现已成为葡萄牙人、黑人和土著印第安人的共同节日;狂欢节是欧洲移民带到巴西的宗教节日,在复活节前47天、天主教封斋节前3天开始,接连举行3天。里约狂欢节是巴西规模最大最受欢迎的狂欢节,紧随其后的还有萨尔瓦多和伯南布哥的狂欢节。

世界文化遗产:巴西自1977年9月1日加入《保护世界文化与自然遗产公约》的缔约国行列以来,截至2019年,经联合国教科文组织审核批准列入《世界遗产名录》的巴西世界遗产共有22项(包括文化遗产14项、自然遗产7项、混合遗产1项)。巴西的世界遗产数量居世界第13位。

人民的日常文化生活:里约热内卢州贸易联合会在2017年公布的巴西民众文化习惯调查显示,巴西全国56%的民众在2016年至少参加了一次文化活动,2016年全年巴西民众参加文化活动的比例增长了13%,在调查中,37%的巴西民众表示有看书的习惯,29%的人表示受到推广文化活

---

① Interessados poderão participar das rodadas de negócios do evento em Belém, https://www-gov-br.translate.goog/cultura/pt-br/assuntos/noticias/micbr-2023-abre-inscricoes-espontaneas-para-empreendedores-culturais?_x_tr_sl=pt&_x_tr_tl=zh-CN&_x_tr_hl=zh-CN&_x_tr_pto=sc.

动的影响养成听音乐会的习惯，去剧院看剧的人数也增加11%，爱看电影的人数占34%。这说明，只要经济条件允许，巴西人民对于文化的需求度是很高的。因此，巴西的文化氛围也为巴西的文化行业发展创造了良好的条件。

二、巴西重点文化产业发展

（一）旅游业

巴西拥有丰富的自然资源和人文景观，旅游业发展潜力巨大，旅游业大约贡献了巴西国内生产总值的8%。2022年巴西共接待外国游客超过363万人次，约是2021年的5倍；外国游客在巴西的消费总金额同比增长68%。2022年巴西狂欢节活动是时隔3年首次恢复正常规模举办。圣保罗、里约热内卢等城市均举行了大规模的巡游和桑巴舞表演活动，游客人数超过疫情前水平，酒店客房平均入住率达到90%以上。数据显示，狂欢节吸引了国内外约4600万人次参加，带来约15亿美元的收入。另据统计，2023年以来，巴西旅游业加快回暖，正成为拉动经济复苏的重要引擎。2023年前6月巴西已接待外国游客150万人次。

（二）游戏业

巴西数字游戏开发商协会与巴西贸易出口和投资促进局合作进行的研究显示，2022年，巴西一共有1042家游戏开发工作室，较上年增长3.27%。目前巴西共有13225人从事游戏开发工作。数据还显示，自2020年以来，巴西一共推出了2600款游戏，其中有1008款游戏于2022年推出。普华永道巴西全球娱乐和媒体的最新调查显示：巴西市场将在不到5年的时间内翻一番。另外，巴西的游戏公司通过调研发现，2022年中国的市场规模达到了458亿美元，他们希望把中国当作巴西38%游戏开发商的潜在出口对象。①

三、中国与巴西的文化合作交流

(一)影视合作

2019年,中国中央广播电视总台与拉丁美洲最大的传媒集团——巴西环球传媒集团签署合作备忘录。双方将在影视剧、体育、娱乐及第五代移动通信技术应用等方面展开合作。

2021—2023年中国在巴西开办“中国影视作品展播季”,此前已有包括纪录片、动画片、电视剧等在内的20余部中国优秀影视作品通过巴西盒子电视端及线上点播平台与巴西观众见面,得到当地多家媒体积极报道。

2022—2023年,中国流媒体平台K-Ball获巴西足球联赛转播权。

(二)文旅交流

2023年8月,由中外文化交流中心联合山东、山西、河南、四川、甘肃五省文化和旅游厅共同主办,由中国驻巴西大使馆、中国驻圣保罗总领事馆和巴西圣保罗州旅游观光厅支持,由巴中社会文化研究中心承办的“你好中国!”——2023黄河主题旅游海外推广季巴西专场活动在圣保罗举办。②

---

①《中国游戏市场的重新开放将利好巴西》,中巴商业资讯,https://china2brazil.com/2023/01/03/中国游戏市场的重新开放将利好巴西。

②《讲述中国故事推动中巴文旅交流合作》,《中国文化报》2023年8月11日,转引自中国文化和旅游部,https://www.mct.gov.cn/whzx/zsdw/zwwhjlzx/202308/t20230831_946936.html。

俄罗斯篇

第一章　2023年俄罗斯新形势与发展概况

一、2023年政治形势分析

2023年俄罗斯最严重的政治事件，是6月23—24日发生的叶夫根尼·普里戈任领导的“瓦格纳”军事委员会兵变。这次兵变威胁到了政治体制的存在。

在这种情况下，有两个要点值得注意，它们与分析俄罗斯的政治局势有关。首先，尽管普京在6月24日的讲话中表示，所有兵变参与者和煽动者都将面临迫在眉睫的惩罚，但第二天就宣布撤销刑事案件。这让许多人思考这一决定的后果和结论。需要指出的是，根据《俄罗斯联邦刑法典》第二百七十九条：“以推翻或强行改变俄罗斯联邦宪法秩序或侵犯俄罗斯联邦领土完整为目的，组织武装叛乱或积极参与武装叛乱的，应处以12至20年监禁，并限制自由最多2年。”换句话说，在俄罗斯发动武装叛乱而不受惩罚是可能的。当然，我们可以说，根据普里戈任本人的说法，叛乱者的目标并不是暴力改变宪法秩序或侵犯领土完整。然而，第二百七十九条的评注指出：“无论后果发生与否，无论既定目标是否实现，自武装叛乱开始时起，犯罪即被视为已经完成。”也就是说，叛乱这一事实本身就已经成为刑事起诉的依据。此外，即使瓦格纳的目标只是为了罢免绍伊古和格拉西莫夫，而不是推翻政府，但鉴于国防部长和总参谋长都是由民选总统任命的，因此仍可将其解释为对国家当局的攻击。

其次,叛乱是精英内部纷争的特殊表现。俄罗斯权力体系中存在多个相互竞争的政治“帮派”,在严厉的经济制裁和2024年总统大选前夕,这些“帮派”的权力斗争愈演愈烈。所有这些都是政治不稳定的根源,也是决定俄罗斯近期政治局势的重要因素之一。

二、2023年经济走势与前景

据俄罗斯联邦国家统计局统计,2023年第一季度,俄罗斯国内生产总值为36万亿卢布。[①]与2022年第一季度相比,降幅为1.8%。与上年同期相比,国内生产总值总体结构下降的行业包括:采矿业(95.1%),供水和消除污染活动(89.2%),批发和零售业及机动车维修业(89.9%),信息和通信活动(94.6%),专业、科学和技术活动(98.9%)。[②]呈现增长态势的行业包括:农业、林业、狩猎和渔业(103.4%),建筑业(107%),酒店和餐饮业(109.1%),金融和保险业(106.2%),公共行政、军事安全和社会保障(104%),教育(103.4%),文化、体育和娱乐活动(102.1%)。[③]

这些指标的变化主要受乌克兰冲突和西方国家实施经济制裁影响。例如,矿产开采(主要是石油和天然气)在国内生产总值中所占的份额因西方国家对这些行业实施制裁而下降。由于外国公司撤出俄罗斯市场,物流链随之遭到破坏,批发和零售贸易出现下滑。汽车行业也遭受了同样的命运。信息和通信活动下降的原因有二:一是西方公司拒绝续签软件许可证,这给俄罗斯公司造成了巨大困难;二是乌克兰冲突爆发、俄罗斯宣布部分动员后,大量专家离开了俄罗斯。建筑业、酒店业、餐饮业、农业等行业呈现增长则是因为需要投资于不太受到西方限制影响的更稳定的行业。公共管理和军事安全领域的积极动态显然是由于密集的军事行动。

---

① 俄罗斯联邦统计局,https://rosstat.gov.ru/storage/mediabank/osn-05-2023.pdf。

② 俄罗斯联邦统计局,https://rosstat.gov.ru/storage/mediabank/osn-05-2023.pdf。

③ 俄罗斯联邦统计局,https://rosstat.gov.ru/storage/mediabank/osn-05-2023.pdf。

与2022年1—5月相比，2023年的工业生产指数增长了1.8%，农业产出增长了3%。与此同时，居民消费者物价指数增长了6%。此外，基本经济活动中的商品和服务产出指数与2022年同期相比增长2.1%，15岁及以上的失业总人数下降16.5%，降至240万人。[①]

2023年1—5月采矿业生产指数与2022年1—5月相比为99%。与此同时，煤炭开采指数上升了1%，金属矿石开采指数下降了2.7%，包括石油和天然气在内的其他矿产总开采指数下降了3.2%。例如，天然气产量为去年同期的84.7%，液化天然气产量为去年同期的96.2%。同时，采矿服务指数下降了2.7%。但有趣的是，该行业的商业信心指数值（剔除季节性因素）为2%。[②]

与2022年同期相比，2023年1—5月制造业生产指数为104.8%。在制造业的主要类型中，增长最快的是：金属制成品生产（机械和设备除外）（126.2%），计算机、电子和光学产品生产（121.6%），电气设备生产（119.8%），车辆（机动车、拖车和半拖车除外）和设备生产（121%），家具生产（110.7%），皮革和皮革制品生产（110.5%）。[③]减少的生产类型包括：木材加工、木材和软木制品生产（家具除外），以及稻草制品和编织材料生产（87.5%），药品和医用材料生产（90.3%），汽车、拖车和半拖车生产（81.5%）。[④]2023年6月，制造业的整体商业信心指数为4%（除去季节性因素后）。在个别行业中，商业信心指数最低的是木材加工（-10%）和化学品及化学产品生产（-17%）。指数值最高的是汽车、拖车和半拖车生产（23%），其他车辆和设备生产（18%），计算机、电子和光学产品生产（17%），橡胶和塑料产品生产（16%）。[⑤]

---

① 俄罗斯联邦统计局，https://rosstat.gov.ru/storage/mediabank/osn-05-2023.pdf。

② 俄罗斯联邦统计局，https://rosstat.gov.ru/storage/mediabank/osn-05-2023.pdf。

③ 俄罗斯联邦统计局，https://rosstat.gov.ru/storage/mediabank/osn-05-2023.pdf。

④ 俄罗斯联邦统计局，https://rosstat.gov.ru/storage/mediabank/osn-05-2023.pdf。

⑤ 俄罗斯联邦统计局，https://rosstat.gov.ru/storage/mediabank/osn-05-2023.pdf。

应特别关注计算机和电子设备及电气设备生产的大幅增长。西方制裁切断了俄罗斯与先进技术的联系,迫使其投资于自己的技术生产部门。灯具、电子真空管和电子束管的生产呈现爆炸性增长(4800万美元,相比于2022年1—5月增长154.9%),计算机、零部件和配件的生产(6600万美元,相比于2022年1—5月增长178.4%),双筒望远镜、单筒望远镜、其他光学望远镜和显微镜的生产(470万美元,相比于2022年1—5月增长166%)。雷达和无线电遥控设备的生产(2.2亿美元,相比于2022年1—5月增长111.5%);通信设备的生产(1.77亿美元,相比于2022年1—5月增长117.8%);辐射和康复设备以及医疗诊断设备的生产(3850万美元,相比于2022年1—5月增长112.3%)。[①]这些工业的增长在很大程度上是由于俄罗斯的军事行动和使用高科技军事装备的需要。此外,功率不超过37.5瓦的电动机和直流发电机(167%)、功率不超过750瓦的多相交流电动机(122.8%)、成套电气开关或保护设备(144%)、铅蓄电池(用于启动活塞发动机的蓄电池除外)(159.9%)、电极和其他石墨制品(148%)的产量也有大幅增长。[②]

然而,制裁对其他生产部门也产生了负面影响,例如:与2022年1—5月相比,半导体设备及其零部件的产量下降了6%,集成电子电路的产量下降了19.8%,电视和无线电接收器的产量下降了19.9%。功率大于37.5瓦的通用直流和交流电动机(2022年1—5月的62.5%)、单相交流电动机(2022年1—5月的58.8%)和家用洗衣机(2022年1—5月的72.6%)的产量大幅下降。[③]

在西方国家实施制裁之后,俄罗斯不再公布对外贸易的详细数据,而仅提供一般信息,因此很难分析俄罗斯与其他国家的贸易关系现状。目前,只能根据俄罗斯联邦和其他国家官方机构提供的间接或零散信息进行

---

① 俄罗斯联邦统计局,https://rosstat.gov.ru/storage/mediabank/osn-05-2023.pdf。

② 俄罗斯联邦统计局,https://rosstat.gov.ru/storage/mediabank/osn-05-2023.pdf。

③ 俄罗斯联邦统计局,https://rosstat.gov.ru/storage/mediabank/osn-05-2023.pdf。

分析。

2023年3月13日，联邦海关总署公布了2022年俄罗斯对外贸易统计数据。数据显示，外贸总额为8505亿美元，比2021年增长了8.1%。[①]出口额增长19.9%，达到5915亿美元，进口额下降了11.7%，为2591亿美元，贸易顺差比2021年增加了近1.7倍，达到3324亿美元。[②]出口增长最多的是矿物燃料、石油及其蒸馏产品，增长42.8%，达到3837亿美元，占俄罗斯出口总额的65%；化肥增长54.3%，达到193亿美元；食品和农业原材料增长14.8%，达到413亿美元。[③]出口下降的项目包括黑色金属（下降15.2%，为245亿美元）和珍珠、宝石及半宝石（下降41.4%，为185亿美元）。[④]

由于制裁和物流链断裂，俄罗斯进口下降幅度最大。鉴于此，艺术品、收藏品和古董的进口下降幅度最大，下降了69.5%，降至1000万美元；手表的进口也下降了66.7%，降至1.22亿美元。[⑤]此外，下降的还有对俄罗斯的核反应堆、设备和机械装置（下降13.1%，为473亿美元，占所有进口的18%以上）、电气机械和设备（下降19.1%，为298亿美元）、陆路运输（铁路和有轨电车除外）的供应（下降41.5%，为157亿美元）。[⑥]

据俄罗斯媒体报道，2022年俄罗斯的主要贸易伙伴是中国、土耳其、

① 俄罗斯《公报》，https://www.vedomosti.ru/economics/articles/2023/03/14/966321-kak-iz-menilas-vneshnyaya-torgovlya-rossii。

② 俄罗斯《公报》，https://www.vedomosti.ru/economics/articles/2023/03/14/966321-kak-iz-menilas-vneshnyaya-torgovlya-rossii。

③ 俄罗斯《公报》，https://www.vedomosti.ru/economics/articles/2023/03/14/966321-kak-iz-menilas-vneshnyaya-torgovlya-rossii。

④ 俄罗斯《公报》，https://www.vedomosti.ru/economics/articles/2023/03/14/966321-kak-iz-menilas-vneshnyaya-torgovlya-rossii。

⑤ 俄罗斯《公报》，https://www.vedomosti.ru/economics/articles/2023/03/14/966321-kak-iz-menilas-vneshnyaya-torgovlya-rossii。

⑥ 俄罗斯《公报》，https://www.vedomosti.ru/economics/articles/2023/03/14/966321-kak-iz-menilas-vneshnyaya-torgovlya-rossii。

荷兰、德国和白俄罗斯。[①]同时,与中国的贸易额增长了28%,达到创纪录的1900亿美元,其中中国出口总额为760亿美元,俄罗斯出口总额为1140亿美元。[②]与土耳其的贸易额增长了84%,与白俄罗斯的贸易额增长了10%,与德国和荷兰的贸易额分别下降了23%和0.1%。[③]总体而言,根据俄经济发展部的数据,友好国家在俄罗斯出口中所占的份额从42%增加到2022年的65%。[④]

值得注意的是,俄罗斯与欧盟的贸易额达到了8年来的最高值,总计2586亿欧元,比2021年增加了2.3%。[⑤]俄罗斯对欧盟的商品出口增长了25%,达到2034亿欧元,而俄罗斯从欧盟的进口下降了38.1%,为552亿欧元。[⑥]因此,俄罗斯对欧盟的贸易顺差达到了创纪录的1482亿欧元。顺差大幅增加的原因:一是十套反俄制裁措施的出台,严重影响了欧盟向俄罗斯供应商品的数量;二是俄罗斯供应的能源和其他原材料价格上涨;三是欧洲国家希望囤积俄罗斯的碳氢化合物,以应对制裁的进一步收紧。[⑦]与此同时,一些专家认为,鉴于目前的情况,这只是暂时的影响,2023年俄罗斯和欧盟之间的贸易额将开始下降。[⑧]

根据俄罗斯联邦海关总署的数据,2023年1月的出口总额为329亿美

---

① 俄罗斯《公报》,https://www.vedomosti.ru/economics/articles/2023/03/14/966321-kak-iz-menilas-vneshnyaya-torgovlya-rossii。

② 俄罗斯《公报》,https://www.vedomosti.ru/economics/articles/2023/01/18/959445-v-fts-nazvali-osnovnih-torgovih-partnerov。

③ 俄罗斯《公报》,https://www.vedomosti.ru/economics/articles/2023/03/14/966321-kak-iz-menilas-vneshnyaya-torgovlya-rossii。

④ 俄罗斯《消息报》,https://iz.ru/1480064/sofia-smirnova/nakopitelnyi-effekt-tovaroo-borot-rossii-i-es-pobil-vosmiletnii-rekord。

⑤ 俄罗斯国际新闻通讯社,https://ria.ru/20230307/tovarooborot-1856267717.html。

⑥ 俄罗斯国际新闻通讯社,https://ria.ru/20230307/tovarooborot-1856267717.html。

⑦ 俄罗斯《消息报》,https://iz.ru/1480064/sofia-smirnova/nakopitelnyi-effekt-tovaroo-borot-rossii-i-es-pobil-vosmiletnii-rekord。

⑧ 俄罗斯《消息报》,https://iz.ru/1480064/sofia-smirnova/nakopitelnyi-effekt-tovaroo-borot-rossii-i-es-pobil-vosmiletnii-rekord。

元,进口总额为222亿美元。出口额最大的是矿物燃料、石油及其蒸馏产品(216亿美元),食品和农业原材料(33亿美元),珍珠、宝石和半宝石(14亿美元),黑色金属(12亿美元),化肥(7.92亿美元),铝和铝制品(6.05亿美元)。[①]进口总额为222亿美元,其中占最大份额的是核反应堆、锅炉、设备和机械装置(41亿美元),电气机械和设备(27亿美元),铁路和有轨电车以外的陆路运输工具(15亿美元),食品和农业原材料(32亿美元),医药产品(12亿美元),塑料及其制品(10亿美元)。[②]

2023年1—3月,俄罗斯与中国的贸易额增长了38.7%,达到538.4亿美元。同时,在前3个月,中国对俄罗斯的出口额增长了47.1%,达到240.7亿美元,而俄罗斯对中国的出口额增长了32.6%,达到297.7亿美元。[③]贸易额增长的原因是,在西方实施制裁后,俄罗斯向中国转移了大量石油和煤炭,而中国则利用许多西方公司撤出俄罗斯市场的机会,增加了对俄罗斯的商品供应。[④]值得注意的是,据俄罗斯总理米哈伊尔·米舒斯京称,2023年俄中贸易额可能达到2000亿美元。[⑤]

大多数专家和研究机构认为,2023年俄罗斯的国内生产总值将继续萎缩。例如,根据俄罗斯评级机构ACRA的预测,俄罗斯经济将下降约1.5%。[⑥]专家指出,这将是四个因素共同作用的结果:一是石油和天然气部门的生产和提炼减少(在其他条件相同的情况下,该部门的商业活动每减少1%,国内生产总值就会减少约0.2%);二是政府支出对国内生产总值

---

① 俄罗斯联邦海关署,https://customs.gov.ru/statistic/vneshn-torg/vneshn-torg-countries。

② 俄罗斯联邦海关署,https://customs.gov.ru/statistic/vneshn-torg/vneshn-torg-countries。

③《俄罗斯商业咨询报》,https://www.rbc.ru/economics/13/04/2023/6437a1ce9a79475567024e05。

④《俄罗斯商业咨询报》,https://www.rbc.ru/economics/13/04/2023/6437a1ce9a79475567024e05。

⑤ 俄罗斯《乌拉报》,https://ura.news/news/1052651802。

⑥《俄罗斯商业咨询报》,https://www.rbc.ru/economics/22/03/2023/6419b67b9a79478e0b03f226。

增长的影响微弱；三是为工业投资基础设施和建设（当地企业获得了免受外部竞争的保护，并有机会扩大销售市场，但却要投资改变物流和运输基础设施）；四是实际收入略有增加（1.1%~1.9%），消费也会相应增加。[①]

同时，ACRA分析师还指出了2023年影响俄罗斯经济的七大主要趋势：石油和天然气行业产量下降、物流和地理对运输需求变化、劳动力短缺、汽车行业生产链改变、国防工业综合体发展成为新动力、资本投资重点集中、预算资金重新分配更密集。[②]

其他专家预测，由于对俄罗斯原油和石油产品的各种限制，俄罗斯2023年的出口将下降，但进口可能会恢复到2021年的水平。[③]由于石油出口下降，卢布在8月份迅速贬值，2023年8月15日卢布与美元的比价达到1比100，这在一定程度上支持了上述预测。

2023年，外贸形势将继续恶化。专家预测，由于对俄罗斯出口贡献最大的部门受到西方制裁，贸易平衡将几乎减半。[④]中国、土耳其、欧亚经济联盟和独联体国家将成为俄罗斯的主要贸易伙伴。与印度、伊朗以及亚洲和中东地区其他国家的合作也有望扩大。同样有趣的是，一些专家预计一些欧洲国家，如德国、荷兰和意大利，仍将是俄罗斯出口的主要国家之一，当然这在很大程度上取决于地缘政治局势和进一步的制裁限制。[⑤]

2023年4月份，经济发展部将俄罗斯经济预测从下降0.8%提高到增长1.2%。随着居民储蓄倾向的下降和消费贷款的增长，消费需求的复苏

---

①《俄罗斯商业咨询报》，https://www.rbc.ru/economics/22/03/2023/6419b67b9a79478e0b03f226。

②《俄罗斯商业咨询报》，https://www.rbc.ru/economics/22/03/2023/6419b67b9a79478e0b03f226。

③ 俄罗斯《公报》，https://www.vedomosti.ru/economics/articles/2023/03/14/966321-kak-izmenilas-vneshnyaya-torgovlya-rossii。

④ 俄罗斯《公报》，https://www.vedomosti.ru/economics/articles/2023/03/14/966321-kak-izmenilas-vneshnyaya-torgovlya-rossii。

⑤ 俄罗斯《公报》，https://www.vedomosti.ru/economics/articles/2023/03/14/966321-kak-izmenilas-vneshnyaya-torgovlya-rossii。

将对经济增长做出主要贡献。[①]同时，经济发展部将2024年的预测从增长2.6%下调至2%。预计2025年的增长率为2.6%，2026年为2.8%。[②]经济复苏的驱动力将是建筑业和以内需为目标的行业，以及工业和农业。

根据经济发展部的预测，俄罗斯商品出口也将逐步恢复——从2023年的4659亿美元增至2026年的5051亿美元。固定资产投资增长在2023年将放缓至0.5%，但在2024年、2025年和2026年将分别加快至3.2%、3.7%和4.5%。2023年工业生产将增长0.2%，2024—2026年平均增长2.8%。农业生产在2023年将下降3.4%，但2024年将增长2%。

经济发展部对2023年的乐观预测得到了其他组织的部分证实。俄罗斯联邦中央银行预计经济将在-1%~1%的范围内动态增长，而不是下降1%~4%。[③]国际货币基金组织将俄罗斯国内生产总值增长预测提高到1.7%，但预计2024年仅增长1.3%。[④]世界银行将2023年4月对俄罗斯经济的预测从下降3.3%提高到仅下降0.2%。世界银行预计2024年俄罗斯国内生产总值将增长1.2%，2025年增长0.8%。[⑤]

三、2023年外交形势与走势

2023年，俄罗斯继续在外交和经济上与西方拉开距离，向东方和南方国家靠拢。外交政策的这些变化反映在新版《俄罗斯联邦外交政策构想》（以下简称《构想》）中，该文件明确了俄罗斯外交政策的主要原则、方向和目标。

① 俄罗斯《公报》，https://www.vedomosti.ru/economics/articles/2023/04/14/970957-minek-zhdet-rosta-ekonomiki。

② 俄罗斯《公报》，https://www.vedomosti.ru/economics/articles/2023/04/14/970957-minek-zhdet-rosta-ekonomiki。

③ 俄罗斯《公报》，https://www.vedomosti.ru/economics/articles/2023/04/14/970957-minek-zhdet-rosta-ekonomiki。

④ 俄罗斯《公报》，https://www.vedomosti.ru/economics/articles/2023/07/25/986901-mvf-snova-uluchshil-prognoz。

⑤ 福布斯（俄文版），https://www.forbes.ru/finansy/487278-vsemirnyj-bank-rezko-ulucsil-prognoz-dla-ekonomiki-rossii-v-2023-godu。

2023年3月31日,俄罗斯总统弗拉基米尔·普京发布命令,批准了新版《构想》,从而取消了2016年通过的旧版《构想》。下面我们将详细分析《构想》的各项条款,以便了解俄罗斯外交政策在不久的将来的指导方向。

《构想》首次将俄罗斯定义为文明国家:"一千多年的独立国家经验、前辈流传下来的文化遗产、与欧洲传统文化和欧亚大陆其他文化深厚的历史渊源,以及几个世纪以来形成的确保不同民族、种族、宗教和语言群体在共同的土地上和谐共处的能力,决定了俄罗斯作为一个独特的国家文明、一个将俄罗斯民族和组成俄罗斯世界文化和文明共同体的其他民族汇聚一堂的幅员辽阔的欧亚和欧洲太平洋大国的特殊地位。"(第四条)

同样重要的是,俄罗斯作为多极世界的中心之一在国际舞台上的地位如何被辩护:"俄罗斯在世界上的地位取决于其在生活各个领域所拥有的巨大资源,以及其作为联合国安理会常任理事国、主要国家间组织和协会的成员、两个最大的核国家之一和苏联法定继承国(权利延续国)的地位。鉴于俄罗斯对第二次世界大战胜利做出的决定性贡献,以及在建立现代国际关系体系和消除世界殖民主义体系方面发挥的积极作用,俄罗斯作为世界发展的主权中心之一,肩负着独特的历史使命,即维护全球力量平衡和建立多极国际体系,确保在统一和建设性议程的基础上为人类的和平和持续发展创造条件。"(第五条)

世界政治的主要长期趋势之一是"一个更加公平的多极世界正在形成",文件还指出,"几个世纪以来殖民大国通过侵占亚洲、非洲和西半球附属领土和国家的资源确保其经济超速发展,这种不平衡的世界发展模式已经一去不复返了"[①]。由于这些趋势,地区领导国变得更加强大,对自己的能力更加自信,这使它们更加独立于西方国家的政策。

《构想》同时也指出,"一些习惯于从全球主导地位和新殖民主义角度

① 福布斯(俄文版),https://www.forbes.ru/finansy/487278-vsemirnyj-bank-rezko-ulucsil-prognoz-dla-ekonomiki-rossii-v-2023-godu。

思考问题的国家,并不接受正在发生的、总体上有利的变化”[①]。可以合乎逻辑地认为,“一些国家”主要是指以美国为首的西方国家。文件指出,这些国家“拒绝承认多极世界的现实,拒绝在此基础上就世界秩序的参数和原则达成一致”,为了消灭竞争对手,它们使用了“各种非法手段和方法,包括绕过联合国安理会使用胁迫措施(制裁)、挑起政变、武装冲突、威胁、讹诈、操纵个别社会群体和整个民族的意识、在信息空间采取进攻性和颠覆性行动”[②]。

关于在乌克兰冲突背景下与美国和其他西方国家的关系,《构想》指出:“美利坚合众国(美国)及其卫星国考虑到俄罗斯作为现代世界主要发展中心之一的地位正在加强,并认为其独立的外交政策是对西方霸权的威胁,因此以俄罗斯联邦为保护其在乌克兰方向的重要利益而采取的措施为借口,加剧了长期以来的反俄政策,并发动了一场新型的混合战争。其目的是以一切可能的方式削弱俄罗斯,包括破坏其创造性的文明作用,破坏其权力、经济和技术能力,限制其在外交和国内政策中的主权,破坏其领土完整。”与此同时,“俄罗斯并不认为自己是西方的敌人,并没有孤立于西方,也没有对西方怀有敌意,并期待着西方国家在未来认识到其对抗政策和霸权野心的徒劳,考虑到多极世界的复杂现实,在主权平等和尊重彼此利益的原则指导下,恢复与俄罗斯的务实合作”。然而,在当前形势下,“针对西方的不友好行动,俄罗斯打算以一切可用手段捍卫其生存和自由发展的权利”。

《构想》概述了俄罗斯的九大国家利益,其中最重要的包括捍卫俄罗斯的主权和领土完整、维护战略稳定和国际和平、保护公民权利和组织利益等。基于这些利益,俄罗斯外交政策的战略目标包括确保国家安全、主权

---

① 福布斯(俄文版),https://www.forbes.ru/finansy/487278-vsemirnyj-bank-rezko-ulucsil-prognoz-dla-ekonomiki-rossii-v-2023-godu。

② 福布斯(俄文版),https://www.forbes.ru/finansy/487278-vsemirnyj-bank-rezko-ulucsil-prognoz-dla-ekonomiki-rossii-v-2023-godu。

和领土完整,为发展创造有利的外部条件,加强国际影响力。为实现这些目标,俄罗斯将重点完成塑造公正和可持续的世界秩序、打击反俄活动、建立友好关系等任务。

值得注意的是,俄罗斯外交政策的优先事项之一是加强金砖国家、上合组织、独联体、欧亚经济联盟、集体安全条约组织、RIC(俄罗斯、中国、印度)等国家间组织的潜力和国际作用,以及促进这些组织内部的经济一体化。

独联体国家是俄罗斯外交政策的主要领域之一。《构想》将加强同独联体国家的关系与俄罗斯作为世界政治中心之一的作用直接联系在一起:“对于俄罗斯的安全、稳定、领土完整和社会经济发展,以及加强其作为世界发展和文明有影响力的主权中心之一的地位而言,最为重要的是确保与独联体成员国和其他通过数百年联合建国的传统、在各个领域的深度相互依存、共同的语言和接近的文化与俄罗斯联系在一起的邻国,建立可持续的长期睦邻友好关系并汇聚各个领域的潜力。”(第四十九条)在地缘局势动荡的背景下,值得关注的是俄罗斯在这一领域为自己设定的优先任务之一:打击不友好国家部署或加强军事基础设施的行为,以及对俄罗斯在后苏联区域的安全的其他威胁。

在欧亚方向,中国和印度被单独提及,这表明在新版《构想》中,发展与中国和印度的关系的任务尤为重要:“俄罗斯旨在进一步加强与中华人民共和国的全面战略协作伙伴关系,优先发展双方在各领域的互利合作,在国际舞台上相互支持、加强协调,以确保欧亚大陆和世界其他地区在全球和区域层面的安全、稳定和可持续发展”(第五十二条);“俄罗斯将继续强化与印度共和国的特殊特惠战略伙伴关系,以便在互利的基础上提高互动水平,扩大在所有领域的合作,特别是增加双边贸易、投资和技术联系的规模,确保这些关系能够持续抵制不友好国家及其联盟的破坏性行动。”(第五十三条)

在欧亚大陆,俄罗斯打算促进该地区国家的广泛一体化,包括通过“将欧亚经济联盟的发展计划与中国的‘一带一路’倡议对接,同时保持欧亚大陆所有感兴趣的国家和多边联合体参与这一伙伴关系的可能性”。要实现该地区的经济一体化，就要“加强欧亚大陆的互联互通，包括通过对贝加尔—阿穆尔铁路和跨西伯利亚大铁路进行现代化改造并提高其运力，尽快启动国际‘南北’运输走廊，改善‘欧洲—中国西部’国际运输走廊、里海和黑海地区以及‘北方海航道’的基础设施，在欧亚大陆建立开发区和经济走廊，包括‘俄罗斯—蒙古—中国’经济走廊，以及在数字发展和建立能源伙伴关系领域加强区域合作”。

除了后苏联区域和欧亚大陆，俄罗斯外交政策的另一个优先领域是发展与伊斯兰世界、非洲和拉丁美洲国家的关系。与欧洲国家和包括美国在内的盎格鲁—撒克逊世界国家的关系在《构想》中被单独列为两个独立的外交方向。在欧洲俄罗斯将努力完成的目标包括消除对安全、领土完整、主权、价值观、经济发展的威胁，推动欧洲国家停止不友好行为并与俄罗斯发展友好合作关系，以及制定一个能够确保安全、主权和发展的共存模式。《构想》指出，导致俄罗斯与欧洲国家关系复杂化的主要因素是美国及其盟国的战略，该战略旨在削弱俄罗斯和欧洲国家的竞争力，限制欧洲国家的主权，并确保美国的全球主导地位。

对于俄美关系而言，美国作为世界的主权中心之一，对俄罗斯发挥着重要的影响力。然而，美国也是反俄政策的鼓动者、组织者和执行者，对俄罗斯的安全和国际和平构成了主要威胁。而俄罗斯希望与美国建立战略对等与和平共处的关系，并寻求建立利益平衡。然而，要实现这种关系，美国需要放弃武力统治的政策，重新审视对俄罗斯的立场，并在主权平等、互利和尊重彼此利益的原则基础上进行交流和互动。

新《构想》清楚地表明，俄罗斯外交政策的重点已从西方转向南方和东方。2023年俄罗斯外交政策的一些重要发展可以清楚地说明这些变化。

2023年2月17—27日，南非、中国和俄罗斯在南非夸祖鲁—纳塔尔省附近举行了联合海军演习。这是三国之间的第二次联合演习，第一次演习于2019年11月举行。俄罗斯参加这些演习表明了俄罗斯与金砖国家伙伴发展关系和军事合作的重要性。

另一件大事发生在2023年3月。3月20日—22日,中国国家主席习近平对俄罗斯进行了国事访问。这是习近平第三次担任国家主席后的首次出访,也是他以国家主席身份第九次访俄。访问期间双方签署了两份文件:《关于深化进入新时代的中俄全面战略协作伙伴关系的联合声明》和《关于2030年前中俄经济合作重点领域发展规划的联合声明》。声明说:"在双方的不懈努力下,进入新时代的俄中全面合作伙伴关系和战略合作关系达到了历史最高水平,并将继续稳步发展。"①此外,此次访问的主要成果是双方愿意建立一个联合工作机构来开发北方海路,并就"西伯利亚力量—2"天然气管道的建设条件达成一致。双方还讨论了进一步发展经贸关系的问题。普京总统表示,俄罗斯支持在俄罗斯联邦与亚洲和非洲国家之间的结算中使用人民币,这一点非常重要:"我相信,这些结算形式将在俄罗斯合作伙伴与第三国同行之间得到发展。"②

2023年7月27—28日在圣彼得堡举行的第二届俄罗斯—非洲峰会再次清楚地表明,俄罗斯打算在其外交政策中越来越多地关注东方和南方国家。尽管西方国家施加了巨大压力,但来自非洲大陆48个国家的官方代表团仍出席了此次峰会。普京就此指出:"非洲领导人表现出了与俄罗斯发展合作的政治意愿、独立性和兴趣,莫斯科对此表示赞赏。"③峰会上俄罗斯与非洲国家签署了一份最终宣言,其中俄罗斯和非洲国家"同意反对单方面制裁,努力减轻和解除对非洲大陆国家的制裁,并加强合作,打击使非洲面临饥荒风险的限制性措施"④。双方就粮食危机进行了讨论。对此,普京表示,俄罗斯将继续以商业和免费方式向非洲国家提供粮食。⑤此外,双方还同意关注反恐斗争,以及为殖民政策造成的损失寻求赔偿和促进文化

① 俄罗斯国际新闻通讯社,https://ria.ru/20230321/zayavlenie-1859597169.html。

② 俄罗斯国际新闻通讯社,https://ria.ru/20230321/politika-1859497959.html。

③ 俄罗斯国际新闻通讯社,https://ria.ru/20230729/afrika-1887052293.html。

④ 俄罗斯国际新闻通讯社,https://ria.ru/20230729/afrika-1887052293.html。

⑤ 俄罗斯国际新闻通讯社,https://ria.ru/20230729/afrika-1887052293.html。

财产的归还。[①]

总的来说，在不久的将来（至少在俄乌冲突结束之前，如果现任政府继续执政的话），俄罗斯的外交政策将遵循《构想》中概述的原则。俄罗斯将积极发展与中国、印度、伊朗、白俄罗斯、土耳其、沙特阿拉伯和非洲国家的关系。与此同时，与西方国家的关系将保持在较低水平，并将取决于俄乌冲突的进一步发展。

四、2023年社会形势

根据俄罗斯国家统计局的数据，2023年俄罗斯人口为1.464亿（包括克里米亚和塞瓦斯托波尔的人口，但不包括顿涅茨克人民共和国、卢甘斯克人民共和国、扎波罗热和赫尔松地区的人口），而2022年俄罗斯人口为1.47亿。[②]男性人口为6810万（46%），女性人口为7830万（54%）。2023年，城市人口为1.097亿（占总人口的75%），农村人口为3680万（占总人口的25%）。

2022年，俄罗斯有1304087人出生，1898644人死亡，人口减少了594557人。[③]2022年的预期寿命为72.7岁，其中男性为67.6岁，女性为77.8岁。城市人口的预期寿命高于农村人口——城市人口为73.1岁，农村人口为71.6岁。北高加索联邦区的预期寿命最高，平均为75.8岁。在北高加索地区各共和国中，印古什共和国（78.3岁）和达吉斯坦共和国（78.2岁）的指标最高。预期寿命最低的是远东联邦区——平均69.5岁。远东联邦区的最低指标出现在楚科奇自治区——只有66.2岁。莫斯科、圣彼得堡和塞瓦斯托波尔这三个联邦城市的预期寿命分别为78.2岁、75.8岁和74.6岁。2022年的总生育率为1.42，其中城市人口为1.36，农村人口为1.59。

2020年，俄罗斯国家统计局发布了2035年前俄罗斯人口数量变化预

① 俄罗斯国际新闻通讯社，https://ria.ru/20230729/afrika-1887052293.html。

② 俄罗斯国家统计局，https://rosstat.gov.ru/folder/12781。

③ 俄罗斯国家统计局，https://rosstat.gov.ru/folder/12781。

测。[①]根据预测,有三种人口数量变化的可能:低、中、高。根据低度预测,2035年俄罗斯人口将为1.352亿,总人口损失为92.45万(自然负增长94.02万,移民增长1.57万);根据中度预测,人口将达到1.431亿,总人口损失为13.49万人(自然负增长39.85万人,移民增长26.36万人);根据高度预测,人口将达到1.498亿,总人口将增加36.55万人(自然负增长2.13万人,移民增长38.68万人)。从这一预测中可以看出,影响人口数量的主要因素是移民。

2023年5月,俄罗斯15岁及以上的劳动力为7580万人。其中,7340万人从事经济活动,240万人失业。[②]因此,2023年5月的失业率为3.2%[③],这是自苏联解体以来最低的失业率之一。当然,如此低的失业率是由两个相互关联的因素决定的:一是很大一部分健全人口被动员参军,二是更大一部分健全人口为逃避动员而离开俄罗斯。虽然有些人已经返回俄罗斯,但仍有很大一部分人留在国外。这就是造成当前俄罗斯劳动力短缺的重要原因。[④]

根据俄罗斯国家统计局的初步估计,2023年第二季度俄罗斯居民(不包括新地区)的人均现金收入为47798卢布。[⑤]在各联邦区中,人均收入水平最高的是中央联邦区(64020卢布),最低的是北高加索联邦区(29021卢布)。在联邦主体中,收入最高的是亚马尔—涅涅茨自治区(140287卢布)、楚科奇自治区(131588卢布)和涅涅茨自治区(113950卢布)。收入最低的地区有:卡拉恰伊—切尔克斯共和国(21494卢布)、印古什共和国(22692卢布)、图瓦共和国(22667卢布)、卡尔梅克共和国(25167卢布)。联邦城市的人均收入分别为:莫斯科99617卢布、圣彼得堡71090卢布、塞

① 俄罗斯国家统计局,https://rosstat.gov.ru/folder/12781。

② 俄罗斯国家统计局,https://rosstat.gov.ru/storage/mediabank/osn-05-2023.pdf。

③ 俄罗斯国家统计局,https://rosstat.gov.ru/storage/mediabank/osn-05-2023.pdf。

④ 俄罗斯独立报,https://www.ng.ru/economics/2023-07-13/4_8773_employers.html。

⑤ 俄罗斯国家统计局,https://rosstat.gov.ru/folder/13397。

瓦斯托波尔36039卢布。[①]

2023年,俄罗斯的最低生活费定为14375卢布。[②]根据俄罗斯国家统计局2022年的数据,收入低于贫困线(低于最低生活费)的人数为1430万(占总人口的9.8%)。[③]贫困程度最高的是印古什共和国(占共和国总人口的30.5%)、图瓦共和国(28.8%)、犹太自治州(20.3%)、阿尔泰共和国(20.4%)、卡拉恰伊—切尔克斯共和国(22%)和卡尔梅克共和国(21%)。贫困率最低的是鞑靼斯坦共和国(5%)、亚马尔—涅涅茨自治区(4.5%)、楚科奇自治区(6.7%)、别尔哥罗德州(6.1%)、莫斯科州(5.5%)、列宁格勒州(7%)和萨哈林州(7%)。联邦城市的贫困率统计如下:莫斯科5%,圣彼得堡4.5%,塞瓦斯托波尔9%。[④]

同时,俄罗斯联邦法律规定了一系列社会保障。主要有:最低工资16242卢布;最低失业补助金1500卢布;一次性生育补助金22909卢布;第一个孩子的国家生育资金证明[⑤]586947卢布,第二个孩子的国家生育资金证明775628卢布,第三个及以后的孩子的国家生育资金证明775628卢布。[⑥]俄罗斯社会保障的另一个最重要指标是养老金。2023年,在俄罗斯联邦养老金和社会保险基金登记的养老金领取者总数为4177.5万人,2023年1—7月的平均养老金为19409卢布。[⑦]

---

① 俄罗斯国家统计局,https://rosstat.gov.ru/folder/13397。

② 俄罗斯国家统计局,https://rosstat.gov.ru/folder/13397。

③ 俄罗斯国家统计局,https://rosstat.gov.ru/folder/13397。

④ 俄罗斯国家统计局,https://rosstat.gov.ru/folder/13397。

⑤ 孩子出生后,国家会向家庭发放一定金额的证明,父母可以将这笔钱用于为孩子提供必要的服务,如大学学费。

⑥ 俄罗斯国家统计局,https://rosstat.gov.ru/folder/13397。

⑦ 俄罗斯国家统计局,https://rosstat.gov.ru/folder/13397。

第二章 俄罗斯营商与投资环境

近些年,俄罗斯营商环境的逐步优化,得益于俄罗斯联邦政府采取的一系列举措。主要包括:成立了"战略倡议署"监督委员会和专家咨询机构,制定并实施了优先发展战略和项目;放宽了市场准入条件,允许中小企业进入原本由政府部门或国有企业垄断的行业;建立了国家评比和政绩考核制度,全国范围内统一了一套评价标准,专门对各联邦行政区的投资环境进行评估,并从中选取最佳实践进行全国推广;加强了法律规则的制定,通过法治支持改革,明确了行政权力的范围和程序要求;为外国投资者提供了担保并设立了相应限制,以确保他们在投资和获取收益方面享有合法权益。①

根据世界银行《全球营商环境报告》,俄罗斯2012年营商环境全球排名为第120位,总统普京同年签发五月法令,责令政府采取措施提升俄营商环境排名位次。2017年,俄排名升至第40位。2018年11月,因中小企业监管环境改善,俄排名进一步升至第31位。得益于在电力供应、税收和保护投资者权益等领域取得的突破,俄罗斯在世界银行和国际金融公司的《2020年全球营商环境报告》②中升至第28位。③其中,《2020年全球营商环

① 季晓莉:《俄罗斯营商环境排名为何取得巨大提升?》,《中国经济导报》2021年6月2日。

② 2021年9月16日,世界银行集团发布公告称,因发现2018年和2020年《营商环境报告》数据违规,决定停发《营商环境报告》,并将研究制定评估营商和投资环境的新方法。

③ 中国商务部,http://www.mofcom.gov.cn/article/i/jyjl/e/201910/20191002907850.shtml。

境报告》中各细项排名为:开办企业(40)、办理施工许可证(26)、获得电力(7)、登记财产(12)、获得信贷(25)、保护少数投资者(72)、纳税(58)、跨境贸易(99)、执行合同(21)、办理破产(57)。①

表2.1 2020年营商环境得分情况

指标	2020年位次	2020年得分	2019年得分
总评	28	78.2	77.4
开办企业	40	93.1	93.0
办理施工许可证	26	78.9	78.4
获得电力	7	97.5	94.0
登记财产	12	88.6	88.6
获得信贷	25	80.0	80.0
保护少数投资者	72	60.0	58.0
纳税	58	80.5	79.6
跨境贸易	99	71.8	71.8
执行合同	21	72.2	72.2
办理破产	57	59.1	58.4

来源:《2020年全球营商环境报告》

2019年,世界经济论坛根据141个经济体在12个领域98项指标的表现,评估并发布《2019全球竞争力报告》②,俄罗斯位居第43名,与2018年持平。其中,宏观经济环境排名提高12位,克服了2015年的经济衰退。市场规模位于第6位,创新能力提高至32位,信息通信技术使用居全球第22位。③

随着地缘冲突的不断升级,俄罗斯营商环境趋于恶化。一是俄罗斯的国际形象和信誉受到严重损害,国际环境大幅恶化。俄罗斯被西方国家视

① 世界银行,https://archive.doingbusiness.org/en/data/exploreeconomies/russia。

② 2020年12月,世界经济论坛称,鉴于各国政府采取不同寻常的措施来应对疫情,世界经济论坛暂停发布"全球竞争力指数"排名。

③ 世界经济论坛,https://www3.weforum.org/docs/WEF_TheGlobalCompetitivenessReport2019.pdf。

为侵略者和威胁者,遭到了一系列的政治、经济和外交制裁,包括禁止使用国际资金清算系统,限制能源、金融、军工等领域的合作和投资等。二是俄罗斯的经济增长和稳定受到严重冲击,通胀压力和金融风险上升,卢布大幅贬值,导致进口成本上升,推高了国内物价水平,金融市场受到进一步冲击,股市、债市、汇市出现大幅波动。三是俄罗斯的创新能力和发展潜力受到制约,欧美的制裁措施进一步削弱了俄罗斯获取先进技术和人才的渠道,俄罗斯的民间投资和消费需求也受到抑制,导致企业创新动力不足,市场竞争力下降。四是危机给俄罗斯的跨境贸易和资本流动带来了巨大障碍和成本。

受美欧国家极限制裁的影响,2022年俄国内生产总值为151.5万亿卢布,同比下降2.1%,一季度国内生产总值同比增长3.5%,二季度下降4.1%,三季度下降3.7%,四季度下降4.6%;行业方面,批发和零售业产值降幅最大,达12.7%,制造业下降2.4%,运输和仓储业下降1.8%,农业增长6.6%,建筑业增长5%,国家治理、军事安全和社会保障领域增长4.1%,采掘业增长0.4%;货物和服务贸易额为9740亿美元,同比增长23.4%,出口6281亿美元,同比增长27.3%,进口3459亿美元,同比增长17%。[①]根据俄央行评估,俄罗斯经济2023年第一季度同比下跌1.8%,第二季度同比增长4.8%,[②]2023年上半年俄罗斯国内生产总值75.39万亿卢布,同比增长1.8%,[③]预计2023年俄罗斯国内生产总值增长速度为2.8%。[④]2022年俄罗斯人均国内生产总值超过1.5万美元,接近2013年的历史纪录,并重返世界十大经济体行列。[⑤]

---

① 中国商务部,http://ru.mofcom.gov.cn/article/jmxw/202303/20230303395989.shtml。

② 俄罗斯卫星通讯社,https://sputniknews.cn/20230801/1052197221.html。

③ 俄罗斯国家统计局发布的《2023年俄罗斯社会经济情况:1—8月》,https://rosstat.gov.ru/storage/mediabank/osn-08-2023.pdf。

④ 俄罗斯卫星通讯社,https://sputniknews.cn/20230928/1053699003.html。

⑤ 俄罗斯卫星通讯社,https://sputniknews.cn/20230520/1050446925.html。

一、法律环境

俄罗斯拥有健全的法律体系，涉及营商投资的法律较多，主要有俄罗斯联邦参与签署的国际条约、联邦级基础法律、地方出台的法规等层面。

国际条约部分主要是2014年俄罗斯签署的《关于欧亚经济联盟的条约》(以下简称《条约》)。[①]《条约》是欧亚经济联盟的成立文件，也是欧亚经济联盟法律体系的核心和法律根源，在欧亚经济联盟法律体系中具有最高效力。[②]《条约》规定了关税、非关税、技术规范、卫生检疫、反倾销等方面的统一政策，旨在消除盟内关税和非关税壁垒，实现货物、服务、资本和劳动力自由流动，实行协调一致的经济政策，建立一体化的超国家联合体。[③]《条约》是在俄白哈海关同盟、统一经济空间法律基础上编纂而成的，其中《条约》第二编《海关同盟》确定了联盟统一关境运行的法律基础，即统一关境内实行统一商品市场，对外实行统一关税和外贸调节措施；第三编《统一经济空间》确立了劳动力、服务、资本统一市场的形成，确定成员国各领域经济政策协调的法律机制；其他如联盟框架内技术调节、协商一致的宏观经济政策、服务贸易设立、经营及投资和欧亚经济联盟在多边贸易框架内运行等内容也在《条约》附件中作出了解释和规定。[④]

国内法部分，联邦的基本法包括《民法典》《税法典》《海关法典》《关税法》《私有化法》《股份公司法》和《有限责任公司法》外贸活动国家调节法等。[⑤]与贸易投资相关的主要法律包括《在对外贸易中保护国家经济利益

① 2014年5月29日，俄罗斯、白俄罗斯、哈萨克斯坦三国总统在哈萨克斯坦首都阿斯塔纳签署《关于欧亚经济联盟的条约》。2015年1月1日，欧亚经济联盟正式启动运行，俄罗斯、白俄罗斯、哈萨克斯坦为联盟创始成员国。2015年1月2日和8月12日，亚美尼亚和吉尔吉斯斯坦先后加入联盟。

② 中国商务部，http://trb.mofcom.gov.cn/article/zuixindt/201701/20170102501712.shtml。

③ 中国商务部，http://trb.mofcom.gov.cn/article/zuixindt/201701/20170102501712.shtml。

④ 中国商务部，http://trb.mofcom.gov.cn/article/zuixindt/201701/20170102501712.shtml。

⑤ 李建民：《独联体国家投资环境研究》，社会科学文献出版社，2013年，第74~75页。

措施法》《关于针对进口商品的特殊保障、反倾销和反补贴措施联邦法》《外汇调节与监督法》《关于外资进入对保障国防和国家安全具有战略意义的商业组织程序法》《产品分成协议法》《外国投资法》《保护和鼓励投资法》《投资基金法》《对外贸易活动国家调节原则法》《海关税则法》《证券市场法》《保护证券市场投资者权益法》《技术调节法》《租让协议法》《经济特区法》《土地法典》《农用土地流通法》《对部分有关发展住房抵押信贷的俄罗斯联邦法律法规的修改和补充》《实施国家监督过程中法人和个体经营者权益保护法》《货币调控与外汇管制法》《法人国家登记法》《不动产权和交易国家登记法》,以及欧亚经济联盟框架内颁布的《海关法典》等。

俄罗斯的外国投资活动受到《俄罗斯联邦外国投资法》和《俄罗斯联邦战略领域外国投资法》的限制,这两部法律规定了外国投资者在俄罗斯投资的条件、权限、优惠和限制等内容。其中,《俄罗斯联邦外国投资法》分十一条介绍了保证外国投资者在俄罗斯联邦境内的活动受到法律保护,保证外国投资者在俄罗斯联邦境内使用各种形式的投资,保证将外国投资者的权利和义务转让给另一个人,保证对外国投资者或外国投资商业组织财产的国有化和征用财产的补偿,保证在俄罗斯联邦境内使用,并将收入、利润和其他合法收到的货币金额转移到俄罗斯联邦境外,保证给予外国投资者土地、其他自然资源、建筑物、结构和其他房地产的权利等条款内容;《俄罗斯联邦战略领域外国投资法》涉及42个对保障国防和国家安全具有战略意义的商业组织,如采矿业、电信业、媒体业等,外国投资者在这些领域投资需要经过政府审批。比如,2023年7月,俄总统普京签署关于《俄联邦信息、信息技术和信息保护法》和《俄联邦通信法》修正案,限制外资参与俄媒体企业,旨在防止对俄公共秩序的威胁,并为俄社会发展创造有利条件,规定自2024年2月1日起,媒体企业的俄本国资本至少占50%,且单一外国法人、外国公民和国际组织在俄媒体企业占有资本不得超过20%。①

① 中国商务部,http://ru.mofcom.gov.cn/article/jmxw/202309/20230903437678.shtml。

俄罗斯的知识产权保护受到《知识产权法》和《知识产权保护法》的保障，主要规定了知识产权的种类、内容、获取、使用和保护等内容。俄罗斯的税收制度由《俄罗斯联邦税法典》规定，该法典包括两部分：第一部分是税收总则，第二部分是具体税种。

除联邦一级的法律法规和政策外，各个州、区政府还根据俄罗斯宪法和联邦法律，结合本地区实际情况，制定本地区相关法律。

为应对美欧等国对俄罗斯发起的极限制裁，稳定国内局势，俄罗斯先后颁布多项总统令和联邦法律，主要在俄罗斯组织和实施“部分动员令”，维护国内政治稳定，颁布了一系列“战时”法令，制定反西方制裁措施，维护经济与金融稳定，限制反政府行为和言论。2022年8月5日，普京签署《关于针对外国和国际组织“不友好”行为在金融和能源领域采取特殊经济措施的总统令》，规定不友好国家的投资者年底之前不得出售其所持的俄能源企业和金融机构的股份，美国埃克森美孚参股的“萨哈林—1”号项目和俄北部的哈里亚金油田项目均在总统令覆盖范围之内。

二、税务环境

（一）税收体系

根据《俄罗斯联邦税法典》，俄罗斯实行联邦税、联邦主体税和地方税三级税收体制。联邦税在俄罗斯境内普遍实行，但其税收并不统归联邦预算。联邦主体税由联邦主体的立法机关以专门法律规定，并在相应地区普遍实行。地方税由地方自治代表机关以法规形式规定，并在所管辖区域普遍实行。

联邦税费在俄罗斯联邦范围内缴纳，包括个人所得税、企业所得税、增值税、矿产资源开采税、水资源使用税、开采碳氢化合物额外收入税等。联邦主体税在相应的联邦主体范围内缴纳，包括企业财产税、博彩税和交通运输税3个税种。地方税费在相应的市、区内缴纳，主要包括土地税、个人财产税（房产税）、交易费3项税费。

表2.2 俄罗斯三级税收体系

类别	内容
联邦税费	个人所得税、企业所得税、增值税、消费税、矿产资源开采税、水资源使用税、开采碳氢化合物额外收入税
联邦主体税	企业财产税、博彩税和交通运输税
地方税费	土地税、个人财产税(房产税)、交易费

来源:作者根据俄罗斯联邦税务局官网公开信息整理

(二)主要税种[①]

1.个人所得税。俄罗斯个人所得税纳税人分为两类:一类是俄罗斯联邦税务居民(连续12个月内在俄罗斯境内实际居住至少183个日历日),另一类是在俄罗斯获得收入的非俄罗斯联邦纳税居民个人。根据《俄罗斯联邦税法典》第二百一十七条,并非所有个人收入均需缴纳个人所得税,缴纳个人所得税的情形有:出售拥有少于三(五)年的财产,来自租赁财产,来自俄罗斯联邦以外来源的收入,各种奖金形式的收入,其他的收入。不缴纳个人所得税的情形有:出售拥有三(五)年以上财产的收入,通过继承获得的收入,根据俄罗斯联邦家庭法,从家庭成员和(或)近亲的赠予协议中收到的收入(来自配偶、父母和子女,包括养父母、祖父母和孙子女)以及其他收入。税率分为9%、13%、15%、30%、35%,如果个人是俄罗斯联邦税务居民,其大部分收入将按13%的税率纳税,包括工资、民事合同报酬、出售财产的收入以及其他一些收入;非俄罗斯联邦税务居民根据收入来源的不同,税率主要按13%、15%和30%征收。

2.企业所得税。俄罗斯企业所得税纳税人分为四类:所有俄罗斯法人实体、通过常驻代表机构在俄罗斯开展业务或仅从俄罗斯联邦境内获得收入的外国法人实体、根据国际税务条约被认定为俄罗斯联邦税务居民的外国组织、实际管理地为俄罗斯联邦的外国组织。适用特殊税制(统一农业税、简化税制)的纳税人或赌博营业税的纳税人、斯科尔科沃创新中心项目

① 本部分内容主要根据俄罗斯联邦税务局网站内容整理,https://www.nalog.gov.ru/。

的参与者、在千岛群岛境内注册的纳税人可以不缴纳企业所得税。应纳税所得额是按照《俄罗斯联邦税法典》第二十五章规定核算的收入减去税法规定的可扣除的支出和费用计算的利润。

企业所得税的基本税率为20%。其中,2%向联邦支付,18%向联邦主体支付,俄罗斯联邦主体立法机构可以降低某些类别纳税人的税率,但不得超过13.5%(2017—2024年为12.5%)。

3.增值税。增值税纳税人可以分为两类:“国内”增值税纳税人,即在俄罗斯联邦境内销售商品(工作、服务)缴纳的增值税;“进口”增值税纳税人,即将货物进口到俄罗斯联邦境内时缴纳的增值税。增税税率分为0、10%和20%三档。

表2.3 俄罗斯增值税适用范围及税率

类别	适用范围	税率
标准税率	一般商品	20%
优惠税率	食品:肉、面包、鸡蛋和其他食品(但不包括鱼子酱等豪华食品) 儿童用品:教科书和其他类型的书 医疗用品 为在俄罗斯的国际组织提供的商品和服务	10%
零税率	通过海关出口到独联体国家的商品(石油、凝析油和天然气除外) 与不征收增值税的出口商品生产和销售有直接关系的服务 与过境运输有直接关系的服务 以统一的国际转运协议为基础的旅客和行李的转运服务 直接为宇宙空间提供的服务 为联邦、俄罗斯中央银行、其他银行开采和利用贵金属提供的服务等	0

来源:作者根据俄罗斯联邦税务局官网公开信息整理

4.消费税。消费税纳税人分为三类:组织、个体企业家、根据欧亚经济联盟法律和俄罗斯联邦海关立法确定的与跨越欧亚经济联盟海关边境的货物流动有关的纳税人。消费税的计算方法一般有固定税率、按从价计、综合费率三种形式。

5.矿产资源开采税。俄罗斯矿产资源开采税的主要征税对象是依据地下资源使用权许可证进行采矿作业的组织和个体企业家,税率可以是从价税,根据开采矿产资源的成本计算;也可以是从量税,根据开采矿产资源的数量计算。

6.水资源使用税。水资源使用税的纳税人是使用地下水体的组织和个体企业家。《俄罗斯联邦水资源法典》颁布之后,根据其条款签订水资源使用、水体利用协议的组织机构及个人,不属于水资源使用税的纳税人。水资源使用税的征税范围包括:开采(采用)水资源;使用(利用)水域表层;利用水体发电,取水发电除外;利用水体进行木筏(材)漂流作业。水资源使用税税率根据用水类型以每单位税基卢布为单位,并根据经济区域、河流流域、湖泊和海洋的不同而有所不同。

7.开采碳氢化合物额外收入税。开采碳氢化合物额外收入税是针对纳税人因在地下矿场开采油、凝生气、伴生气、天然气等碳氢化合物活动而获得的额外收入征收,在全部或部分包括新近海碳氢化合物矿床的地下区域开采碳氢化合物而获得的额外收入不被视为征税对象。税收的税基计算为从该地下地块获得的收入(估计收入)与纳税人在指定区域开采碳氢化合物期间发生的实际费用之间的正差。如果为地下地块计算的最低税额大于按该地块的收入与支出之间的差额计算的税额,则对碳氢化合物开采的额外收入征收的税款将被确认为最低税额。

8.企业财产税。企业财产税主要针对位于俄罗斯联邦境内、由拥有所有权或经济管理权的组织拥有的不动产(包括转让用于临时占有、使用、处置、信托管理、捐赠给联合活动或根据特许经营协议收到的财产),按照会计规定的方式在组织的资产负债表上记录为固定资产的部分进行征税。《税法典》规定的企业财产税的税率最高不得超过2.2%,另有特殊规定的除外;以地籍价值确定税基的房地产的企业财产税税率最高不得超过2%,允许根据作为征税对象的房地产类型或其地籍价值制定差别税率。

9.交通运输税。纳税人主要包括拥有应税交通运输工具的法人和自然人,交通运输工具主要指汽车、摩托车、踏板车、公共汽车、其他气动和履带式自行式机器及机构、飞机、直升机、机动船、游艇、帆船、船只、雪地摩托、机动雪橇、摩托艇、非自航式(拖船)及其他水上和空中交通工具。税率根据交通工具的发动机功率、喷气发动机推力、车辆总吨位或马力确定。

三、金融环境

(一)金融市场概况

俄罗斯的金融市场主要由银行市场、证券市场和保险市场三部分组成。截至2022年一季度末,俄罗斯共有银行348家。其中,本土银行298家,外资银行50家,银行业总资产103.8万亿卢布。俄罗斯中央银行为俄罗斯银行,主要职能是制定货币政策和信贷政策,是俄罗斯金融市场的统一监管机构,对信贷机构活动、有价证券和保险市场进行监管。[①]俄罗斯主要商业银行包括俄联邦储蓄银行、外贸银行、天然气工业银行、阿尔法银行、俄罗斯工业通信银行等。在俄罗斯的主要外资银行包括德意志银行、美国花旗银行、法国兴业银行、英国贝克莱银行等。中国银行、中国工商银行、中国农业银行、中国建设银行均在俄罗斯设立了子行。

莫斯科交易所是俄罗斯最大的证券交易市场,经营股票、债券交易、投资凭证、衍生工具和期货交易,是俄债券和衍生品交易的十大交易所平台之一。自2021年总交易量突破1000万亿卢布后,2022年交易量连续第二年超过1000万亿卢布,其中,股票市场交易额为17.6万亿卢布,债券市场交易额为19.6万亿卢布,衍生品市场交易额为77.9万亿卢布,外汇市场交易额为267.8万亿卢布,货币市场交易额为672.7万亿卢布,商品市场交易额为0.12万亿卢布。[②]

---

① Банке России,https://www.cbr.ru/.

② Fazzaco,https://cn.fazzaco.com/newsdetail/%E8%8E%AB%E4%BA%A4%E6%89%802022%E5%B9%B4%E4%BA%A4%E6%98%93%E9%87%8F%E6%8A%A5%E5%91%8A%E8%A1%8D%E7%94%9F%E5%93%81%E5%B8%82%E5%9C%BA%E5%92%8C%E6%B1%87%E5%B8%82%E7%AD%89%E5%A4%9A%E4%B8%AA%E5%B8%82%E5%9C%BA%E8%A1%A8%E7%8E%B0%E4%B8%8D%E4%BD%B3-241808.

截至2022年第一季度,俄罗斯共有保险公司223家。2021年8月,根据俄罗斯最新生效的法令,来自世贸组织成员的外国保险公司可正式在俄设立分支机构,在俄开展汽车交强险、自愿性保险和再保险业务,享受与俄本国保险公司同等的经营条件。在俄设立分支机构需满足市场主体资产不少于50亿美元的条件,并获得俄央行审批认可,保证金不低于俄本国保险公司法定资本最低限额。若外国保险公司在俄保险市场份额超过50%,则俄方可拒绝批准开设分支机构。[①]2016年7月,俄罗斯总统普京签署法令,批准成立由俄罗斯央行全资控股的国家再保险公司,负责保险公司的再保险业务,2022年3月,俄罗斯央行发布公告,决定将俄国家再保险公司资本金从710亿卢布增加到3000亿卢布。[②]

俄罗斯主权货币为卢布。俄罗斯外汇调节监管法规定,卢布为自由兑换货币。由于美欧等国的金融制裁,俄罗斯与友好国家间卢布和本币结算份额迅速上升,俄罗斯总统普京称卢布在俄出口结算中的比重自12%增至42%。[③]2022年3月之前卢布对世界主要货币呈贬值趋势,自俄政府出台"天然气卢布结算令"等金融管制政策以来,卢布汇率高涨,之后持续动荡下行,2023年7月,欧元汇率自2022年3月以来首次突破1欧元兑换100卢布关口;[④]2023年8月,美元汇率自2022年3月以来首次突破100卢布。[⑤]

表2.4　2019—2022年卢布对美元平均汇率变动趋势

年份	汇率(1美元兑换卢布)
2019	64.66
2020	72.13
2021	73.68
2022	76.70

来源:作者根据公开信息整理

① 中国商务部,http://ru.mofcom.gov.cn/article/jmxw/202108/20210803193316.shtml。

② 中国商务部,http://ru.mofcom.gov.cn/article/jmxw/202203/20220303286053.shtml。

③ 中国商务部,http://ru.mofcom.gov.cn/article/jmxw/202309/20230903437688.shtml。

④ 俄罗斯卫星通讯社,https://sputniknews.cn/20230706/1051605550.html。

⑤ 俄罗斯卫星通讯社,https://sputniknews.cn/20230814/1052492053.html。

（二）地区安全冲突引发的金融动荡

2022年，美国联合欧盟、英国等西方盟友对俄罗斯实施了全方位的经济和金融制裁，制裁覆盖范围广、烈度大、措施精准。金融制裁方面，美西方国家将俄储蓄银行、外经银行、外贸银行、农业银行等多家大型银行踢出国际资金清算系统，并对部分银行实施冻结资产、禁止交易；对俄罗斯原油、石油制品、煤炭、钢铁、黄金等重点创汇商品施加贸易禁令，禁止欧盟机构为上述俄罗斯商品出口提供相应融资和保险服务；限制俄罗斯外汇及债券市场的运营，除能源等特定交易，俄罗斯政府、企业和个人无法使用美元、欧元、英镑等西方货币进行国际结算，甚至很难获得各种西方货币现钞；联合扣押俄罗斯国防、能源、科技、工业等领域骨干企业的海外资产，以及受制裁的俄罗斯政商精英的个人资产，俄央行存放在美欧的约3000亿美元外汇储备也被冻结；撤离外资，数百家欧美外资企业撤离俄罗斯，撤离品牌超过500个。一系列制裁措施导致俄罗斯进入全球主要金融市场的渠道基本被切断，跨境交易能力被严重破坏，海外资产安全风险高企，与国际金融体系渐行渐远。[①]

美欧对俄金融制裁升级至冻结央行资产、限制交易、禁用国际资金清算系统，要对俄经济实施毁灭性打击，使其流动性枯竭、汇率贬值、金融系统崩溃、经济瘫痪，从而达到“不战而屈人之兵”的目的。[②]一系列制裁措施引起卢布汇率大幅波动，卢布兑美元的汇率从2022年2月中下旬一路下行动荡，跌破1美元兑100卢布的大关；两大股指及大企业股价几乎腰斩，俄罗斯股票和债券被大量抛售；大量外资集中撤出，外汇储备不足；银行挤兑风险陡增，信贷紧缩压力增大；对俄罗斯能源等商品的出口带来冲击，俄罗斯外汇收入减少。

---

① 新华社，http://lw.news.cn/2023-07/20/c_1310733421.htm。

② 刘英：《美欧对俄罗斯金融制裁新举措》，《中国外汇》2022年第10期。

四、基础设施

近些年,俄罗斯高度重视基础设施的建设。2008年11月22日,俄罗斯政府时任总理普京签署命令,批准《2030年前俄罗斯交通运输发展战略规划》(2013年修订),该战略的实施分为两个阶段:第一阶段到2015年,通过专项投资完成交通系统的现代化,对关键领域进行系统的优化配置;第二阶段是2016—2030年,强化所有重点交通领域的创新发展,以保证实现俄罗斯创新社会的发展道路。2018年3月,俄罗斯总统普京在国情咨文中指出,未来6年内俄罗斯政府将投入各类资金11万亿卢布,用于国内公路建设和养护,尽快完成欧亚交通大动脉在俄罗斯部分的建设;将贝阿铁路、西伯利亚大铁路过货能力增加50%,提升至1.8亿吨。2018年,俄罗斯政府推出"高速公路现代化改造及拓展综合规划"国家项目,累计投入6550亿卢布。2019年2月,俄罗斯政府出台《2024年前俄罗斯重大基础设施改扩建综合计划》,该计划是十二大国家专项规划中基础设施建设部分的系统集成,金额占全部规划预算额的25%以上,计划分为两大板块,即"交通运输基础设施板块"和"能源电网基础设施板块",负责部门分别为运输部和能源部,交通运输基础设施板块总拨款额为63481亿卢布。2022年1月,俄罗斯总理米舒斯京在盖达尔论坛致辞中表示,俄政府通过了一系列规划方案,计划大规模投资开发基础设施建设,重点项目包括:贝阿铁路和西伯利亚大铁路现代化综合改扩建、保障北方海路全年通航、建设双西公路、地方燃气化改造、发展电动交通等。①

(一)公路

截至2021年底,俄罗斯公路里程110.07万公里,公路旅客周转量1013亿人公里,同比增长14.59%,货物周转量2853亿吨公里,同比增长

① 中国商务部,http://ru.mofcom.gov.cn/article/jmxw/202201/20220103237960.shtml。

4.97%。[①]“欧洲—中国西部国际运输走廊公路建设”是俄联邦2024年前主要交通基础设施现代化和扩建综合计划项目，莫斯科—喀山M-12收费公路全长823公里，连接莫斯科与下诺夫哥罗德、喀山，开通后，莫斯科至喀山的时间将缩短至6个半小时，设计时速130公里/小时，[②]2022年9月，莫斯科—喀山高速公路首段23公里路段投入运营。[③]

俄罗斯公路主要位于欧洲部分，与芬兰、乌克兰、白俄罗斯、立陶宛等欧洲国家公路相连，仅有少数几条与哈萨克斯坦、中国等亚洲国家相连。2022年6月10日，位于中俄两国边境的黑龙江（阿穆尔河）大桥正式通车运营，将使中国东北地区和俄罗斯远东地区之间开辟出一条新的国际运输通道。[④]

（二）铁路

俄罗斯铁路公司的正线长度约8.6万公里，算上延展长度则为12.7万公里；俄罗斯铁路是世界上货运负载率最高的铁路，货物运输量排名第二，铁路长度排名第三。[⑤]2022年俄罗斯铁路网的客运量比上年增长7.8%，达11.36亿人次，2023年全年俄铁计划运送旅客10亿多人次。[⑥]

俄罗斯近些年重视高速铁路的建设，于2008年批准《2030年前俄罗斯联邦铁路运输发展战略》。俄罗斯第一条高速铁路莫斯科—圣彼得堡“游隼”（Sapsan）高铁于2009年投入运营，预计投资超3000亿卢布、运行速度达每小时300公里；全长220公里的车里雅宾斯克—叶卡捷琳堡高铁现已完成方案初步设计。[⑦]俄罗斯第一条从莫斯科到圣彼得堡的高速铁路干线

①《金砖国家联合统计手册2022》，http://www.stats.gov.cn/zt_18555/jzgj/jzsc2022/202302/U020230222625262166314.pdf。

② 俄罗斯卫星通讯社，https://sputniknews.cn/20220831/1043537107.html。

③ 新华社，http://www.news.cn/world/2022-09/09/c_1128988373.htm。

④《联合早报》，https://www.zaobao.com/realtime/world/story20220610-1281686。

⑤ 俄罗斯卫星通讯社，https://sputniknews.cn/20231002/1053764767.html。

⑥ 俄罗斯卫星通讯社，https://sputniknews.cn/20230331/1049162110.html。

⑦ 俄罗斯卫星通讯社，https://sputniknews.cn/20220113/1037084046.html。

计划在2028年竣工并通车,它将把两地的途中时间从目前的4小时缩短到2小时15分钟,建设成本估计为1.7万亿卢布。[①]俄罗斯规划的大部分高速铁路干线将在2043年前建成。[②]

俄罗斯莫斯科、圣彼得堡、喀山、叶卡捷琳堡、新西伯利亚等城市均建有地铁,轨道交通较为发达。俄罗斯最大的地铁建设项目,也是世界上最大的地铁项目之一,由31个车站和三个电力车库组成,总长为70公里的莫斯科地铁大环线于2023年3月1日全线开通。[③]

(三)空运

俄罗斯机场总数232个,其中71个为国际机场,主要机场有莫斯科的谢列梅杰沃国际机场、伏努科沃1号国际机场、多莫杰多沃机场、圣彼得堡国际机场等。2022年,尽管暂时关闭了俄罗斯南方11个机场,俄罗斯航空公司的客运量达到9500万人次,而2021年为1.11亿人次。[④]2023年1—5月,俄航空客运量同比增长21%,达3750万人;5月客运量同比增长30%,达870万人,预计2023年俄航空客运量将超1亿人,同比增长6.3%。[⑤]据初步估计,截至2023年8月末,俄罗斯航空公司载客量为7080万人次,比2022年同期增长12%。[⑥]

俄罗斯现有航空公司46家,其中年运力超过100万人次的大型航空公司11家。俄罗斯航空公司机队拥有客机1164架。[⑦]俄罗斯已开通上百条国际航线,俄罗斯联邦航空运输署公布的数据显示,截至2023年8月,俄罗斯各航空公司的国际航线旅客运输量达到227万人次,相较于上年同期

① 俄罗斯卫星通讯社,https://sputniknews.cn/20230825/1052805816.html。

② 俄罗斯卫星通讯社,https://sputniknews.cn/20231002/1053765205.html。

③《联合早报》,https://www.zaobao.com/realtime/world/story20230302-1368411。

④ 俄罗斯卫星通讯社,https://sputniknews.cn/20230124/1047353411.html。

⑤ 中国商务部,http://ru.mofcom.gov.cn/article/jmxw/202307/20230703421482.shtml。

⑥ 俄罗斯塔斯社,https://tass.com/economy/1682497。

⑦ 俄罗斯卫星通讯社,https://sputniknews.cn/20230124/1047353411.html。

188.1万人次增长了约20%。[①]

（四）水运

俄罗斯内陆水道的长度为10.2万公里，特别是保证通航范围的长度超过5万公里，总长度仅次于中国（11万公里），领先于巴西（5万公里），航道覆盖俄罗斯60多个地区，近80%用于在远北地区运输旅客和货物，内河航道基础设施包括：130多个河港、608个泊位、723座通航水工建筑物，其中包括128条运河和108个船闸。[②]2021年俄罗斯内河水运客运量861万人次，同比增长11.5%，货运量1.1亿吨，同比增长1.2%；海运客运量452万人次，同比下降2.2%，货运量232万吨，同比下降5.9%。[③]

主要海港位于波罗的海、黑海、太平洋、巴伦支海等，包括摩尔曼斯克、圣彼得堡、符拉迪沃斯托克、东方港等。2023年前5个月俄罗斯港口货运周转量同比增长11.2%，达到3.79亿吨，与2022年相比，预计2023年俄罗斯海港的货运周转量可能会增长7%~8%。[④]

（五）通信

根据研究机构数据，截至2023年初，俄罗斯联邦有1.276亿互联网用户，互联网普及率为88.2%；截至2023年1月，俄罗斯社交媒体用户数量为1.06亿，相当于总人口的73.3%；2023年初，俄罗斯活跃蜂窝移动连接总数为2.27亿，相当于总人口的156.9%。[⑤]俄罗斯副总理德米特里·切尔内申科表示，2023年俄罗斯每天近1亿人使用互联网，是欧洲互联网用户最多的国家，到2024年底，俄罗斯90%的家庭都将用上宽带互联网，俄罗斯政府正为此在偏远地区建设移动通信基站、铺设光纤通信线路，升级和发展

---

① 俄罗斯卫星通讯社，https://sputniknews.cn/20231006/1053849952.html。

② 俄罗斯国际走廊运输管理局，https://diritc.ru/en/%d0%be%d1%80%d0%b3%d0%b0%d0%bd%d0%b8%d0%b7%d0%b0%d1%86%d0%b8%d1%8f/。

③ 中国商务部，http://www.mofcom.gov.cn/dl/gbdqzn/upload/eluosi.pdf。

④ 俄罗斯塔斯社，https://tass.com/economy/1641957。

⑤ DataReportal，https://datareportal.com/reports/digital-2023-russian-federation。

卫星基础设施。[①]

（六）电力

俄罗斯是电力生产大国，2022年，全俄发电厂的总装机容量为253.5吉瓦，低碳能源的份额增加到34.2%；俄罗斯在10个地区建设了10个可再生能源发电设施。[②]俄罗斯2022年发电量增长0.7%，达到1.14万亿千瓦时；用电量增长1.5%，达到1.12万亿千瓦时，预计2035年前将建成1220万千瓦核电装机容量和670万千瓦水电装机容量，并将可再生能源支持计划延长至2035年。[③]俄罗斯与所有邻国电网相连，互联互通。2022年俄电力出口规模超120亿千瓦时（出口地区含欧盟），计划2024—2029年将保持年均105亿千瓦时的电力出口规模，其中对华出口约45亿千瓦时，对哈萨克斯坦、格鲁吉亚、蒙古、阿塞拜疆和白俄罗斯等国电力出口规模分别为32亿、17亿、7亿、3亿和3000万千瓦时。[④]

五、人力资源

截至2023年1月1日，俄罗斯人口为1.464亿，较2022年减少55万人。[⑤]其中，城市人口1.097亿，占总人口的75%，农村人口0.368亿，占总人口的25%，中央联邦区人口超过4000万，伏尔加河地区人口超过2860万，西伯利亚地区和南部联邦区人口均超过1660万，西北联邦区人口超过1360万。俄罗斯的人口主要分布在中心城市，伏尔加格勒、叶卡捷琳堡、喀山、莫斯科、下诺夫哥罗德、新西伯利亚、鄂木斯克、顿河畔罗斯托夫、萨马拉、圣彼得堡、乌法、车里雅宾斯克、克拉斯诺达尔、克拉斯诺亚尔斯克、

① 俄罗斯卫星通讯社，https://sputniknews.cn/20230930/1053747116.html。

② 中国环球网，https://m.huanqiu.com/article/4BJOF8vFpNA。

③ 俄罗斯塔斯社，https://tass.com/economy/1575641。

④ 中国商务部，http://ru.mofcom.gov.cn/article/jmxw/202309/20230903443008.shtm。

⑤ 俄罗斯联邦统计局，https://rosstat.gov.ru/folder/12781。

彼尔姆和沃罗涅日等16个城市人口超过100万。[①]

2023年5月，15岁及以上的劳动力为7580万人。其中，7340万人从事经济活动，240万人失业。[②]俄罗斯的劳动力人数在不断减少，从2022年的8320万降至2023年5月的7580万，[③]进一步凸显了俄罗斯劳动力资源缺乏的现状，[④]失业率从2019年的3.6%降至2023年7月的3%，进一步凸显了俄罗斯劳动力市场竞争的不足，且老龄化趋势明显。2023年9月，俄罗斯经济发展部部长马克西姆·列舍特尼科夫表示，俄罗斯3%的极低失业率阻碍了经济增长，人力资源已经成为俄罗斯最稀缺的资源，需要吸引更多移民填补空缺。[⑤]

俄罗斯劳动力受教育水平较高，有助于提高生产力和创新能力，增强国际竞争力。俄罗斯高等经济学校研究型大学的研究结果显示，俄罗斯位居世界接受高等教育人口比例最高国家之列，在25—64岁的人中，接受高等教育的人口比例高达54%。[⑥]根据经合组织发布的《教育概览2019》，俄罗斯是经济合作组织国家中受高等教育率最高的国家之一，25—34岁人群的高等教育毕业率达到63%，远高于经济合作组织44%的平均水平。[⑦]俄罗斯相关机构2022年的调查数据显示，俄罗斯25—55岁的民众中有1/5正在接受高等教育或课外教育，1/10的民众计划近期开始接受高等教育，过半受访者已经接受过高等教育。[⑧]但随着俄罗斯所有高校被排除

① 俄罗斯塔斯社，https://tass.com/society/1569981。

② 俄罗斯国家统计局，https://rosstat.gov.ru/storage/mediabank/osn-05-2023.pdf。

③ 世界银行相关研究称，尽管俄罗斯提高退休年龄，但劳动力人口逐年减少的形势仍有可能延续至2027年。

④ 据俄罗斯卫星通讯社报道，自2021年2月以来，俄罗斯19—30岁的年轻求职者人数大幅减少，年轻求职者的简历数量在2021年1月—2023年5月减少了36%。

⑤ 澎湃新闻，https://m.thepaper.cn/newsDetail_forward_24533117。

⑥ 俄罗斯高等经济学校研究型大学，https://iq.hse.ru/news/190611819.html。

⑦ OECD, https://www.oecd-ilibrary.org/docserver/9a231e4a-en.pdf?expires=1696734697&id=id&accname=guest&checksum=A2C530CE09E1AEE7C1EC55CA64B71C6D.

⑧ 俄罗斯卫星通讯社，https://sputniknews.cn/20221118/1045619994.html。

在“博洛尼亚进程”之外,俄罗斯需要探索新的高等教育体系。

地区安全冲突的爆发,加剧了俄罗斯优秀人才的外流,俄罗斯劳动力短缺的现状进一步恶化,优秀人才的流失对俄罗斯的科技创新和教育发展带来极大挑战。据统计,自2022年以来,大约有100万俄罗斯人离开俄罗斯,其中包括约10万名技术信息专家,占技术行业的10%。[①]俄罗斯科学院继续对科学家和其他受过高等教育专业人士移民急剧加速发出警告,并对俄罗斯人才外流现象的加剧及其达到创纪录的危险水平发出警告。[②]

六、创新环境

创新发展是决定俄罗斯经济是否能够实现结构性转型和持续增长的关键,也是关系到俄罗斯国家经济安全最为重要的要素。近年来,俄罗斯高度重视创新型经济的发展,充分依托其现有的科研实力积极探索创新体制改革,特别是普京第三个总统任期以来,俄罗斯进一步加快了向创新型经济转型的步伐,不仅在国家层面出台了创新发展战略和科技发展计划,还加大了国家对支持科技创新发展关键要素的投入,着力打造有利于科技创新发展的内外部环境,激发企业的科技创新活力。[③]据俄罗斯高等经济大学统计研究与知识经济研究所日前统计,2021年俄民用科研工作预算拨款总额居世界第五,仅次于美国、日本、德国和韩国,科研资金不断增加,俄政府每年为国家科技发展计划拨款超过1万亿卢布。[④]

俄罗斯科技发达,基础研究、军工和宇航技术在世界上处于领先地位。

---

① Shareamerica, https://share.america.gov/zh-hans/russias-top-talent-fleeing-to-other-countries/.

② Aljazeera, https://chinese.aljazeera.net/opinions/expert-column/2022/7/13/%E4%BF%84%E7%BD%97%E6%96%AF%E4%BA%BA%E6%89%8D%E6%B5%81%E5%A4%B1%E6%AD%A3%E5%9C%A8%E5%8D%87%E7%BA%A7%E5%B9%B6%E8%AD%A6%E5%91%8A%E5%AD%A6%E6%9C%AF%E9%A5%A5%E8%8D%92.

③ 蒋菁:《俄罗斯科技创新体系的构建与发展》,《俄罗斯东欧中亚研究》2021年第5期。

④ 环球网,https://world.huanqiu.com/article/49iAL4cvZ4h。

近年来，俄罗斯在微电子和毫微电子、电光绘图新工艺、高温超导、化学、天体物理、超级计算机、分子生物学、气象等领域取得了具有世界先进水平的科研成果；在核激光领域取得了重大突破；俄罗斯科学家先后在实验室合成元素周期表上第114号和166号超重元素等。在当今世界决定国家实力的50项重大技术中，俄罗斯在其中12—17项技术领域实力与西方发达国家相当，如航空航天技术、新材料技术等。①2023年2月，俄罗斯总统普京表示，俄罗斯科学基础雄厚，需将科学、信息技术、工业、交通、制药和新材料等领域的关键技术自主研发能力提升至新高度，实现弯道超车，确保国家技术主权和独立自主生产关键产品，并在医疗、生态、能源、农业和安全等领域创建自主创新且具有全球竞争力的解决方案。②2023年5月，俄罗斯联邦政府批准了《2030年前俄罗斯技术发展构想》，为创新领域企业建立扶持体系，从企业开创阶段就开始提供扶持措施，一直到企业被战略投资者收购为止，将俄罗斯本土解决方案数量翻一番，达到近75%，创新领域专业单位的数量也将增加超过一倍，达到2万家。③

同时，随着地区安全冲突的升级及俄罗斯受到的严厉制裁，造成了俄罗斯国际产业链、供应链的断裂，进一步加剧了俄罗斯面临的关键零部件和设备缺乏，专业技术人才缺乏等问题，中断了俄罗斯摆脱能源依赖和向数字化转型的进程，俄罗斯经济转型和产业结构调整的进程也必然大受影响。俄罗斯经济发展部会同俄国有企业发布《部分高科技产业发展状况白皮书》，对俄人工智能、物联网、第五代移动通信技术网络、区块链、电力传输、新材料、空间技术等领域发展情况和国际水平总结分析，并指出俄高科技产业存在独立技术和专家不足、关键零部件和设备严重依赖进口，缺少私营高科技公司实施科技成果转化等问题。④

---

① 冯昭奎：《科技革命与世界》，社会科学文献出版社，2018年，第215～218页。

② 中国商务部，http://ru.mofcom.gov.cn/article/jmxw/202303/20230303395982.shtml。

③ 俄罗斯卫星通讯社，https://sputniknews.cn/20230525/1050582232.html。

④ 中国商务部，http://ru.mofcom.gov.cn/article/jmxw/202202/20220203281908.shtml。

第三章 俄罗斯投资风险

一、政治稳定性分析

(一)政治稳定性评估

就俄罗斯而言,很难评估其政治体制的稳定性,因为可获得的信息不足,体制本身不透明,其主要行为体往往按照自身的潜规则行事。此外,随着地区安全冲突的爆发,许多规则都发生了变化,政治体制本身也进入了动荡期。不过,我们可以从另一个角度来研究这个问题,并尝试根据公众对主要政治机构的认可程度及其抗议潜力来评估该体系的稳定性。

根据独立的研究机构列瓦大中心的数据,2023年8月,80%的受访者赞成弗拉基米尔·普京的表现(16%不赞成);66%的受访者赞成米哈伊尔·米舒斯京总理的表现(23%不赞成);66%的受访者赞成政府的表现(28%不赞成);73%的受访者赞成地区领导人的表现(21%不赞成);57%的受访者赞成国家杜马的表现(35%不赞成)。[①]同时,62%的受访者认为国家正朝着正确的方向发展,24%的受访者认为国家正朝着错误的方向发展。[②]关于抗议潜力的数据最令人感兴趣。根据列瓦大中心的民意调查,2023年6月,只有17%的受访者认为在他们所在的地区有可能举行反对生活水平下降和捍卫自身权利的大规模公众示威,只有15%的受访者表示他们会

① 列瓦大独立民调中心,https://www.levada.ru/indikatory/odobrenie-organov-vlasti/。

② 列瓦大独立民调中心,https://www.levada.ru/indikatory/polozhenie-del-v-strane/。

参加这样的示威活动。17%的受访者认为他们所在的地区可能会举行有政治诉求的示威活动，只有10%的受访者愿意参加这些活动。[①]

从调查结果中我们可以看出，目前大多数俄罗斯人认可主要政治机构的活动，对国内发生经济和政治抗议活动的可能性评价较低，而且在大多数情况下，即使发生抗议活动，他们也不准备参加。由此我们可以得出结论，目前俄罗斯的政治相对稳定。然而，政治稳定的主要风险并非来自民众，而是来自体制本身，因此有必要密切关注事态的进一步发展。

（二）外交政策对投资的影响

俄罗斯外交政策对其投资环境的影响主要体现在政治领导人将哪些国家定义为友好国家。对于友好国家，尤其是在受经济制裁的背景下，俄罗斯提供了大量优惠。这包括允许友好国家的公司进入传统上限制外国参与的行业，以及提供有利的投资条件。俄罗斯之所以采取这些措施，主要是因为自从与西方国家的关系急剧恶化以来，其外交政策的回旋余地受到了限制，同时也因为在没有发达和多元化经济的情况下，俄罗斯刺激经济增长的方法非常有限。

如上所述，新版外交政策构想非常重视发展与独联体、东亚、中东和非洲的关系。其中，中国、印度、伊朗、土耳其、白俄罗斯和哈萨克斯坦对俄罗斯至关重要。来自这些国家的投资数量及其在俄罗斯对外贸易中的份额都在不断增加，未来俄罗斯对这些国家的投资吸引力也将随之增加。

二、经济风险和波动性分析

（一）宏观经济形势分析

近期内影响俄罗斯经济的不利因素包括：石油和天然气资源的生产和加工减少、政府支出对国内生产总值增长的影响微弱、实际收入和消费水平停滞不前。决定俄罗斯经济类型和结构的主要趋势包括：石油和天然气

① 列瓦大独立民调中心，https://www.levada.ru/indikatory/polozhenie-del-v-strane/。

行业的实际产量下降、物流和运输服务及基础设施需求地域的变化及劳动力短缺。

在谈及对俄罗斯投资时,要注重分析美国可能实施的次级制裁的风险。负责实施和执行美国制裁的主要机构是美国财政部外国资产控制办公室。负责实施和执行出口管制的机构是美国商务部工业与安全局。根据美商务部官方机构国际贸易署的资料,工业与安全局负责监管美国的出口及原材料、软件和技术等各种商品的再出口。[①]这些主要是两用货物,即既有商业用途又有军事用途的货物。美商务部工业与安全局的管辖范围包括原产于美国的商品,无论这些商品位于何处,也包括美国境内的所有商品。工业与安全局还负责监管含有美国零部件的外国制造产品的再出口,以及基于美国原产技术的外国制造产品的出口。此外,工业与安全局还负责监督向美国境内外的外国公民转让或提供技术和源代码的出口许可要求。

美外国资产管制处负责管理和执行一系列美国制裁计划,包括针对某些司法管辖区和政权的全面制裁,以及针对从事对美国国家安全、外交政策或经济构成威胁的活动的个人的定向制裁。[②]外国资产管制处的制裁措施全面禁止与被封锁财产有关的任何形式的转让或交易。该机构定期公布受美国制裁的个人和公司名单。在公布的名单中,还有一份所谓的"特别指定国民和受阻人员名单"(Specially Designated Nationals And Blocked Persons List,简称SDN)。这份名单包括受美国制裁或美国特别监督的国家拥有、控制或代表这些国家行事的个人和公司。它还包括美国政府指定的恐怖组织和贩毒者。

下面这些官方网站可以了解某家俄罗斯公司是否受到美国制裁、制裁

① 美国商务部,https://www.trade.gov/market-intelligence/russia-sanctions-and-export-controls-compliance。

② 美国商务部,https://www.trade.gov/market-intelligence/russia-sanctions-and-export-controls-compliance。

内容及与该公司合作的后果：

表2.5 俄罗斯公司受美国制裁相关信息查询网址

内容	网址
美国政府对某些物品的出口、再出口或转让实施限制的个人和实体名单	https://www.trade.gov/consolidated-screening-list
工业与安全局发布的有关对俄罗斯和白俄罗斯出口管制的信息	https://bis. doc. gov / index. php / policy-guidance / country-guidance/russia-belarus
外国资产管制处提供的搜索受制裁个人和实体名单的工具	https://sanctionssearch.ofac.treas.gov
美国和外国公司遵守反俄罗斯制裁的原则和指导方针的详细声明	https://ofac. treasury. gov / sanctions-programs-and-country-information/russia-related-sanctions

来源：作者自制

除美国外，欧盟、英国、澳大利亚和加拿大也对俄罗斯实施了制裁。特别是欧盟提出了一些原则，以防止第三国不遵守反俄制裁。这些原则包括决定进一步加强与第三国的双边和多边合作，并向其提供技术援助以遵守制裁。如果这种合作失败，欧盟打算采取相应的行动，剥夺所谓俄罗斯对乌克兰发动战争的资源，对协助规避制裁的第三国组织采取适当的个别措施。[①]在采取这些个别措施之后，欧盟打算恢复与相关第三国的建设性对话。[②]但是，尽管采取了个别制裁措施和进一步接触，规避行为仍然是系统性和经常性的，欧盟保留采取极端措施的权利。在这种情况下，欧盟有关

① 欧盟理事会，https://www.consilium.europa.eu/en/policies/sanctions/restrictive-measures-against-russia-over-ukraine/sanctions-against-russia-explained/。

② 欧盟理事会，https://www.consilium.europa.eu/en/policies/sanctions/restrictive-measures-against-russia-over-ukraine/sanctions-against-russia-explained/。

当局可能会限制向规律性地协助规避制裁的第三国销售、供应、转让或出口已被禁止向俄罗斯出口的货物和技术,特别是用于作战的产品和技术。①

下面这些官方网站可以搜索到有关欧盟对俄罗斯制裁的详细信息、制裁对经济的影响以及抵制规避制裁的措施:

表2.6 俄罗斯公司受欧盟制裁相关信息查询网址

内容	网址
欧盟理事会网站,解释制裁的影响和后果	https://www.consilium.europa.eu/en/policies/sanctions/restrictive-measures-against-russia-over-ukraine/sanctions-against-russia-explained/
欧盟委员会网站,包含所有与制裁俄罗斯相关的资源	https://eu-solidarity-ukraine.ec.europa.eu/eu-sanctions-against-russia-following-invasion-ukraine_en
欧盟对俄罗斯采取的每一套制裁措施的详细信息,以及相关文件	https://finance.ec.europa.eu/eu-and-world/sanctions-restrictive-measures/sanctions-adopted-following-russias-military-aggression-against-ukraine_en#timeline-measures-adopted-in-2022-2023
有关打击规避制裁行为及对第三国影响的信息	https://eu-solidarity-ukraine.ec.europa.eu/eu-sanctions-against-russia-following-invasion-ukraine/making-sanctions-effective_en

来源:作者自制

从上文可以看出,对于希望在俄投资或仅仅是保持密切经济联系的第三国来说,主要风险是来自美国、欧盟和其他发达国家的次级制裁。在采取适当措施之前,所有潜在投资者都应熟悉次级制裁的文件和机制。这是保证投资安全的唯一途径。

(二)行业发展趋势分析

尽管采矿业受到西方制裁的负面影响,但它仍然是最具吸引力的投资

---

① 欧盟理事会,https://www.consilium.europa.eu/en/policies/sanctions/restrictive-measures-against-russia-over-ukraine/sanctions-against-russia-explained/。

领域之一。这主要是俄罗斯的经济和外贸结构决定的,其中矿产品(主要是石油和天然气)的出口仍然占据中心地位。然而,制裁在短期内造成的后果之一是石油和天然气生产停滞或增长微弱,这将减少该行业的收入和红利。另外,制裁对不同的矿产开采领域的影响是不同的。受影响最大的是石油和天然气生产,例如,根据俄罗斯国家统计局的数据,2023年1—5月煤炭生产增长了1%。近期影响俄罗斯采矿业的另一个关键因素是中国经济。如果中国经济持续增长,将刺激对自然资源的需求,进而对俄罗斯的矿采产量产生积极影响。此外,俄罗斯正在寻求增加对其他亚洲国家的自然资源出口,在分析俄罗斯经济这一部门的潜力时也应考虑到这一点。

另一个具有潜在投资吸引力的领域是制造业。如上所述,2023年1—5月增长最快的是:金属制成品制造业,计算机、电子和光学产品制造业,电气设备制造业,车辆和设备制造业,家具制造业,皮革和皮革制品制造业。这些领域,尤其是计算机、电子和光学产品的生产具有一定的增长潜力。考虑到这些生产领域正处于发展阶段,也考虑到这些行业因制裁和与西方的冲突而对俄罗斯的重要性增加,从短期和长期投资的角度来看,这些行业大有可为。

更为重要的是,在俄罗斯,很多事情的发展都取决于政治局势,而且在不久的将来也将如此。因此,在决策时应始终考虑政治风险因素。另外需要考虑的是是否存在改变俄罗斯经济结构的政治意愿和经济动机。俄罗斯精英阶层的许多利益都与自然资源出口息息相关,因此,尽管客观上有必要改变俄罗斯的经济模式,但那些希望维持现状的精英阶层会强烈抵制这一进程。

(三)货币汇率风险分析

自2023年3月底至4月初以来,卢布兑美元汇率持续走低,8月15日达到1比100兑换率(1美元=100卢布)。而这是在高油价的背景下发生的。据《福布斯》杂志俄文版报道,卢布下跌有三个原因:一是进口在2022

年急剧下降后复苏,二是外国公司出售在俄罗斯的业务,三是资本外流。[①]

俄罗斯对乌克兰发动特别军事行动并受到制裁后,俄罗斯与西方国家之间的贸易链开始断裂。这导致进口量相对于出口量急剧下降,而出口量反而增加(原因是西方国家希望及时购买足够的石油和天然气,以满足对购买俄罗斯碳氢化合物的限制)。因此,以外汇收入形式出现的俄罗斯外贸顺差很大,导致卢布升值。2023年,由于外贸方向从西方转向东方,出现了新的贸易链,进口开始逐步恢复。2022年12个月的贸易顺差平均在100亿至300亿美元之间。与2022年相比,2023年的顺差下降到50亿美元。[②]此外,购买俄罗斯石油和石油产品受到了限制,这也影响了卢布汇率。

外国公司出售俄罗斯业务成为决定卢布汇率的第二个重要因素。据金融分析师亚历山大·季奥耶夫称,俄罗斯企业的出售创造了额外的外汇需求,对卢布造成了压力。[③]

第三个重要因素是资本外流。2022年,资本外流总额达2430亿美元,相当于俄罗斯国内生产总值的13.5%。[④]这一数字超过了以往危机时期的资本外流,特别是高于2008年(1430亿美元)和2014年(1650亿美元)。[⑤]2023年1—6月,资本外流的强度明显下降,但仍达到270亿美元的高

---

① 福布斯(俄文版),https://www.forbes.ru/investicii/487149-rubl-v-uskorennom-padenii-pocemu-rossijskaa-valuta-snova-deseveet。

② 福布斯(俄文版),https://www.forbes.ru/investicii/487149-rubl-v-uskorennom-padenii-pocemu-rossijskaa-valuta-snova-deseveet。

③ 福布斯(俄文版),https://www.forbes.ru/investicii/487149-rubl-v-uskorennom-padenii-pocemu-rossijskaa-valuta-snova-deseveet。

④《俄罗斯商业咨询报》,https://www.rbc.ru/economics/09/08/2023/64d2189a9a794772654b1a2a。

⑤《俄罗斯商业咨询报》,https://www.rbc.ru/economics/09/08/2023/64d2189a9a794772654b1a2a。

水平。[①]

除上述三个因素外，卢布汇率受到的另一个重大打击是石油和石油产品销售积累的大量印度卢比收入。2023年上半年，俄罗斯向印度供应了价值300亿美元的石油和石油产品，同时从印度的年度进口仅有60亿~70亿美元。[②]问题在于，一方面俄罗斯无法用这些收入在印度购买所需的商品，另一方面卢比是一种不可兑换的货币。印度法律禁止用卢比进行一系列交易，并规定此类交易必须获得授权。俄财政部前部长米哈伊尔·扎多尔诺夫认为，从向印度的出口中所得到的收益无法返还到俄罗斯是汇率下跌的直接原因。[③]目前，俄印两国政府正在就这一问题进行谈判，但何时能找到解决办法还未知。

要预测卢布汇率的下一步走势并不容易。俄罗斯当局正在想方设法加强本国货币，但美元兑卢布的汇率仍维持在较高水平。与卢布汇率直接相关的一个重要因素是2024年的俄罗斯总统大选。由于汇率直接影响俄罗斯人的生活水平，当局很可能会竭尽全力将美元汇率保持在100卢布以下。至于能否实现这一目标及大选后卢布汇率会发生什么变化，有待继续观察。

三、社会风险和安全性分析

（一）社会稳定状况分析

从前面的分析我们可知，当前俄罗斯出现以经济或政治口号进行抗议的可能性非常低。然而，要客观地评估社会稳定，必须考虑到以下因素。

---

①《俄罗斯商业咨询报》，https://www.rbc.ru/economics/09/08/2023/64d2189a9a794772654b1a2a。

②《俄罗斯商业咨询报》，https://www.rbc.ru/finances/29/08/2023/64ecae7f9a7947180fa5e5a4?utm_source=yxnews&utm_medium=desktop。

③《俄罗斯商业咨询报》，https://www.rbc.ru/finances/29/08/2023/64ecae7f9a7947180fa5e5a4?utm_source=yxnews&utm_medium=desktop。

第一,由于民族心理,俄罗斯人极度不信任民意调查,尤其是涉及政治的民意调查。第二,俄罗斯完善了应对和监督抗议活动的制度,改革了警察和内部部队制度,改进了确保政治稳定的方法。第三,在战争情况下,许多俄罗斯人认为,战争失败或政治局势急剧动荡会威胁到国家的稳定,这在复杂的外交政策环境中起到了防御机制的作用。[①]

综上所述,我们可以谨慎地得出结论:今天,俄罗斯的社会局势仍然相对稳定,社会“爆炸”的风险较低。

(二)民族关系和宗教因素分析

俄罗斯历来是一个多民族国家,现在依然如此。根据2020年进行的全俄人口普查结果,在当年俄罗斯的1.472亿人口中,有1.056亿(72%)是俄罗斯人,其余4160万(28%)是其他民族的人。[②]除俄罗斯人外,最大的民族是:鞑靼人(470万)、车臣人(170万)、巴什基尔人(160万)、楚瓦什人(110万)、阿瓦尔人(100万)、乌克兰人(88.4万)。

总体而言,俄罗斯的民族关系保持稳定,上一次大规模民族冲突发生在2010年。然而,当前仍存在一些影响民族间关系状况的重要因素。

首先,俄罗斯各民族共和国和地区的经济发展不平衡。经济和各种服务质量最发达的地区是中央、西北、伏尔加和乌拉尔联邦区。这些地区包括莫斯科和莫斯科州、圣彼得堡和列宁格勒州、下诺夫哥罗德和下诺夫哥罗德州、喀山和鞑靼斯坦共和国、叶卡捷琳堡和斯维尔德洛夫斯克州等城市和地区。最贫穷的地区包括北高加索、南部和远东联邦区。许多共和国,如车臣、达吉斯坦、印古什、卡尔梅克、布里亚特、雅库特等,都位于这些地区。由于发展不平衡,许多共和国的居民感到自己处于不利地位,并对大部分资源流向莫斯科、圣彼得堡和其他地区,只留给他们少量资源的事

① 列瓦大独立民调中心,https://www.levada.ru/2023/07/05/sotsiologiya-myatezha-kakoj-otpechatok-ostavili-sobytiya-24-iyunya-v-obshhestvennom-mnenii/。

② 俄罗斯国家统计局,https://rosstat.gov.ru/vpn/2020/Tom5_Nacionalnyj_sostav_i_vladenie_yazykami。

实感到不满。一些共和国的居民认为这是不公正的,并为此指责俄罗斯人和俄罗斯当局作为国内最大民族的代表。另一方面,生活在较发达地区的俄罗斯人对来自民族共和国的新移民感到不满,因为他们的文化和民族特色不同,这也会引发民族冲突。

其次,俄罗斯本地居民(俄罗斯人和其他民族)与中亚国家移民之间的关系最近开始紧张起来。许多移民(主要是塔吉克人、吉尔吉斯人和乌兹别克人)获得了俄罗斯国籍,却不了解俄罗斯的语言、文化和法律。因此,城市中出现了民族聚居区,他们与原住民分开居住。一些贫民窟居民加入犯罪团伙,对当地居民实施犯罪,这是民族间冲突的根源。在地区安全冲突的背景下,许多俄罗斯原住民不满地指出,许多获得俄罗斯国籍的移民没有进行兵役登记,因此他们可能会逃避兵役。由于中亚国家的法律禁止本国公民充当雇佣军和参加第三国的军事行动,因此这些移民中的许多人保留了原有的公民身份,并在动员时有机会返回家园或合法逃避兵役。此外,俄罗斯接纳了大量来自中亚的合法和非法劳工移民,他们没有俄罗斯国籍,但长期在俄罗斯生活和工作,他们与当地居民之间也可能发生民族冲突。

最后,宗教因素可能成为民族间冲突的根源。俄罗斯是世界四大宗教——基督教、伊斯兰教、佛教和犹太教信徒的家园。大多数信教的俄罗斯人要么是基督徒(东正教),要么是穆斯林。北高加索和伏尔加地区的大多数居民是穆斯林。此外,来自中亚的绝大多数移民也信奉伊斯兰教。宗教因素有可能使俄罗斯人与穆斯林之间本已复杂的关系进一步复杂化。然而,宗教组织对现政府的忠诚在一定程度上缓解了这一风险。宗教组织有能力控制其教区居民的情绪,并在冲突升级时帮助稳定局势。

总体而言,虽然俄罗斯各民族之间肯定存在摩擦和潜在冲突的风险,但当局正在密切关注民族间关系并控制局势。目前发生大规模民族冲突的可能性很低。但这在很大程度上取决于乌克兰局势的发展。政治风险是当前的主要风险,所有其他风险都是政治风险的衍生品。

四、法律风险和合规性分析

(一)法律环境和法规制度分析

2022年,国际组织"世界正义项目"在"法治"类别中将俄罗斯的综合指数定为0.45(从0到1,0表示完全没有法治,1表示完全法治)。[①]根据法治总指数,俄罗斯排名第107位,低于巴西(指数0.49,排名81)、越南(指数0.49,排名84)、哥伦比亚(指数0.48,排名91)、白俄罗斯(指数0.46,排名99)等国家。根据法治的各项指标,俄罗斯取得了以下成果:

表2.7 在关于法治的各项指标中俄罗斯取得的成果

成果	指数	排名
国家权力的限制	0.33	130
无腐败	0.41	90
政府公开	0.47	82
基本权利	0.40	122
秩序与安全	0.68	91
法律和监管框架	0.46	92
民事司法	0.51	74
刑事司法	0.30	123

来源:"世界正义项目"国际组织,https://worldjusticeproject.org/rule-of-law-index/global/2022/Russian%20Federation/

在分析投资风险时,我们关注的是腐败、秩序与安全、民事和刑事司法等指标。从上述数据可以看出,一方面,投资的最大风险来自刑事司法状况(所有指标中指数最低)和存在腐败("无腐败"指数相对较低)。另一方面,俄罗斯拥有相对的秩序和安全(所有指标中指数最高),这对评估社会和政治稳定及投资安全非常重要。

① 世界正义项目,https://worldjusticeproject.org/rule-of-law-index/global/2022/Russian%20Federation/。

至于法治这一指标，根据世界银行的估计，2022年俄罗斯的法治指数为-1.2(其中-2.5为无法治，2.5为完全法治)。[①]根据这一指数，世界银行给俄罗斯在所有国家中的评分为12.3(其中0为最后一名，100为第一名)。[②]

从上述数据可以看出，俄罗斯的法律体系仍然相对薄弱，不能充分保障法治。但由于公共秩序良好，投资相对安全。此外，在分析投资风险时也不应忘记政治因素。由于外交政策环境复杂，俄罗斯希望与未加入反俄制裁的国家合作。这意味着俄罗斯当局将更加关注友好国家投资的安全性和稳定性。为了提高投资吸引力，俄罗斯可能将对友好国家的潜在投资者做出一些让步。

(二)合同履行和知识产权保护分析

《俄罗斯联邦民法典》(以下简称《民法典》)中有两部分专门涉及义务履行(包括合同)和知识产权保护。

《民法典》第307条对义务的概念定义如下："根据义务，一个人(债务人)有义务为另一个人(债权人)的利益采取某种行动，例如：转移财产、从事工作、提供服务、为共同活动做出贡献、支付金钱等，或者不采取某种行动，债权人有权要求债务人履行其义务。"第307条第2款解释说，"义务产生于合同和其他交易、损害造成、不当得利"，以及《民法典》规定的其他理由。义务的当事方是债权人(义务的对象)和债务人(履行义务的人)。第308.3条第1款，保障对债权人权利的保护："在债务人不履行义务的情况下，债权人有权要求法院以实物形式履行义务……法院应债权人的请求，有权在上述司法行为未得到履行的情况下判给债权人一笔钱，数额由法院根据公平、相称和不允许从非法或恶意行为中获益的原则确定。"第308.3条第2款还解释说："债权人对本条第1款规定的权利的抗辩并不免除债务人不履行或不适当履行义务的责任。"

---

① 世界银行，https://databank.worldbank.org/source/worldwide-governance-indicators。

② 世界银行，https://databank.worldbank.org/source/worldwide-governance-indicators。

第310条规定不允许单方面拒绝履行义务:"除本法、其他法律或其他法令规定的情况外,不得单方面拒绝履行义务和单方面改变其条件。"在《民法典》、其他法律和其他法令规定的情况下,允许单方面拒绝履行义务的权利,但"可由当事方商定,以必须向义务的另一方支付一定数额的金钱为条件"(第310条第3款)。第329条列举了一系列确保履行义务的方法:"债务的履行可以通过没收、质押、扣留债务人的财产、保证金、独立担保、存款、担保付款以及法律或合同规定的其他方法来保证。"

《民法典》第25章解释了不履行义务的后果及承担这种后果的理由:第一,"债务人有义务赔偿债权人因不履行或不适当履行义务而造成的损失"(第393条第1款);第二,"如果债务人违反了不履行某种行为(消极义务)的义务,则无论是否赔偿损失,债权人都有权要求制止相关行为,除非该行为违背了义务的本质"(第393条第6款);第三,"未履行义务或履行义务不当的人,在有罪过(故意或过失)的情况下应承担责任,除非法律或合同规定了其他责任理由"(第401条第1款),"无罪过应由违反义务的人证明"(第401条第2款)。第404条解释了债权人的过错可能是什么:"如果债权人故意或过失促成了因不履行或不适当履行而造成的损失金额的增加,或未能采取合理措施减少损失,法院也可减少债务人的责任金额。"

《民法典》第26章列出了终止义务的理由。这些理由包括:通过履行义务终止义务;给予补偿(支付金钱或转让其他财产);通过更替终止义务(以同一人之间的另一项义务取代原义务);免除债务;因不可能履行义务终止义务(发生双方均不负责的情况);根据国家或地方政府机构的决定终止义务;因公民死亡终止义务;因法律实体清算而终止义务。

《民法典》将合同定义为"两人或多人订立、变更或终止民事权利和义务的协议"(第420条)。合同可以是单边和多边的,可以是有偿的(其中一方因履行义务而获得报酬),也可以是无偿的(其中一方在履行义务时未获得报酬)。合同可以是公开的——它是"由从事企业活动或其他创收活动的人缔结的合同,并确定其销售货物、从事工作或提供服务的义务,而这些人由于其活动的性质，必须对每一个接近它的人履行这些义务”（第426条）。此外，还有以下类型的合同：附合合同——“合同条款由一方当事人以表格或其他标准格式确定，另一方当事人只能通过附合拟议的整个合同才能接受”（第428条）；初步合同——根据该合同，“双方当事人承诺今后将根据初步合同规定的条款和条件，签订关于转让财产、完成工作或提供服务（主合同）的合同”（第429条）；框架协议——“确定当事人之间义务关系一般条款和条件的协议，当事人可以通过缔结单独协议、由其中一方当事人提交申请或以其他方式在框架协议的基础上或为履行框架协议而对这些条款和条件做出具体规定和澄清”（第429.1条）；期权合同——“根据合同规定的条款和条件，一方当事人有权在合同规定的期限内要求另一方当事人履行期权合同规定的行为（包括支付金钱、转让或接受财产），如果授权方未在规定期限内提出要求，则期权合同终止的合同”（第429.3条）。

第450条解释了修改和取消合同的理由：“除非本法、其他法律或合同另有规定，合同的变更和解除可由当事人协议进行。多边合同，如其履行与所有当事人从事企业活动有关，可规定经所有或大部分合同当事人同意，可修改或终止该合同，除非法律另有规定。”（第1款）合同可单方面终止（如果法律赋予了这种权利）或因情况发生重大变化而终止（第450.1和451条）。

在一方当事人要求修改或终止合同的情况下，只有在另一方当事人严重违反合同的情况下，以及《民法典》、其他法律或合同规定的其他情况下，才可通过法院判决修改或终止合同。“一方违反合同给另一方造成损害，使其在很大程度上丧失了订立合同时有权期望得到的东西”（第450条第2款），即被认定为一方严重违反合同。

有关知识产权的规定载于《俄罗斯联邦民法典》第VII篇。第1225条列出了受法律保护的知识产权类型。其中包括：科学、文学和艺术作品；电子计算机程序；数据库；录音制品；广播组织的广播；发明；工业设计；选择成果；集成电路拓扑结构；商业秘密（技术诀窍）；商品名称；商标和服务标志;商品原产地名称;商业名称。"智力活动的成果……应被承认为知识产权,其中包括作为财产权的专有权,在本法规定的情况下,还包括个人非财产权和其他权利(继承权、使用权和其他权利)"(第1226条)。

第1227、1228、1231、1232条介绍了智力权、智力活动作者、专有权和其他知识产权在俄罗斯境内的效力,以及关于智力活动成果国家登记的规定:智力权不同于对物质媒介所有权的转让;对创造未做出个人创造性贡献的公民不得被认定为成果的作者;智力活动成果的作者享有著作权、姓名权和其他个人非财产权,这些权利是不可剥夺和不可转让的;智力活动成果的专有权最初归作者所有,可以根据合同或其他理由转让给他人;对智力活动成果和个性化手段的专有权在俄罗斯境内有效,非排他性的个人非财产权和其他智力权利应在俄罗斯境内行使。智力活动成果和个性化手段的专有权需进行国家登记,登记可按权利人的意愿进行。

与保护被侵犯或被质疑的知识产权有关的争议,应由法院(一般管辖法院、仲裁法院或仲裁法庭)根据其权限审理和解决(第1248条第1款;第11条第1款)。

(三)司法制度和争议解决机制分析

《俄罗斯联邦宪法》第118条第3款规定:"俄罗斯联邦的司法系统由俄罗斯联邦宪法法院、俄罗斯联邦最高法院、联邦普通法院、仲裁法院和俄罗斯联邦各主体的治安法官组成。不允许设立特别法庭。"我们重点关注最高法院、一般管辖法院和仲裁法院,因为宪法法院审理的案件涉及国家权力机关的法律行为和行动是否符合俄罗斯联邦宪法。

根据《俄罗斯联邦宪法》第126条,"俄罗斯联邦最高法院是普通法院和仲裁法院管辖下的民事案件、经济纠纷解决、刑事、行政和其他案件的最高司法机关,根据联邦宪法法律成立,通过民事、仲裁、行政和刑事诉讼行使司法权",并"以联邦法律规定的程序形式对普通法院和仲裁法院的活动进行司法监督以及将司法实践问题予以阐明"。

关于"俄罗斯联邦普通管辖法院"的N1-FKZ号联邦宪法法律规定,普通管辖法院系统由联邦普通管辖法院和俄罗斯联邦主体普通管辖法院组成。具有一般管辖权的联邦法院包括:具有一般管辖权的最高上诉法院;具有一般管辖权的上诉法院;共和国最高法院、边疆区法院、地区法院、联邦重点城市法院、自治州法院、自治区法院;区法院、市法院、区际法院;军事法院;专门法院,其权力、组建程序和活动由联邦宪法法律规定。俄罗斯联邦各主体的普通管辖权法院包括治安法官。具有一般管辖权的最高上诉法院的主要权限包括作为最高上诉法院审理针对已生效司法法令的申诉和申述案件。上诉法院的职权包括作为上诉法院审理对共和国最高法院、边疆区或州法院、联邦重点城市法院、自治州法院、自治区法院作为初审法院通过的尚未生效的司法判决提出的申诉和控诉。共和国最高法院、边疆区法院、地区法院、联邦重点城市法院、自治州法院和自治区法院的职权是作为初审法院和上诉法院审理案件。最后,区法院的权限包括作为初审法院审理所有刑事、民事和行政案件,以及审理对在相关司法区领土内行事的治安法官的裁决提出的上诉和意见。

根据"关于俄罗斯联邦仲裁法院"的N1-FKZ号联邦宪法法律,仲裁法院"属于联邦法院,是俄罗斯联邦司法系统的一部分"。仲裁法院的主要任务是:保护企业和其他经济活动领域的企业、机构、组织和公民受到侵犯或争议的权利和合法利益;协助加强法治和预防企业和其他经济活动领域的违法行为。仲裁法院系统包括地区仲裁法院(最高上诉法院);上诉仲裁法院;共和国、边疆区、州、联邦重点城市、自治州、自治区的初审仲裁法院;专门仲裁法院。仲裁法院的权限包括审理经济纠纷案件,以及与开展企业活动和其他经济活动有关的其他案件。[①]特别是,仲裁法院审理涉及从事版权及相关权集体管理的组织的知识产权保护纠纷案件,以及根据《仲裁程序法典》第34条第4部分属于知识产权法院管辖的纠纷案件。[②]

①《俄罗斯联邦仲裁程序法典》,第27.1条。

②《俄罗斯联邦仲裁程序法典》,第27.6条。

根据《民事诉讼法》和《刑事诉讼法》,俄罗斯法院有四个类型:

一是初审法院(一审法院)——审理案件实质的法院;

二是上诉法院(二审法院)——对一审法院未生效的判决进行上诉复审的法院(通过重新审理案件并可能做出新判决);

三是最高上诉法院——对初审法院和上诉法院做出的已生效司法判决的合法性进行复审的法院(复审以书面案件材料为基础,不直接审查证据,因此不可能对案件的是非曲直做出新的判决);

四是监督法院——俄罗斯联邦最高法院主席团,负责审查已生效法院判决的合法性。

最高上诉法院分为两个分院:一级最高上诉法院和二级最高上诉法院。此外,还有不属于上述法院类型的下级法院——治安法院,在俄罗斯联邦主体层次执行法律程序。

根据"关于俄罗斯联邦治安法官"的第N188-FZ号联邦法第3条,治安法官作为初审法院审理以下案件:最高刑罚不超过剥夺自由三年的刑事案件;法院命令的签发案件;配偶间无子女纠纷的婚姻解体案件;配偶间分割共同财产的案件(索赔价值不超过5万卢布);财产纠纷案件,但财产继承案件和智力活动成果的创造和使用关系引起的案件除外,索赔额不超过五万卢布;消费者保护领域引起的财产纠纷案件,索赔额不超过十万卢布。此外,"治安法官审理与他在一审中做出并已生效的裁决有关的新发现情况的案件"(第3条第2款)。需要指出的是,"治安法官应单独审理其职权范围内的案件"(第3条第3款)。治安法官的上诉法院包括市法院、区法院和区际法院。

俄罗斯联邦最高法院司法合议庭作为一审法院,根据新情况或新发现的情况审理属于俄罗斯联邦最高法院管辖范围的案件("关于俄罗斯联邦最高法院"的N3-FKZ号联邦宪法法律第10条第1款)。对于一般管辖权最高上诉法院(一级最高上诉法院)、共和国最高法院刑事、民事和行政案件司法合议庭、边疆区法院、州法院、联邦重点城市法院、自治州法院、自治区法院(上诉法院)及市、区和区际法院(一审法院)而言,俄罗斯联邦最高法院刑事、民事和行政案件司法合议庭是二级最高上诉法院。俄罗斯联邦最高法院经济争端司法合议庭是地区仲裁法院和知识产权法院(一级最高上诉法院)、上诉仲裁法院(上诉法院)和俄罗斯联邦主体仲裁法院(一审法院)的二级最高上诉法院。

俄罗斯联邦最高法院纪律合议庭应作为一审法院审理下列案件:对俄罗斯联邦法官高级资格合议庭和俄罗斯联邦各主体法官资格合议庭关于提前终止违纪法官权力的决定提出的申诉;对俄罗斯联邦法官高级资格委员会关于对法官实施纪律制裁的决定提出的申诉;对俄罗斯联邦法官高级资格委员会关于法官资格认证结果的决定提出的申诉("关于俄罗斯联邦最高法院"的N3-FKZ号联邦宪法法律,第11条第1款)。

俄罗斯联邦最高法院上诉合议庭"根据俄罗斯联邦程序法作为二审(上诉)法院审理俄罗斯联邦最高法院管辖下的案件,俄罗斯联邦最高法院司法合议庭作为一审法院对这些案件做出了裁决"("关于俄罗斯联邦最高法院"的N3-FKZ号联邦宪法法律,第8条第2款)。上诉合议庭还在其权限范围内审理有关新情况或新发现情况的案件。

最后,最高法院主席团是一个监督审查法院。主席团"根据俄罗斯联邦程序法,为确保司法实践的统一性和合法性,以监督审查或根据新情况或新发现的情况恢复诉讼的方式对已生效的司法行为进行审查"("关于俄罗斯联邦最高法院"的N3-FKZ号联邦宪法法律第7条第1款)。

一般管辖权法院按法院类型划分如下:市、区和区际法院为初审法院。具有一般管辖权的上诉法院及共和国最高法院、边疆区法院、州法院、联邦重点城市法院、自治州法院、自治区法院的刑事、民事和行政案件合议庭为上诉法院。同时,上述行政单位的司法合议庭将与国家机密有关的民事和行政案件及属于《俄罗斯联邦刑事诉讼法典》管辖范围的刑事案件和其他最重要和法律上最复杂的案件作为一审法院审理。此类案件的二审法院是具有一般管辖权的上诉法院的相关司法合议庭。具有一般管辖权的最高上诉法院为一级最高上诉法院。

仲裁法院的等级如下:俄罗斯联邦各主体的仲裁法院为初审法院,上诉仲裁法院为上诉法院,地区仲裁法院和知识产权法院为一级最高上诉法院。同时,地区仲裁法院作为一审法院审理因侵犯在合理时间内接受审判的权利或在合理时间内执行司法行为的权利而提出的赔偿申请。除了作为一级最高上诉法院审理与知识产权保护有关的争议外,知识产权法院也可作为一审法院审理此类争议。

第四章　金砖框架下的中俄合作

一、中俄元首外交与中俄合作

从2013年习近平作为国家主席首访俄罗斯开始的10年间，中俄最高领导人在双边和国际场合会晤已达42次，习近平9次到访俄罗斯，普京总统十余次踏上中国的土地，建立了密切的工作关系和良好的个人友谊，共同引领和规划两国关系发展。高水平、高频率、高质量的两国元首政治交往，积极发挥元首外交战略引领作用，两国元首之间的高度互信为中俄新时代全面战略协作伙伴关系提供了战略引领和有力的政治保障。

2013年3月以来，两国元首共签署了多份具有重要战略意义的联合声明，见证了数百个双边务实合作文件的签署和交换。2013年3月两国元首签署《中俄关于合作共赢、深化全面战略协作伙伴关系的联合声明》，2014年5月签署《中俄关于全面战略协作伙伴关系新阶段的联合声明》《关于丝绸之路经济带建设与欧亚经济联盟建设对接合作的联合声明》，2015年5月签署《中俄关于深化全面战略协作伙伴关系、倡导合作共赢的联合声明》，2016年6月签署《中华人民共和国主席和俄罗斯联邦总统关于加强全球战略稳定的联合声明》《关于协作推进信息网络空间发展的联合声明》《中华人民共和国和俄罗斯联邦联合声明》，2017年7月签署《中俄关于进一步深化全面战略协作伙伴关系的联合声明》、批准《中俄睦邻友好合作条约》实施纲要（2017年至2020年）和发表《中俄关于当前世界形势和重大国际问题的联合声明》,2018年6月签署《中华人民共和国和俄罗斯联邦联合声明》,2019年6月签署《中俄关于发展新时代全面战略协作伙伴关系的联合声明》,2021年6月宣布已签署20周年的《中俄睦邻友好合作条约》延期并赋予其新的时代内涵,2022年2月签署《中俄关于新时代国际关系和全球可持续发展的联合声明》,2023年3月签署《中华人民共和国和俄罗斯联邦关于深化新时代全面战略协作伙伴关系的联合声明》和《中华人民共和国主席和俄罗斯联邦总统关于2030年前中俄经济合作重点方向发展规划的联合声明》。正如习近平在署名文章中所言,高层交往"为两国关系和各领域合作擘画蓝图,就共同关心的重大国际和地区问题及时沟通对表,为双边关系持续健康稳定发展牢牢定向把舵"[①]。

在元首外交的指引下,中俄双边合作得到了全面提升。双方签署了众多重要协议,涵盖了贸易、投资、能源、科技、文化等多个领域。特别是中俄能源合作,双方签署了一系列天然气、石油合同,加强了能源供应的互补性,为双方经济提供了可靠的支持。在基础设施建设、数字经济、军事技术合作等领域,中俄合作也取得了显著进展。两国共同投资兴建了跨境铁路和天然气管道,加强了贸易和互联互通。在数字经济领域,中俄合作推动了电子商务、人工智能和第五代移动通信技术的发展。而在军事领域,两国军队进行了多次联合演习,加强了军事合作和战略协调。同时,在国际和地区事务上,中俄坚定维护联合国宪章宗旨和原则,维护国际关系基本准则,加强战略协作,推动国际和地区热点问题和平解决,完善全球治理体系,致力于构建以合作共赢为核心的新型国际关系,为世界和平稳定注入更多正能量,共同促进世界经济持续稳定增长。

在世界百年未有之大变局的大背景下,中俄两国元首主动而为,积极发挥元首外交战略引领作用,为两国关系行稳致远注入强劲动力,为推动

① 中国外交部,https://www.fmprc.gov.cn/chn/gxh/tyb/gdxw/202303/t20230320_11044353.html。

两国全方位合作和各领域深化务实合作奠定坚实基础，为构建人类命运共同体贡献中俄智慧和中俄方案。

二、金砖框架下各领域的合作

从交通基础设施联通到落实中俄货物贸易和服务贸易高质量发展路线图，从稳步推进油气合作大项目到加强科技创新合作，中俄务实合作领域不断拓展，金砖机制框架下的政治、经贸财金、人文交流合作取得丰富成果，两国间互联互通水平不断提高，友城合作网络越织越密，人文合作之路越走越宽。全方位、多层次的合作格局，为两国民众带来实实在在的好处，也为两国关系发展提供了源源不断的动力。

（一）能源合作

中俄能源合作是两国务实合作中分量最重、成果最多、范围最广的领域之一。在西方持续不断拱火军事冲突，欧盟不断削减俄罗斯石油进口，并在石油领域升级对俄罗斯制裁的背景下，中俄两国进一步加强在能源领域的合作。中俄两国领导人于2023年3月20日至22日在莫斯科进行重要会晤，决定扩大能源等领域长期合作。其中，《中华人民共和国和俄罗斯联邦关于深化新时代全面战略协作伙伴关系的联合声明》提出，双方将打造更加紧密的能源合作伙伴关系，支持双方企业推进油气、煤炭、电力、核能等能源合作项目，推动落实有助于减少温室气体排放的倡议，包括使用低排放能源和可再生能源；共同维护包括关键跨境基础设施在内的国际能源安全，维护能源产品产业链供应链稳定，促进公平的能源转型和基于技术中立原则的低碳发展，共同为全球能源市场长期健康稳定发展作出贡献。[①]《中华人民共和国主席和俄罗斯联邦总统关于2030年前中俄经济合作重点方向发展规划的联合声明》提出，双方将巩固全方位能源合作伙伴关系，加强能源重点领域长期合作，推动实施战略合作项目，拓展合作形

① 中国外交部，https://www.mfa.gov.cn/web/zyxw/202303/t20230322_11046188.shtml。

式,加强能源技术、设备等领域合作,共同维护两国和全球能源安全,促进全球能源转型。[①]两份重量级文件的签署,为新阶段中俄能源合作指明了方向。

2023年习近平在会见俄罗斯总理米舒斯京时指出,中国连续13年稳居俄罗斯第一大贸易伙伴国地位,两国能源合作持续深化,要发挥互联互通大项目带动效应,共同维护两国能源安全。俄罗斯总理米舒斯京表示,俄方愿同中方加强投资贸易、能源、天然气等领域合作。[②]根据俄罗斯卫星通讯社报道,截至2023年8月底,中俄双边贸易额达到了1551亿美元,同比增长了32%,能源占双边贸易额的比重从2012年的25%上升至接近37%,特别是在油气领域,两国在资源市场、地理位置等方面,互补性强,优势明显。[③]

1.合作机制

中俄能源商务论坛是中国国家主席习近平和俄罗斯联邦总统发起成立,面向两国能源行业及相关领域企业、金融机构、协会、智库和科研机构的双边开放性、机制性交流合作平台。近年来,中俄能源商务论坛为中俄双方能源企业搭建了有效的沟通平台,推动了包括石油、天然气、电力、煤炭、民用核能等领域一系列能源项目的商务合作,为中俄双方加强能源贸易合作纽带发挥了积极作用。

2023年10月19日,第五届中俄能源商务论坛在钓鱼台国宾馆开幕。中国国家主席习近平向第五届中俄能源商务论坛致贺信,他指出,经过中俄双方多年共同努力,两国能源合作已形成全方位、宽领域、深层次、高水平的合作格局,是中俄平等互利务实合作的典范,为保障两国乃至全球能源安全和可持续发展发挥了积极作用;面向未来,中方愿与俄方一道,高水

① 中国外交部,https://www.mfa.gov.cn/web/zyxw/202303/t20230322_11046176.shtml。

② 中国常驻联合国代表团,http://un.china-mission.gov.cn/zgyw/202303/t20230321_11046033.htm。

③ 俄罗斯卫星通讯社,https://sputniknews.cn/20230912/1053285797.html。

平建设能源合作伙伴关系，持续增强能源产业链供应链韧性，为促进全球能源市场长期健康稳定可持续发展，推动构建全球清洁能源合作伙伴关系作出更大贡献。[①]论坛主题为“打造更加紧密的中俄能源合作伙伴关系，助力全球能源安全和能源转型”。来自中俄双方有关部门和能源企业、金融机构、研究机构、行业协会的400多名代表参加论坛开幕式。[②]

2.合作情况

石油领域，截至2023年8月底，中俄原油管道累计向中国供应原油超过3.6亿吨。[③]

天然气领域，俄罗斯对华天然气供应继续增长，中俄东线天然气管道逐步增加供应。《中华人民共和国和俄罗斯联邦关于深化新时代全面战略协作伙伴关系的联合声明》提出，双方将共同努力，推动新建中蒙俄天然气管道项目研究及磋商相关工作。[④]2022年通过中俄东线天然气管道对华输气已经达到154亿方，占中国管道天然气总进口量的24%，也占俄罗斯管道天然气出口量的12%；截至2023年8月底，中俄东线天然气管道累计向中国供气超过450亿方；此外中俄签署远东线100亿方天然气购销协议，于2023年6月获得普京总统最终批准。[⑤]

电力领域，中国海关数据显示，2023年1—8月，中国从俄罗斯进口电力26.94亿千瓦时。[⑥]

核能领域，2023年3月，俄罗斯国家原子能机构和中国国家原子能机构签署了一项在快中子反应堆和关闭核燃料循环领域长期合作的综合计划。该协议涵盖一系列战略领域，重点是扩大现有合作以及启动新项目

① 中国中央人民政府，https://www.gov.cn/govweb/yaowen/liebiao/202310/content_6910184.htm。

② 中国中央人民政府，https://www.gov.cn/yaowen/liebiao/202310/content_6910226.htm。

③ 俄罗斯卫星通讯社，https://sputniknews.cn/20230912/1053285797.html。

④ 中国外交部，https://www.mfa.gov.cn/web/zyxw/202303/t20230322_11046188.shtml。

⑤ 俄罗斯卫星通讯社，https://sputniknews.cn/20230912/1053285797.html。

⑥ 中国海关总署，http://stats.customs.gov.cn/。

“与快中子反应堆、铀钚燃料的生产和乏核燃料的管理有关燃料”[①]中俄核能合作项目徐大堡核电站3号机组关键设备2023年7月11日从俄罗斯南部罗斯托夫州伏尔加顿斯克市起运中国,本次起运设备包括1个核反应堆压力容器和4个蒸汽发生器,由俄罗斯国家原子能公司旗下机械制造部门原子能机械制造公司(AEM公司)生产。[②]同时,中俄两国加强了在可再生能源、氢能、储能,能源数字化等新兴领域的合作。

(二)经贸合作

中俄作为两大邻国,政治互信强,经济互补性高,合作潜力足,两国贸易和投资合作不断深化,中国连续13年稳居俄罗斯第一大贸易伙伴国。随着疫情形势的缓解,中俄经贸团组交流正有序恢复,双方交通物流优势也将进一步显现。《中华人民共和国和俄罗斯联邦关于深化新时代全面战略协作伙伴关系的联合声明》提出,双方将巩固双边贸易增长势头,持续优化贸易结构,实施好《中俄货物贸易和服务贸易高质量发展的路线图》,支持电子商务发展,培育经贸新增长点,拓展经贸合作广度,提升合作效率,将外部风险降到最低,确保产业链供应链的稳固和安全;双方将深化地方合作,拓宽合作地域和领域,推动双方中小企业扩大交流合作;继续在民用航空制造、汽车制造、船舶制造、冶金和其他共同感兴趣领域开展务实合作。[③]《中华人民共和国主席和俄罗斯联邦总统关于2030年前中俄经济合作重点方向发展规划的联合声明》提出,双方将扩大贸易规模,优化贸易结构,发展电子商务及其他创新合作模式;稳步推动双边投资合作高质量发展,深化数字经济、绿色可持续发展领域合作,营造良好营商环境,相互提升贸易投资便利化水平。[④]

中国海关总署网站数据显示,2023年1—8月,中俄进出口贸易额达到

① 中国上海市核电办公室门户,https://www.smnpo.cn/gnhxw/1662608.htm。

② 新华社,http://www.news.cn/world/2023-07/12/c_1129745047.htm。

③ 中国外交部,https://www.mfa.gov.cn/web/zyxw/202303/t20230322_11046188.shtml。

④ 中国外交部,https://www.mfa.gov.cn/web/zyxw/202303/t20230322_11046176.shtml。

1551余亿美元，同比增长32%，其中，中国对俄出口718.04亿美元，增长63.2%；中国自俄进口832.97亿美元，增长13.3%。2023年8月份进出口总额208.1亿美元，同比增加32%，进口115.15亿美元，同比增加13.3%，出口92.99亿美元，同比增加63.2%。[①]随着欧盟、日本、韩国等国对俄罗斯汽车出口限制措施的出台，2023年中俄汽车贸易数据尤为亮眼。2023年上半年，中国对俄罗斯乘用车出口达46亿美元，是2022年同期的6.4倍，货车出口达17亿美元，仅2023年6月中国对俄汽车出口就达10.3亿美元，为2023年初以来最高水平；2023年1—6月中国对俄出口乘用车32.58万辆，是2022年1—6月的5倍，中国在俄罗斯汽车进口中的份额已超过70%，俄罗斯成为中国最大汽车出口市场。[②]2023年9月，俄罗斯总统普京与中国国务院副总理张国清在东方经济论坛期间举行会晤，普京表示，俄中贸易额可能在2023年达到2000亿美元。[③]

政策层面加强对接和沟通。2023年5月23日，俄总理米舒斯京访华期间，中国商务部和俄罗斯经济发展部共同主办了中俄商务论坛，论坛框架内举行了能源、农业、运输、工业和数字化5场专题圆桌会及企业交流活动，两国政府部门、地方和工商界1100余位代表出席论坛，中国商务部还与俄经济发展部签署了《关于深化服务贸易领域合作的谅解备忘录》，商定将加强在旅游、体育、运输、医疗等领域合作，不断提高服务贸易合作水平。[④]2023年9月19日，中国商务部部长王文涛与俄罗斯经济发展部部长列舍特尼科夫在北京共同主持召开中俄总理定期会晤委员会经贸合作分委会第二十六次会议，王文涛指出，在两国元首的战略引领下，中俄经贸合

① 中国海关总署，http://www.customs.gov.cn/customs/302249/zfxxgk/2799825/302274/302275/5334875/index.html。

② 环球网，https://3w.huanqiu.com/a/de583b/4EIfM1c99si?agt=61_2.undefined。

③ 俄罗斯卫星通讯社，https://sputniknews.cn/20230912/1053285797.html。

④ 中国驻俄罗斯大使馆，http://ru.china-embassy.gov.cn/sghd/202306/t20230614_11097784.htm。

作不断走深走实,双边贸易持续增长,投资领域不断拓宽,下一步要深化贸易和投资合作,提升跨境互联互通水平,加强在多边框架下沟通协调,全力服务年内两国高层交往和会晤;列舍特尼科夫表示,当前俄中贸易发展顺利,俄对华出口稳步增长,中国企业对俄投资规模持续扩大。[①]

务实合作不断推进。2023年6月1日起,俄罗斯符拉迪沃斯托克港正式成为吉林的境外中转港口,"大力发展互联互通物流体系"快速落到实处。在中国实施全面振兴东北和俄罗斯持续加码"向东看"的大背景下,符拉迪沃斯托克港更多参与到中国贸易体系中,将为中俄两国的经贸合作提供新的契机。2023年7月10—13日,第七届中俄博览会在叶卡捷琳堡市举行。以"中俄务实合作新动力"为主题的本届博览会上,300多家中国企业参展,展览面积超过1万平方米,规模创历届之最。博览会期间,双方举办了第三届中俄地方合作论坛、中俄新时代贸易和投资座谈会等多场商务活动,中俄两国企业围绕能源、农业、林业、工业、运输、人文等领域合作充分沟通交流,取得良好效果。

(三)科技合作

《中华人民共和国和俄罗斯联邦关于深化新时代全面战略协作伙伴关系的联合声明》提出,双方将深化科技创新领域互利合作,扩大行业人才交流,发挥基础研究、应用研究、科技成果产业化等方面合作潜力,聚焦科技前沿领域及全球发展共性问题联合攻关,包括应对及适应气候变化问题,在人工智能、物联网、第五代移动通信技术、数字经济、低碳经济等技术与产业领域探索合作新模式。[②]

2023年6月15日,中俄总理定期会晤委员会科技合作分委会框架下的中俄高技术与创新工作组第十四次会议在北京举行,中国科技部国际合作司副司长孙键与俄罗斯科学与高等教育部国际合作司副司长捷拉什盖

① 中国商务部,http://www.mofcom.gov.cn/article/xwfb/xwbldhd/202309/20230903441658.shtml。

② 中国外交部,https://www.mfa.gov.cn/web/zyxw/202303/t20230322_11046188.shtml。

维奇共同主持会议，双方围绕科技人文交流、项目合作、平台建设等广泛议题深入交换意见，达成相关共识，并商定，将充分利用中俄总理定期会晤委员会科技合作分委会机制，推动双方务实合作平稳持续发展。[①]2023年9月9日，中国科技部副部长吴朝晖和俄罗斯科学与高等教育部副部长谢基林斯基在符拉迪沃斯托克共同主持召开了中俄总理定期会晤委员会科技合作分委会第二十七届例会，双方就深化大科学装置框架下的合作、加强联合研发项目合作、举办中俄科技会展活动，以及拓展双碳等新领域合作的议题交换意见并达成广泛共识，并一致同意将推动大科学领域合作、实施联合研究项目、加强青年科研人才培养和学术交流、开展科学普及等作为未来中俄基础科学研究领域合作的重点方向。[②]为落实2023年3月中俄元首会晤期间签署的《中华人民共和国科学技术部、俄罗斯联邦科学与高等教育部、中国科学院和联合核子研究所关于加强基础科学研究领域合作的议定书》，2023年9月11日，中俄科研机构与联合核子研究所基础研究领域合作机制联合协调委员会第一次会议在俄罗斯杜布纳市举行，中国科技部副部长吴朝晖与联合核子研究所所长特鲁普尼科夫共同主持会议，双方同意将进一步开展对拟支持联合研究项目的论证工作，并通过年度规划的制定有序推进项目实施，同时将重点支持双方在相关基础研究领域的人才培养和学术交流，吸引更广范围、更多机构共同参与双方基础研究领域合作。[③]

（四）金融合作

金融合作历来是中俄经贸合作的重要组成部分，加强两国金融合作具有重要意义。尤其是美国和西方对俄罗斯实施的一系列金融制裁，对俄国际贸易、国际融资、汇率稳定、金融市场造成冲击，限制了俄政府与金融机构借助欧美资本市场和金融体系进行国际融资和贸易结算的能力。在此

---

① 中国科技部，https://www.most.gov.cn/kjbgz/202306/t20230620_186703.html。

② 中国科技部，https://www.most.gov.cn/kjbgz/202309/t20230919_188119.html。

③ 中国科技部，https://www.most.gov.cn/kjbgz/202309/t20230919_188118.html。

背景下,俄罗斯加速“去美元化”“去欧元化”,加强与中国的金融合作。《中华人民共和国和俄罗斯联邦关于深化新时代全面战略协作伙伴关系的联合声明》提出,双方将继续加强在金融领域的互利合作,包括保障两国经济主体间结算畅通,支持在双边贸易、投资、信贷等经贸活动中扩大本币使用。[①]2023年9月,中国公司被列入允许参与俄罗斯证券市场和金融衍生品市场交易的国家名单中。[②]

一是中俄贸易本币结算进一步扩大。中国外交部国际经济司司长李克新在金砖峰会期间的新闻发布会上表示:“至于中俄两国(在贸易中)增加使用本国货币,我们将会着手进行。我认为,就可行性和交易而言,这对各国都有利。我们认为这会进一步扩大。”2023年4月,俄罗斯财政部部长安东·西卢阿诺夫表示,俄中两国间70%以上的贸易结算已经以本国货币进行,远高于一两年前30%的情况。[③]俄罗斯京科夫银行介绍说,更多俄企在与中国客户合作时改用人民币,一年前俄罗斯跨境交易使用货币主要为美元,人民币占比10%左右,自2022年年初以来,使用人民币结算的比例上升至65%,且在继续提高。[④]

二是人民币成为俄罗斯最受欢迎货币之一。莫斯科交易所2023年3月初发布的数据显示,2023年2月,该交易所的人民币交易量环比增长近1/3,达到1.48万亿卢布,而美元交易量仅环比增长8%至1.42万亿卢布,人民币在该交易所交易量首次超过美元,成为该交易所月度交易量最大的货币;[⑤]2023年8月份,莫斯科交易所人民币交易额为3.92万亿卢布,环比增长超过30%,人民币的市场份额以超过45%的市场占有率保持领先。[⑥]在

① 中国外交部,https://www.mfa.gov.cn/web/zyxw/202303/t20230322_11046188.shtml。

② 俄罗斯卫星通讯社,https://sputniknews.cn/20230922/1053576711.html。

③ 俄罗斯卫星通讯社,https://sputniknews.cn/20230824/1052790649.html。

④ 新华每日电讯(中国),http://www.news.cn/mrdx/2023-03/24/c_1310705446.htm。

⑤ 新华每日电讯(中国),http://www.news.cn/mrdx/2023-03/24/c_1310705446.htm。

⑥ 央视网,https://news.cctv.com/2023/09/06/ARTIYES2AiaSglVg1tOAjQ1Z230906.shtml。

国家层面，俄联邦国家财富基金积极吸纳人民币，根据俄财政部去年底制定的最新资产配置方案，俄联邦国家财富基金将不会用于投资以美元计价的资产，并将人民币资产的潜在份额上限从原来的30%提升到60%；[①]人民币在俄企业国际结算中热度呈上升趋势，俄工业通信银行的调查报告显示，2022年5—10月，在俄罗斯的中小企业外汇结算中，人民币占比31%，超过欧元的28%；人民币在俄普通民众中受欢迎程度也在上升，在361家俄信贷机构中，目前约有50家提供人民币存款业务，而在2022年初，只有13家银行有这一业务，预计到2023年底，俄外贸银行客户的人民币存款总额有望达到100亿元以上。[②]

三是人民币在俄外汇储备中的比例进一步扩大。2023年4月10日，俄罗斯央行发布的2023年3月俄金融市场风险综述报告显示，3月人民币在俄外汇交易份额创下新高，人民币与卢布间的交易在俄罗斯外汇市场交易的份额达到39%，而美元与卢布间的交易份额降至34%，为近年来最低。[③]俄罗斯央行网站发布的报告显示，俄罗斯外汇市场结构持续变化，2023年7月人民币在外汇交易中所占份额从2023年6月的39.8%上升到44%，美元、欧元等西方主要货币在俄外汇市场的份额从2023年6月的58.8%下降到7月的54.4%，在场外交易中，人民币份额从6月的18.4%上升到7月的19.2%；[④]人民币比例2023年8月从7月的44%上升到44.7%，达到俄罗斯市场新高，人民币在场外交易市场的比例上升到21.5%。[⑤]

四是加强支付系统的对接。2023年，以俄罗斯NBD银行为代表的俄罗斯多家银行加入人民币跨境支付系统，在加入这一系统之后，跨境人民

---

① 俄财政部副部长弗拉基米尔·科雷切夫2023年2月表示，俄2023年将清空俄联邦国家财富基金中的欧元份额，只保留黄金、卢布和人民币。

② 新华每日电讯，http://www.news.cn/mrdx/2023-03/24/c_1310705446.htm。

③ 每日经济新闻，https://www.nbd.com.cn/articles/2023-04-11/2753229.html。

④ 新华网，http://www.xinhuanet.com/fortune/2023-08/09/c_1129794201.htm。

⑤ 俄罗斯卫星通讯社，https://sputniknews.cn/20230908/1053146412.html。

币业务在中国境内的处理时间将缩短,结算速度将加快,银行为从事俄中贸易活动的客户所提供的服务质量也将提高。[①]

(五)基建合作

近年来,中俄双方不断深化共建"一带一路"和欧亚经济联盟对接,各项合作稳步推进。《中华人民共和国和俄罗斯联邦关于深化新时代全面战略协作伙伴关系的联合声明》提出,双方将共同维护包括关键跨境基础设施在内的国际能源安全,维护能源产品产业链供应链稳定,促进公平的能源转型和基于技术中立原则的低碳发展,共同为全球能源市场长期健康稳定发展作出贡献;双方将加强交通运输领域合作,完善跨境基础设施,提高口岸通行能力,保障口岸稳定运行。[②]

位于莫斯科的中国贸易中心"华铭园"已建设完成,中俄原油管道二线工程、中俄东线天然气管道等重大能源项目顺利投产,"滨海1号""滨海2号"陆海联运国际交通走廊、中蒙俄经济走廊、中欧班列等互联互通项目正在推进。[③]2023年3月1日,莫斯科地铁大环线实现全线开通运营,项目总长71公里,是俄罗斯最大的地铁建设项目,中国铁建股份有限公司承建西南段项目,包含3个车站和9条盾构隧道建设任务。[④]此外,中俄原油管道、中俄天然气管道东线、我国第一条跨境输电线路——俄罗斯布拉戈维申斯克市至中国黑河市的110千伏输电线路,保证了中俄两国能源贸易稳步推进。俄中光纤通道互联网业务的正式开通,也保证两国通畅的通信交流与合作。[⑤]

① 央视网,https://news.cctv.com/2023/04/27/ARTITfiwaro55CPXWO8NTT3N230427.shtml。

② 中国外交部,https://www.mfa.gov.cn/web/zyxw/202303/t20230322_11046188.shtml。

③ 央视网,https://news.cctv.com/2023/03/19/ARTIP4MjRNoydsi2hS65t4YG230319.shtml。

④ 中国驻俄罗斯大使馆,http://ru.china-embassy.gov.cn/sghd/202306/t20230614_11097784.htm。

⑤ 人民网,http://finance.people.com.cn/n1/2023/0922/c1004-40083345.html。

（六）人文交流

《中华人民共和国和俄罗斯联邦关于深化新时代全面战略协作伙伴关系的联合声明》指出，双方将恢复和扩大两国线下人文交流合作，不断巩固两国人民友谊和双边关系社会基础；深化教育合作，推进双向留学提质增效，鼓励高校合作，支持中俄同类大学联盟和中学联盟建设，推动合作办学和职业教育交流，深化语言教学合作，增进两国学生交流，开展数字化教育合作；加强两国博物馆、图书馆、美术馆、剧院等文化、文学、艺术机构交流交往；将拓展旅游合作和往来，鼓励构建舒适旅游环境。[①]

随着疫情形势的好转，中俄间的人文交流迅速得到恢复，各层级、多领域的交流活动顺利开展。2023年6月19日，中俄人文合作委员会旅游合作分委会第二十次会议在黑龙江省黑河市召开，中国文化和旅游部副部长卢映川与俄罗斯联邦经济发展部副部长瓦赫鲁科夫共同主持会议，就磋商新一版两国政府间关于互免团队旅游签证协定和加强中俄旅游领域协调行动联合工作组工作等问题交换了意见。[②]2023年6月20日，中俄人文合作委员会文化合作分委会第二十三次会议在黑龙江省黑河市召开，中国文化和旅游部副部长卢映川与俄罗斯文化部副部长普列波多布娜娅共同主持会议，出席人数创下了历次文化合作分委会会议之最，双方就尽快商签部门间新一轮文化合作计划、2023年下半年举办俄罗斯“中国文化节”等事宜交换了意见。[③]2023年6月15日—8月26日，由中国文化和旅游部、黑龙江省政府，俄罗斯联邦文化部、俄罗斯阿穆尔州政府共同主办的历时77天的第十三届中俄文化大集在俄罗斯布拉戈维申斯克市举办，活动期间双方互派非遗及演艺工作者到对方开展各类文化交流活动近百场次，中方开

① 中国外交部，https://www.mfa.gov.cn/web/zyxw/202303/t20230322_11046188.shtml。

② 中国文化和旅游部，https://www.mct.gov.cn/whzx/whyw/202306/t20230620_944625.htm。

③ 中国文化和旅游部，https://www.mct.gov.cn/whzx/whyw/202306/t20230621_944639.htm。

展高端互访、文旅交流、贸旅融合、招商推介、沿边文旅走廊建设五大板块三十多项活动；俄方邀请中国煤矿文工团、黑龙江省歌舞剧院等演出团体到布拉戈维申斯克市公演，开展各类活动六十余场次。[①]2023年7月24日，由俄罗斯文化部与中国文化和旅游部联合支持，俄罗斯国立列宁图书馆主办的首届中俄图书馆论坛在莫斯科成功举办，来自中俄两国图书馆界百余位代表参会，就加强图书馆领域数字化进程、推动构建智慧图书馆、联合开展古籍善本修复、开展图书馆馆际交流合作等开展主题研讨，并参观了由俄罗斯国立列宁图书馆举办的馆藏中国古籍善本图书展。[②]

两国之间的人员往来更加便利。2023年2月6日起，中国试点恢复中国公民赴有关国家出境团队旅游，俄罗斯位列首批20个试点国家名单之中。[③]2023年第一季度，俄中口岸出入境人数接近26.9万人次，第二季度则超过了53.4万人次，环比增长一倍多，同比增长3倍多。[④]俄罗斯与中国之间的免签证团体交流机制于2023年8月1日启动，莫斯科和圣彼得堡为个人游客和其他旅行者开设了中国签证中心，且自2023年8月1日起，俄罗斯为中国公民提供电子签证服务，[⑤]预计到2023年年底，可能有30万~35万名中国游客访问俄罗斯。[⑥]两国同意建立一个固定的沟通渠道，以解决与全面启动两国互免团体旅游签证有关的技术问题。[⑦]

---

① 中国文化和旅游部，https://www.mct.gov.cn/whzx/qgwhxxlb/hlj/202308/t20230828_946845.htm。

② 中国文化和旅游部，https://www.mct.gov.cn/whzx/bnsj/dwwhllj/202307/t20230728_946246.html。

③ 中国驻俄罗斯大使馆，http://ru.china-embassy.gov.cn/sghd/202306/t20230614_11097784.htm。

④ 俄罗斯卫星通讯社，https://sputniknews.cn/20230814/1052511182.html。

⑤ 俄罗斯卫星通讯社，https://sputniknews.cn/20230912/1053272306.html。

⑥ 俄罗斯卫星通讯社，https://sputniknews.cn/20230913/1053330838.html。

⑦ 俄罗斯卫星通讯社，https://sputniknews.cn/20230919/1053480321.html。

印度篇

第一章　印度新形势与发展概况

一、经济发展概况

（一）总体经济情况

2021年，印度经济实现了疫情后的恢复性增长，并在2022年延续了增势。国际货币基金组织称，印度经济规模已超过英国成为全球第五大经济体。

印度国家统计局公布的数据显示，2023年1—3月印度国内生产总值年增长率为6.1%。2023年4—6月上升至7.8%。[①]根据印度统计与计划执行部的数据，服务业的强劲表现是印度国内生产总值增长的主要动力，同时消费需求旺盛，政府资本支出增加。占经济总量近60%的私人消费增长了约6%（1—3月为2.8%），而资本形成增速则放缓至约8%（1—3月为8.9%）。

按行业划分，金融、房地产和专业服务业（12.2%），贸易、酒店、运输、通信和广播相关服务业（9.2%），公共行政、国防和其他服务业（7.9%），建筑业（7.9%），采矿和采石业（5.8%），制造业（4.7%），农业（3.5%）和公用事业（2.9%）推动了经济增长。根据印度央行印度储备银行发布的预测，印度2023财年的经济增长率预计为6.5%。印度经济中最重要、增长最快的部门是服务业，主要包括贸易、酒店、运输和通信，金融、保险、房地产和商业

① https://www.mospi.gov.in/sites/default/files/press_release/PressNoteQ1_FY24.pdf.

服务及社区、社会和个人服务占国内生产总值的60%以上。农业、林业和渔业约占产出的12%,但雇用了50%以上的劳动力。制造业占国内生产总值的15%,建筑业占8%,采矿、采石、电力、天然气和供水占其余的5%。2023年4—6月,印度本地固定资本形成总额年增长8.0%(1—3月为8.9%),建筑业产出年增长7.9%(1—3月为10.4%)。

服务业的主要细分市场也出现了快速增长,金融、房地产和专业服务业的产出增长为12.2%,贸易、酒店、运输和通信服务业的产出增长9.2%。工业生产指数通常每月波动较大,在2023年4—6月增长4.5%(2022—2023财年增长5.2%),制造业同比增长4.7%,与2022年4—6月同比增长6.1%相比,增速较为温和。

印度近期的其他经济指标也继续显示出受国内需求拉动的扩张性经济状况。2023年4—6月,钢铁产量同比增长11.9%,钢铁消费量同比增长10.2%。水泥产量也强劲增长12.2%,煤炭产量增长8.7%。商用车销量在2022—2023财年大幅上升,年增长34.3%,私家车销量在2022—2023财年增长18.7%。资本货物生产同比增长4.9%(2022—2023财年增长12.9%),基础设施和建筑产品生产同比增长14.0%(2022—2023财年增长12.5%)。耐用消费品产量依然疲软,萎缩2.8%(2022—2023财年增长0.6%),非耐用消费品产量势头强劲,增长6.7%(2022—2023财年增长0.5%)。2023年4—7月,印度的商品和服务出口按年萎缩6.0%,原因是商品出口大幅下降14.5%。同期服务出口年增长7.8%,强劲的增长缓解了商品出口的下降。

尽管受到了疫情、俄乌冲突和以美联储为首的各经济体央行为抑制通胀而上调政策利率的三重冲击,导致美元升值和净进口经济体经常账户赤字扩大,但全球机构仍然预测印度将成为2023—2024财政年度增长最快的主要经济体之一,增长率预计达到6.0%~6.8%,具体表现还取决于全球经济和政治发展的走势。世界银行、国际货币基金组织、亚洲开发银行等多边机构与印度储备银行在国内公布的预测大致相当。这一增长预测相当乐观,主要依据是:私人消费反弹、资本支出增加、疫苗接种覆盖率接近普及、外来务工人员重返建筑工地工作、企业资产负债表增强以及公共部门银行信贷供应资本充足等。

(二)通货膨胀

印度通货膨胀近年来一直有很大浮动。印度消费者物价指数的最新统计数据显示,2023年7月份总体居民消费者物价指数通胀率从6月份的年同比4.8%进一步飙升至7.4%。[①]通胀率为一年多来第二高,高于长期平均值。印度央行将消费者物价指数涨幅的中期目标定为同比上涨4%,将6%定为“可接受上限”,允许范围定为2%~6%。2022年许多月份的通胀率都超过了6%这一上限。2023年4—6月,该指数涨幅一直在4%上下浮动,到了7月该数据同比增速却突然飙升至7.44%。受监测的企业表示,食品、投入和劳动力成本在8月份均有所上升,特别是食品和饮料消费物价指数分项指数进一步大幅上升,成为导致总体消费者物价指数通胀率上升的一个关键因素。更重要的是,在居民消费者物价指数各项指标中,近一半权重的食品和非酒精饮料的数据创2020年1月以来新高。洋葱、西红柿等日常蔬菜价格明显上涨,在蔬菜价格飙升以及谷物和豆类价格大幅上涨的推动下,食品饮料类消费者价格指数2023年7月份同比上涨10.6%,而6月份的同比涨幅为4.6%。[②]这直接反映出民众生活中物价飞涨的情况,并已演变成为社会问题。印度政府除了颁布出口限制和征收关税外,尚未找到有效的解决方案。印度储备银行预计2024财政年的通货膨胀率为5.2%。并认为居民消费者物价指数通胀将在2023财政年度放缓。高通胀、高物价加剧了贫富不均现象。世界银行的统计数据指出,印度14亿人口中有60%的人每天的生活费不足3.1美元。

(三)汇率

截至2023年1月6日,印度的外汇储备为5615.83亿美元。印度卢比

① https://www.mospi.gov.in/dataviz-居民消费者物价指数-map.

② https://economictimes.indiatimes.com/news/economy/indicators/a-lot-depends-on-vegetable-prices-to-find-comfort-for-rbis-inflation-battle/articleshow/103045521.cms?from=mdr.

在过去22年里对美元贬值了约84%。2021年因强劲国外投资流入及高额外汇储备支持,印度卢比相对美元保持稳定,另由于印度通货膨胀率相对较高及经常账赤字,2021年年底印度卢比兑美元汇率为74.30∶1。2022年1—7月,印度卢比兑美元名义汇率贬值5.5%,反映出与美元利差缩小及俄乌冲突蔓延对新兴市场资产需求的降低。2023年2月创下卢比兑美元的历史新低,印度卢比兑美元汇率为82.60∶1。印度储备银行于2022年5月进行了两年以来的首次调升,并且随着全球升息趋势的持续不断升息,直到2023年4月货币政策委员会一致决定将回购利率保持在6.5%不变,并没有如外界预期地继续上升至6.75%。

(四)吸引外资情况

根据世界银行发布的《2020年营商环境报告》,印度全球营商环境排名从2013年的142名上升到2020年的63名,并连续第三次被评为十大进步最快的国家之一。过去10年间持续的大量外国直接投资流入净额增长极为迅速,为增加印度的外汇储备做出了贡献。继2020—2021财年流入820亿美元之后,2021—2022财年外国直接投资创下850亿美元的新纪录水平,2022—2023财年,印度外商直接投资在经历连续10年增长后首次出现下滑。据印度储备银行统计,该财年印度的外国直接投资流入额大幅下降了16.3%,降至710亿美元,外商直接投资减少了27%,降至416亿美元。[①]

过去10年间,与技术相关的外国直接投资是外国直接投资强劲流入的一个主要原因,它已成为一个重要的投资来源。在2021—2022财年,计算机软件和硬件行业是外国直接投资股权流入的最大来源,约占总流入量的25%。美国科技公司是近几年流入印度的外国直接投资的主要来源。2020年,谷歌成立了“谷歌印度数字化基金”(Google for India Digitization

① https://www.thehindubusinessline.com/economy/gross-fdi-inflows-declined-163-in-fy23-to-71-billion/article66883643.ece.

Fund)，宣布计划通过股权投资、合作伙伴关系以及运营、基础设施和生态系统投资等多种方式，在7年内向印度投资100亿美元。同样在2020年，"脸书"(Facebook)宣布向信实工业有限公司(Reliance Industries Limited，RIL)旗下子公司投资57亿美元。

基础设施投资也是外国直接投资流入的另一重要领域。2020年，新加坡政府投资公司和加拿大布鲁克菲尔德资产管理公司(Brookfield Asset Management)投资37亿美元收购塔基础设施信托公司(Tower Infrastructure Trust)。按外国直接投资流入的来源地划分，美国、新加坡、毛里求斯和阿联酋是2022—2023财年印度四大外国直接投资流入来源地。这凸显出，除了与美国、日本、欧盟和英国等发达经济体保持紧密联系外，印度与全球新兴市场金融中心的双边经济和投资关系也日益重要。

在过去5年中，印度独角兽企业(估值超过10亿美元的初创企业)数量的快速增长也成为流入印度的外国直接投资的主要焦点。根据印度国家投资促进与便利化机构的数据，截至2023年2月，印度拥有115家估值超过3500亿美元的独角兽企业，[①]目前独角兽企业数量位居世界第三。印度拥有庞大且快速增长的中产阶级群体，这有助于推动消费支出。印度目前正在进行的数字化转型预计将加速电子商务的发展，在未来10年内改变零售消费市场的格局。这或将吸引全球领先的技术和电子商务跨国公司进入印度市场。

(五)对外贸易

根据印度商工部数据，2022—2023财年印度商品出口总额为4474.6亿美元，较疫情前2019年的3243亿美元实现大幅增长。与2021—2022财年相比增长了13.84%，服务出口引领整体出口增长，2022—2023财年创下3227.2亿美元的年度出口新纪录，较2021—2022财年增长了26.79%。同

① "Indian Economy: Overview, Market Size, Growth, Development, Statistics", IBEF, https://www.ibef.org/economy/indian-economy-overview.

时,商品进口额为7324亿美元,贸易逆差达2780亿美元。①

表3.1 印度2022—2023财政年度与2021—2022财年度贸易额比较

单位:十亿美元

项目		2022—2023财年	2021—2022财年
商品	出口	447.46	422.00
	进口	714.24	613.05
服务	出口	322.72	254.53
	进口	177.94	147.01
整体贸易	出口	770.18	676.53
	进口	892.18	760.06
	贸易差额	-122.00	-83.53

2022—2023财年印度最大出口目的地是美国、阿联酋、荷兰、中国和孟加拉国。中国是印度最大的进口来源国,其次是阿联酋、美国和俄罗斯。俄罗斯对印度进口总额的贡献大幅上升,从上一财年的1.6%增加到2022—2023财年的6.4%。中国对印度的进口份额略有下降,从15.4%降至13.8%。印度的出口以服务业为主,特别是信息技术和软件服务业,主要出口商品类别包括工程产品、石油产品、宝石和珠宝及药品。而进口最多的商品是石油产品、黄金、电子产品和机械。截至2023年7月底,在过去12个月内,印度进口了总价值达735亿美元的电子产品,而且这项数字还在不断上升,使电子产品成为继石油和黄金之后印度的第三大进口商品。印度的进出口程序仍然相当复杂,根据计划或产品类别需要提供多种表格和证书。

在商品出口方面,与2021—2022财年相比,油料饼粕(55.13%)、电子产品(50.52%)、石油产品(40.1%)、烟草(31.37%)、油籽(20.13%)、大米

① https://pib.gov.in/PressReleasePage.aspx?PRID=1916220.

(15.22%)、谷物制剂和杂项加工品(14.61%)、咖啡(12.29%)、水果和蔬菜(11.19%)、其他谷物(9.74%)、茶叶(8.85%)、皮革和皮革制品(8.47%)、陶瓷制品和玻璃器皿(7.83%)、海产品(3.93%)、药物和药品(3.25%)、有机和无机化学品(3.23%)及成衣(1.1%)等行业在2022—2023财年呈现正增长。

在商品进口方面,与2021—2022财年相比,硫黄和生黄铁矿(-28.86%)、黄金(-24.15%)、豆类(-12.79%)、医疗医药产品(-10.58%)、染色材料(-2.39%)、纱线 (-2.39%)、宝石 (-0.99%)等行业在2022—2023财政年度呈现负增长。白银进口从2022年3月的1.2亿美元下滑至2023年3月的0.7亿美元,降幅达43.64%。2022—2023财年的商品出口增长率与2021—2022财年相比保持在6.03%的可观水平。

中国在印度商品进口中所占的份额从2021—2022财年的15.43%下降到2022—2023财年的13.79%。与上一年同期相比,2022—2023财年从中国进口的电子产品减少了约20亿美元。来自中国的电子产品进口份额也从2021—2022财年的48.1%下降到2022—2023财年的41.9%。来自中国的化肥进口份额大幅下降,从2021—2022财年的21.9%降至2022—2023财年的13.9%,这导致来自中国的进口额下降约5亿美元。

根据全球贸易研究计划(GTRI)的分析,2023年1—6月,印度货物和服务出口增长1.5%,达到3854亿美元, 2022年1—6月为3795亿美元。然而,2023年前六个月的进口额下降了5.9%,至4155亿美元,2022年1—6月为4417亿美元。2023年1—6月,印度对外贸易(商品和服务的进出口)达到8009亿美元,比上一年同期下降2.5%。单独来看,货物出口下降8.1%,至2187亿美元,而进口则萎缩8.3%,至3257亿美元。

另一方面,2023年前六个月服务出口增长17.7%,达到1667亿美元,进口增长3.7%,达到898亿美元。2023年1—6月期间,电信、计算机和电子产品;机械、锅炉、涡轮机、药品、陶瓷制品等行业与上一年同期相比实现了正出口。智能手机出口额从2022年1—6月的25亿美元跃升至2023年1—6月的75亿美元。谷物、蔬菜、水果和香料、鱼肉、乳制品、纺织品、地毯、服装、鞋类、皮革等类别的出口在此期间下降。印度向240个国家出口货物,其中134个目的地的出口量下降。出口下降的主要国家包括美国、阿联酋、中国、孟加拉国和德国。出口积极增长的国家包括荷兰、英国、沙特阿拉伯。2023年1—6月,印度贸易逆差排名靠前的国家包括中国(381亿美元)、俄罗斯(296亿美元)、沙特阿拉伯(129亿美元)、伊拉克(125亿美元)和瑞士(75亿美元)。

印度在贸易政策方面态度积极,与其他国家的贸易联系不断增强,特别是与美国和欧盟的贸易关系。例如2022年中,印度和欧盟恢复了自由贸易协议谈判,以加强其战略伙伴关系。印度已经与多个国家和地区签订了自由贸易协议,这将有助于印度进一步扩大其出口市场。印度也正在努力吸引外资进入,特别是在基础建设和制造业等领域。印度增加了对巴西、南非和沙特阿拉伯等国的出口,并希望通过自贸协定促进对潜力市场的出口。

2022年7月11日,印度储备银行宣布,容许以印度卢比进行国际贸易结算。[①]先前,印度进出口贸易都是以外币进行,只有与尼泊尔和不丹交易时使用卢比。新的政策中,印度当局允许本土银行为贸易伙伴国相应银行开设特殊卢比来账(Special Rupee Vostro)户口,用于处理贸易交易结算。印度进口商可就进口商品向特殊卢比来账户口支付卢比,而出口商则会经该户口收取卢比。这项安排也允许印度出口商就出口商品从海外进口商收取以卢比支付的预付货款,同时银行也能为贸易交易签发担保。通过特殊卢比来账户口结算的进出口交易,仍须遵守一般的汇报及文件规定。[②]

(六)经济政策

2022年8月15日,印度总理莫迪在德里红堡发表庆祝印度第75个独立日周年纪念日演讲中提出为国家发展设定的经济目标:2025年,印度将

① RBI/2022-2023/90 A.P.(DIR Series)第10号通知。

② https://webcache.googleusercontent.com/search?q=cache:kbxcH1e1vCwJ:https://research.hktdc.com/sc/article/MTEyMTc2NTI5OQ&cd=36&hl=zh-CN&ct=clnk&gl=hk.

成为一个经济总量达到5万亿美元的经济体;2032年,将超过日本和德国,成为仅次于中美的全球第三大经济体;2047年,即在印度独立100周年之际成为一个真正的发达国家。2023年8月15日,在印度第76个独立日周年纪念日演讲中,莫迪再一次向印度民众承诺,“未来五年将是印度前所未有发展的五年,也是实现2047年梦想的黄金时刻”“未来五年内,印度将跻身世界前三大经济体之列”,并表示要为国家发展投入更多资金。2023年8月,莫迪在南非约翰内斯堡参加金砖国家工商论坛时宣称,印度是目前世界上增长最快的主要经济体,而且表示印度将成为未来几年世界经济的增长引擎。

印度财政部部长尼尔玛拉·西塔拉曼于2023年2月1日向国会提出2023—2024财年中央总预算呼应了印度实现“发达国家”愿望的决心,资本支出与2022—2023财年相较增加了33%,为印度“建国百年”绘制蓝图。预算重点主要包括以下三个方面:

第一,重视科技与新经济,着眼于产业及经济整体发展。主要内容包括:

投资10兆卢比用于基础设施,与2014年相比增加400%以上;提高印度发展活力并为年轻人创造就业机会,并通过信贷推动产业改革,划拨“中小企业信用担保计划”预算900亿卢比,额外无抵押担保信贷预算2兆卢比,信贷成本降低1%;开发新商业模式与就业潜力,未来3年向数十万青年提供工业4.0新时代课程,如人工智能、机器人、机电一体化、物联网、三维打印、无人机等;在各邦设立30个“印度技能国际中心”(Skill India International Centers)增加青年人获得国际工作的机会。

设立“农业加速基金”,鼓励农村青年创业;针对畜牧业、乳制品与渔业提供20兆卢比农业信贷;投资251.6亿卢比设立63000个初级农业信用社;建立大规模地区仓储设备,协助农民储存产品,并适时销售实现利润;投资7500亿卢比,建设100个关键交通基础设施,连结港口、煤矿、钢铁、化肥与粮食产业。

鼓励各邦建立“联合商城”(Unity Mall),推广与销售“一地一品”(One District, One Product,ODOP)、地理标志产品与手工艺品;设立“国家金融信息登记处”,促进信贷有效流动、普惠金融及金融稳定,并与印度央行协商设计新的立法框架管理信贷;推出一次性小额储蓄计划,7.5%固定利率。

第二,积极布局数字产业,改善政府治理能力。

一方面,印度政府计划在未来5年内推出超过100项数字化变革项目,2023—2024财年准备投入10万亿印度卢比以支持数字科技初创企业,同时通过提高个人所得税免税上限率、变动征税豁免细则及降低特定进口产品关税等措施重点支持人工智能、金融科技等项目的创建与发展;另一方面,印度政府计划投资100万亿卢比建立一个大型多模式互联互通国家总体规划项目,扩大数字应用的覆盖面。据相关信息显示,目前根据《2019年数字身份证修正案》,印度政府已完成了超13亿国民的姓名、地址、手机号及生物识别信息的登记收录,民众也可以借助数字技术与设备在全社会消费领域享受便捷与及时的服务。一旦数字转型成功,对于接下来“印度制造”的全面布局与最终崛起将起到十分关键的武装作用。①

第三,注重包容性、可持续发展。

通过“绿氢任务”促进经济向低碳转型,减少对化石燃料进口依赖;提拨3500亿卢比用于能源安全、能源转型与净零目标支出;推广电池储能系统,引导经济可持续发展;鼓励优化利用湿地,增强生物多样性保护与碳储量;创造生态旅游机会,增加相应地区社区收入;启动220亿卢比“清洁植物计划”,提供优质无病虫害园艺作物;新建500家废弃物回收厂,促进循环经济,总投资达1000亿卢比。

继续向邦政府提供50年无息贷款,鼓励各邦进行城市规划,建设可持

①《印度经济抵达“三步走”目标,难免爬沟过坎》,第一财经网,https://m.yicai.com/news/101855358.html。

续的创新型智慧城市，设立“城市基础设施发展基金”优先贷款，由国家住房银行管理，于二线与三线城市建设基础设施。提出妇女特别储蓄计划，针对妇女提供20万卢比便利存款，期限2年。

整体而言，2023—2024财年预算注重农业及农村发展、技术研发、绿能、妇女、青年及中小企业等，旨在提高企业竞争力与效率并创造就业机会，进一步改善经商便利度以吸引外部投资，平衡城乡发展，促进跨产业部门增长与发展，驱动国内经济增长，建立包容可持续发展的经济体，以保障印度经济在全球增长明显放缓情况下维持动能与弹性。

（七）未来发展趋势

印度未来发展趋势将主要建立在以下要素上，包括人口红利、数字经济发展、推动制造业落地及加强与其他国家的联结。

根据世界银行的统计数据，2022年印度总人口14.2亿，联合国人口基金2023年4月19日发布的《2023世界人口状况报告》显示，截至2023年2月，印度已成为世界上人口最多的国家，达到14.28亿，超出中国的14.25亿，比中国多近300万人。报告还预测印度人口在2050年将持续上升至16.68亿。印度人口年龄中位数不到28岁，现有人口的50%以上年龄在25岁以下，65%以上年龄在35岁以下。青年人口比例在全球排名前列，同时65岁以上人口不到7%。根据经济合作与发展组织数据，未来10年，印度的劳动年龄人口可达10亿，到2050年，全球劳动年龄人口的增长超过1/6来自印度。这将有助于印度在未来几十年内保持经济发展。但全国劳动力仍受到女性劳动力缺席的限制，仅有1/5的女性就业。

占国内生产总值六成的个人消费的增长也将支撑印度长期经济增长。过去20年中，私人消费占总国内生产总值约55%~65%。随着中产阶级的不断扩大和城市化进程加快，消费者的消费能力和消费需求都在增加。包括零售、服务、电子商务和旅游等领域，私人消费的增长将持续推动印度经济发展。随着疫情的消退、消费者信心的提振和消费的进一步复苏，私人消费可能将继续在下一个十年中保持上升趋势。印度央行为了遏制物价上涨,自2022年5月起连续6次会议实施加息,汽车贷款利率等的上升给个人消费带来逆风。按照标准普尔预测,到2031年印度消费市场将翻一番以上,从2022年的2.3万亿美元升至5.2万亿美元。印度快速增长的国内消费市场及其庞大的工业部门,使印度在制造业、基础设施和服务业等多个领域成为众多跨国公司日益重要的投资目的地。

数字经济的发展是印度未来的另一大推动力。尽管只有43%的印度人上网,但印度却是全球网络用户数量第二多的国家,印度的网络市场极具吸引力和竞争力。而科技创新,特别是在金融科技、电子商务和数字娱乐等领域,正在推动印度经济的快速转型,数字经济很可能有进一步发展。

2020年7月,印度政府推出开放信贷支持网络(Open Credit Enablement Network,OCEN),以便利居民和企业获得信贷,降低信贷获取成本。开放信贷支持网络提供透明的信用评分系统,允许贷款人之间共享信用数据,它的上线将使印度从“预付费”经济转向“后付费”经济,有效解决印度巨大的中小企业信贷缺口,并带动居民消费需求。2022年4月,印度政府推出数字商务开放网络作为全球占主导地位的亚马逊和沃尔玛等现有电商平台的快速替代方案。印度政府表示,作为公共数字基础设施与开放的平台,数字商务开放网络共享信息,而消费者和商家可以独立于平台或应用程序进行商品和服务交易。数字商务开放网络将使电子商务更具包容性,促进本地供应商的发展,提高物流效率,并增强消费者的选择自由。

印度的电子技术以及生物技术等高新技术产业也在世界排名中位居前列。目前印度的服务业占比超过60%,产业结构层次较高,背后的核心支撑就是高度发达的信息技术与软件产业,而作为全球最大的互联网技术服务和软件外包国,印度占据了世界软件外包市场的60%,在软件开发和信息技术领域表现出强大竞争力。

推动制造业促进政策也是印度未来发展的重要一环。印度当前采取了在核心制造业重点发力的政策。目前,印度制造业在国民经济中的比例已经得到提高。2021—2022财年,印度制造业占国内生产总值的比例已经上升至16.76%,超过疫情之前水平,目前仍呈温和增长趋势。莫迪政府从2014年以来,先后提出"印度制造1.0"计划和"印度制造2.0"计划,发展重点已转到高级化学电池、机电产品、汽车、制药、电信网络、纺织产品和技术、食品制造、太阳能技术、白色家电及特种钢等十大制造业,目的是将制造业产值提升至国内生产总值的25%,创造更多的就业机会,同时增强印度的出口竞争力及降低进口依赖度,将印度转型为全球制造业中心。为此,印度政府一方面不断提高消费电子等进口产品关税,涉及的产品达4500多个品类;另一方面,最近两年不断出台智能电视、笔记本电脑和平板电脑的进口禁令,同时出台巨额财政激励计划吸引外商到印度投资建厂。对于本土初创制造企业,则给予税收优惠与奖励。通过实施这些政策,印度实现了电视机100%的本地组装,同时成为全球第二大手机制造国,其国内智能手机消费存量的98%来自本土制造。[①]

针对大热的芯片产业,印度发展半导体制造业条件尚不成熟,但莫迪政府直接瞄准产业最关键环节——晶圆制造。[②]印度对自身发展制造业的定位是,把印度打造成世界新的制造中心和供应中心。

印度政府在基础建设方面的投入也是推动经济发展的重要因素。莫迪把基础设施发展视为印度经济的驱动力,相关发展战略涵盖了交通、电力、通信和城市建设等领域,这些投资将带来大量就业机会,并刺激相关产业的发展。例如,印度政府的智慧城市计划,中央政府在2016—2021的5年内,提供了超过4800亿卢比的财政支持,平均每年给予每个城市约10亿卢比。私人投资也在2022年加入增长行列,特别是在运输、数字技术、通信和制药等领域。据英国杂志《经济学人》的数据显示,截至2022年,印度的发电能力增长了22%,可再生能源容量在5年内几乎翻了一番;印度过

①《印度经济抵达"三步走"目标,难免爬沟过坎》,第一财经网,https://m.yicai.com/news/101855358.html。

②《印度发展半导体产业的"雄心"》,新华报刊—环球,http://www.news.cn/globe/2023-04/12/c_1310707982.htm。

去8年新增的5万公里国道是此前8年的两倍;民航机场数量从2014年的74个增加到2022年的148个。与此同时,印度每年增加1万公里的高速公路,农村公路网的长度已从2014年莫迪当选时的38.1万公里增加到2023年的72.9万公里。[①]道路网络的发展刺激了印度的经济活动,降低了运输成本,增加了贸易收益,并提高了工人工资。印度农村公路计划已被证明有助于将工人从农业转移到生产效率更高的工作岗位,也让附近村庄教育水平得到提高。

综上所述,印度当前政策发展有五大方向:一是聚焦升级基础设施建设,如港口、铁路、道路和物流中心,为企业运输货物和服务提供便利,有助于促进工业增长;二是发展制造业和数字经济,推进国家财政能力现代化;三是简化企业的规章制度,改善营商环境,加强市场力道并刺激营商;四是促进创新,为初创企业和研发机构提供资金支持,促进工业部门的创新;五是利用技术助力经济改革。

但印度经济发展也存在诸多问题。比如,基础设施建设存在明显短板。交通基础设施质量欠佳、物流效率相对较低、电力供应仍比较薄弱。2023年6月2日,印度发生了21世纪最严重的列车相撞事故,东部奥迪沙邦发生三列车脱轨相撞,造成至少288人死亡,超1000人受伤。这次事故暴露出印度对已投入使用的设施维护不足的问题。印度审计署2022年的一份报告显示,政府大力新建线路和"准高铁",但分配给线路和列车养护的资金正在减少,路况较好且主要承担运输任务的国道长度占比仅2%。世界银行的指标显示,印度在贸易和交通基础设施质量、清关等物流服务效率仍然偏低。这对国家要保持长期繁荣来说是一个巨大阻碍。印度停电现象频繁,电网崩溃事故时有发生,这暴露出印度基础设施的落后及电力行业产能不足、管理差等问题。

---

① India is getting an eye-wateringly big transport upgrade, https://www.economist.com/asia/2023/03/13/india-is-getting-an-eye-wateringly-big-transport-upgrade.

印度教育基础薄弱,人力资本水平较低,制约了印度人口潜力的发挥。目前,印度廉价又年轻的劳动力还只是总量的概念,农村人口占印度总人口的比重仍高于60%,绝大多数劳动力从事经济效益低下的农业。印度的文盲率仍然在30%左右,其中女性文盲率更是高达40%。[①]根据联合国教科文组织2023年3月的统计,印度2021年完成初中教育的人口比例为85.8%,而完成高中教育者仅占50.6%。此外,根据世界银行数据,2021年印度25岁以上人口的劳动参与率仅52.5%,女性劳动参与率仅22.5%,且非正式就业仍占主流。城市就业市场中半数以上就业形式属于自雇或临时工。印度的贫困人口在数年内没有根本性改变。盖洛普咨询公司9月5日公布的一项调查显示,尽管随着经济的快速增长,印度人的整体生活水平有所提高,但在过去一年中,仍有超过5亿人难以负担食物支出。自2016年以来,生活困难的人数增加了几乎两倍。[②]

印度营商环境不稳定,流程复杂和法律执行力较低制约了营商环境改善。印度在金融信贷支持、保护少数投资者方面条件相对较好,但在开设企业、登记财产等环节办理周期较长、成本较高,尤其合同执行效率较低。根据印度商工部披露的数据,2014年初至2021年11月,共有2783家外资企业宣布关停在印业务,比例占到同期外资企业在印分支机构总数的约22.3%。[③]

---

①《印度须防"人口红利"成"人口炸弹"》,新华网,http://www.xinhuanet.com/world/2019-04/10/c_1210104058.htm。

②《印度经济增长结构含隐忧》,《经济日报》2023年9月16日,http://paper.ce.cn/pad/content/202309/16/content_281035.html。

③《印度营商环境越好,中企风险反而越高?》,新华网,http://www.news.cn/world/2023-08/09/c_1212253988.htm。

二、内政外交概况

(一)内政

2023年印度内政可以从三个维度来观察。一是“大印度梦”的持续建构和发展,二是印度教民族主义狂热发展,三是围绕印度大选政党博弈激烈。

1.“大印度梦”的持续建构和发展

2023年8月15日,印度第77个独立日主题是“国家第一,永远第一”,强调团结和爱国主义。莫迪在德里红堡城墙上向全国发表了长篇演讲。他指出,政府的“改革、执行和转型”(Reform,Perform,Transform)方针正在改变国家,凸显了印度在全球取得的成就。他称印度最早在2047年,即独立一百周年时跻身发达国家行列,并说:“没有如果和但是,印度有一种新的信心。”在谈到全球形势时,莫迪称印度在危机时期帮助了不同国家,已经成为“世界之友”。印度正致力于为全球福祉奠定坚实的基础,特别是在应对气候变化和可再生能源等领域,印度将展现大国力量与责任担当。他还提到“当今世界是由技术驱动的时代,印度将凭借其在技术领域的天赋在全球舞台上发挥新的作用和影响”“人口、民主和多样性三位一体是实现印度梦的主要动力”。

着眼国内发展,印度希望2030年成为国内生产总值全球第三,通过经济实力增长达到提升国际话语权并发挥外交影响力的目的。为此,印度准备了多手策略:一是吸引全球供应链向印度转移,抓住一些西方国家担心供应链集中而希望分散投资规避风险的心理,努力招揽外资;二是与美西方开展更紧密的科技合作,以“民主价值观”绑定和融入西方阵营,基于印度2亿英语网络用户和美印“关键和新兴技术倡议”,联手美国打造所谓“技术民主生态系统”;三是创造一个适合发展数字经济的整体环境,增加经济增长动能。[①]

印度不断强化对“大印度梦”的复兴理想和实践。为实现“强大和自力更生的印度”的目标，印度加快“去殖民化”进程。2022年9月2日，莫迪在印度首艘本土建造航母“维克兰特”号正式服役仪式上为印度海军的新军旗揭幕。新军旗彻底放弃了英国海军色彩浓厚的圣乔治十字设计，加入源于印度古代马拉塔帝国的八边形徽标。2022年9月8日，在英国女王伊丽莎白二世去世当晚，莫迪宣布将通往新德里地标建筑印度门的“国王大道”（Raj Path）更名为“责任大道”（Kartavya Path），并在“责任大道”上立起民族独立运动重要领导人内塔吉·苏巴斯·钱德拉·鲍斯（Netaji Subhash Chandra Bose）的雕像，取代早于数十年前被移除的英国国王乔治五世的雕像。2022年10月，政府禁止印度政府官员在进行沟通时使用英文打招呼。2022年11月，莫迪宣布印度中央邦在公立医学院采用印地语授课。

另据印度媒体报道，自2014年莫迪上任以来，印度陆续废除了近1500项殖民时期的旧法。2023年5月，印度新国会大楼落成。其中一幅壁画名为《大统一印度》，以地图造型呈现，镶嵌于被称为“民主殿堂”建筑的一块大石上方，占据了新国会大厦法门厅的16个壁龛之一，这幅壁画包括了阿富汗的部分地区、整个巴基斯坦、尼泊尔、孟加拉国、斯里兰卡及缅甸。其他壁龛中的壁画分别纪念印度圣人、古籍与印度史诗《罗摩衍那》，这幅地图引发巴基斯坦、尼泊尔、孟加拉国的官员及反对派政客不满。印度外交部称，这幅壁画描绘了公元前3世纪阿育王统治帝国的版图，代表的是历史。但“统一印度”这一概念早在1944年就已被印度历史学者、印度教民族主义者穆克吉提出，是印度教民族的右翼推动的思想。时值英属印度穆斯林联盟推动巴基斯坦独立之际。穆克吉指出“统一印度”为地理史实，而并不强调其国家或政治概念。认为在印度人几千年的

① 廖欢、王义桅：《印度这次暴露出的战略动向值得关注》，环球网，https://opinion.huanqiu.com/article/4DTJFGr3DTl。

历史之中,其祖国就是整个印度的大陆延伸。孔雀王朝是印度历史上第一个实现基本统一印度的政权,阿育王在印度历史上厥功至伟,这与"大印度"复兴梦的目标是一致的。2023年9月二十国集团领导人峰会上,莫迪身前桌签上的国名写着"BHARAT"而不是"INDIA",也强调了印度教文化传统的回归。这与"去殖民化"代表了同一目标的两条路径。

2. 印度教民族主义狂热发展

在印人党领导下,印度教民族主义已成为印度国内政治生态的主要特点,印度民主制度受到持续冲击,印度政治极化和社会撕裂程度进一步加深。

2023年4月以来,印度联邦教育部下属机构国家教育研究与培训委员会对各学科教科书进行了多处修订。印度部分地区被穆斯林王朝统治的历史也被大量删除,同时,印人党还积极致力于重新命名在首都和印度其他大城市中以穆斯林统治者命名的街道。印度教民族主义意识形态进一步撕裂分化印度教徒和穆斯林。

2023年5月初开始,印度东北部曼尼普尔邦爆发大规模暴力冲突事件。印度军队和准军事部队迅速进入当地平乱,但仍未能有效平息事态。导火索是在该邦占据人口多数的主体民族梅泰族,要求政府将其纳入"表列部落",引发了当地现有"表列部落"的不满。这些族群认为,梅泰族是在抢占他们本就不多的社会资源。此外,印人党试图扩大印度教在曼尼普尔的影响。2023年4月,曼邦政府以所谓"非法建筑"为由,强拆了当地三个少数民族的教堂引发宗教矛盾,这也成为曼尼普尔大规模冲突骚乱的另一诱因。曼尼普尔邦主要存在三大族群:梅泰族、那加族和库基族。那加族和库基族主要信仰基督教,梅泰族则是印度教徒,人口占比约53%。其中,库基族是跨境民族,历史上长期分布在孟加拉国、缅甸和印度。曼尼普尔邦长期面临根深蒂固的民族矛盾和民族分离主义问题,导致暴乱久未平息。

印度政府认为北部旁遮普邦锡克教分离主义运动可能卷土重来,2023

年3月18日，旁遮普邦警方发起大规模行动，试图搜捕“卡利斯坦运动”领导者阿姆里帕尔·辛格，并抓捕了其支持者与信徒近百人，并一度切断了旁遮普邦2700万人的网络服务，导致旅居美国和英国的大量锡克教徒和“卡利斯坦运动”支持者的抗议活动。他们不仅高举“反印”口号进行游行，还对印度驻外机构采取了行动，从而又引发了印度国内的激烈反应。2023年9月以来，印度和加拿大因加籍锡克教领袖尼贾尔遭暗杀一事关系持续恶化。这些事件凸显了印度自独立以来在社会中长期存在的民族冲突与分裂等痼疾，反映出“印度教特性”和印度教民族主义进一步扩散并几乎渗透到了印度社会各个领域。

3.围绕印度大选政党博弈激烈

2022年，印度进行了总统选举和7个邦议会选举。执政联盟推选的德劳帕迪·穆尔穆当选为印度总统。她是奥里萨邦人，是印度历史上第二位女性总统，也是第一位出身于部落地区的印度总统。在7个邦议会选举中，有6个发生在印人党执政或参与执政的邦，印人党成功保住了在5个邦的执政地位。其中比较重要的有2022年2—3月的北方邦选举，印人党再次获胜，备受争议的约吉·阿迪亚纳特连任首席部长；与北方邦同时举行地方选举的还有旁遮普邦、果阿邦、北阿坎德邦、曼尼普尔邦。旁遮普邦、北阿坎德邦和果阿邦2月14日投票。北方邦分7个阶段(2月10日、14日、20日、23日、27日、3月3日和7日)投票，曼尼普尔邦分2个阶段(2月27日及3月3日)投票。各邦统一于3月10日公布投票结果。选举跨越5个邦，符合资格的选民有1.83亿人，共选出690席，其中北方邦最多，有403席。《印度斯坦时报》将之称为2024年印度大选的模拟准决赛。在果阿邦议会的40个席位当中，印人党赢得20席、国大党以11席居次。旁遮普邦议会117席位中，平民党拿下92席、国大党以18席居次，印人党只有2席。北阿坎德邦议会70个席位由印人党拿下47席、国大党以19席居次。曼尼普尔邦议会的60个席位中，由印人党以32席居首，国家人民党以8席排名第二。此外，还有2022年12月公布结果的古吉拉特邦选举，印人党赢得创纪录的

156个议席,打破了国大党1985年在古吉拉特邦选举中斩获149席的纪录。

2023年以来,印东北部梅加拉亚邦、那加兰邦、特里普拉邦,以及印度西南部科技大邦卡纳塔克等地进行了议会选举。3月3日,梅加拉亚邦、那加兰邦、特里普拉邦选举结果陆续公布。在梅加拉亚邦,国家人民党为最大赢家,在共计60个席位中获26席,与地方政党团结民主党(11席)和印人党(2席)等达成联盟协议,组建政府。在特里普拉邦,印人党在全部60席中获32席,成为执政党,组成选前联盟的印共马与国大党分获11席和3席,该邦新组建政党特里普拉国家党获13席。在那加兰邦,组成选前联盟的国家民主进步党和印人党,在全部60席中分获25席和12席,以国家民主进步党和印人党为主体组成全党派联合政府。印人党在东北3邦继续保持执政党地位,已实现既定目标。

此外,印东北地方政党实力持续增强,尤其是在本次选举中表现亮眼的国家人民党和特里普拉国家党。与此同时,其他政治力量在东北成绩有限,例如国大党势力持续衰弱,而草根国大党虽制定了雄心勃勃扩张计划,但仅在梅加拉亚获5席。卡纳塔克邦5月10日举行的议会选举中,国大党取得224个席位中的135个席位,时隔10年重夺当地执政权。

印度主流杂志《今日印度》2023年1月公布的舆论调查显示,在2024年大选中有52%的选民支持莫迪。远远高于隶属于印人党的内政部部长阿米特·沙阿(26%)和北方邦首席部长约吉·阿迪蒂亚纳特(25%)等人。67%的人对印人党表示支持。约72%的受访者对总理的表现表示满意。这一数字自2022年8月以来增长了11%。

作为世界上规模最大、持续时间最长、社会因素最复杂的选举,印度大选一向以其难以预测著称。卡纳塔克邦大选后,印人党重新掌权似乎面临着更多变数。一是国大党在全国范围内的得票率增加了近10个百分点。二是反对党建立对抗印人党的共同反对阵线,向莫迪发起挑战。2023年7月18日,包括国大党、人民党(联合)、草根国大党、贾坎德解放阵线、印度社会党、民族主义国大党、湿婆军、达罗毗荼进步联盟、印共、印共(马列)等26个反对党宣布组建“印度国家发展包容性联盟”,以取代最大反对党国大党领导的“统一进步联盟”。反对党提出失业率、腐败等多种问题,抨击莫迪政府执政不力。印度民众普遍面临经济困境,包括高失业率、贫困问题以及物价上涨等,这些问题十分明显,且比以往更为紧迫。在一项调查中,受访者表示其经济状况在过去4年中有所恶化,他们对莫迪政府在经济方面的表现感到不满。反对党面临的最大挑战是在国会提出一套可信的经济政策建议,以吸引社会底层的民众。对反对党而言,真正的优势在于其地理分布。不同的反对党在不同的邦与印人党对抗,这些政党大多得到社会底层的种姓或阶级的支持。然而,反对党的弱势在于他们难以形成明确的共识,导致协调行动和政策制定方面存在挑战。

回顾2018年,经济下滑导致民众不满,莫迪政府的声望持续下滑。随后,印人党在中央邦、拉贾斯坦邦和恰蒂斯加尔邦败选。人们普遍预计人民党将失去约100个人民院席位。但随后发生的普尔瓦马—巴拉科特事件改变了局面。2023年初调查中的许多数字非常接近在2018年全国范围民意调查中的数据,所不同的是国大党支持率的回升和反对党阵营的集结。此外,印人党如此长的政府任期内自然会产生的“反任”情绪是否正在悄然滋生?然而,关键问题在于,这些民众的不满情绪是否能够转化为对现任政府的决定性反对选票。还是与2019年一样,会再次出现政治转折?或者我们需要密切关注在选举前是否会出现某些事件足以激起印度民众的情绪,进而影响选举结果。

莫迪政府高度重视二十国集团领导人峰会,主要原因之一也是2024年大选。莫迪政府希望通过举办二十国集团领导人峰会造势来吸引选民的支持。莫迪和印度人民党将外交政策视为赢得2024年大选的重要筹码。他们希望借助当前的所谓的“地缘政治时刻”,包括二十国集团领导人峰会等重大国际事件,来营造大国崛起的气氛,提高民族自豪感,以此为即将到来的选举增加支持率。

(二)外交

2023年印度外交非常活跃。2022年9月,印度史上首次接任上合组织轮值主席国。2022年12月印度史上首次接任二十国集团轮值主席国。2023年1月12—13日举行了“全球南方之声”线上峰会,5月,印度参加在日本举行的七国集团峰会和美日印澳“四方峰会”,7月主办了上海合作组织峰会,9月主办了二十国集团领导人峰会。印度的目标是通过这些峰会提高其战略自主性。当下印度外交的基本特点可从以下三个方面来审视分析。

第一,积极通过主场外交、公共外交塑造自身“领导性强国”角色,提升印度的全球领导力。

印度从2022年12月1日起正式接任二十国集团轮值主席国,这也是印度首次承担这一职责。印度政府将二十国集团领导人峰会视为2023年最重要的一场外事活动。莫迪政府希望利用二十国集团领导人峰会实现两个目标。首先,印度将二十国集团领导人峰会视为确立其全球大国和全球“南方领袖”地位,塑造印度经济增长形象,推销发展模式的舞台。[①]莫迪急于利用印度当前的“机会之窗”,甚至在国际舞台上采用“Bharat”这一印度的传统名称,他希望将印度定位为全球南方的领导者,同时与西方保持建设性对话。印度将二十国集团领导人峰会主题确定为“同一个地球,同一个家庭,同一个未来”,莫迪称印度将致力于促进人类和谐和全球安全。在发布仪式上,莫迪交替使用印地语和英语发表演讲,强调印度数千年的文化遗产启示了不仅要追求自身进步,还需要推动全球的进步。莫迪指出,气候变化、恐怖主义和疫情是世界面对的最大挑战,这些问题“不能通过相互争斗来解决,必须携手努力一同克服”,莫迪着重强调了包容性、环境责任、社会经济增长和可持续发展等价值观,表明印度非常渴望借助担

① 廖欢、王义桅:《印度这次暴露出的战略动向值得关注》,环球网,https://opinion.huanqiu.com/article/4DTJFGr3DTl。

任二十国集团轮值主席国的机会塑造其“领导力”,在全球事务中发挥更大的作用,并推动国际秩序的变革。印度特别强调了“全球南方”,并特别关注全球南方的需求和关切,主张重点关注农业、技能规划、文化和旅游、全球粮食安全、能源安全、减少灾害风险和发展合作等行业,解决全球南方面临的独特问题并发展成员国之间的合作。除了倡导环保的生活方式、增强妇女权益、利用数字公共基础设施促进卫生和教育等重要领域的技术发展,印度还积极推动循环经济和气候融资这两个对全球南方国家至关重要的议题,极力表达印度在担任二十国集团轮值主席国期间要充当“全球南方代言人”的决心。

从2023年初(2023年1月12日和13日)开始,印度就举办了以“统一声音,统一目标”为主题的“全球南方之声”线上会议。邀请125个国家参与,讨论“全球南方”的优先事项及印度担任二十国集团轮值主席国的建议,但未邀请中国、巴西和南非。莫迪在开幕致辞中表示,多数全球性挑战并非南方国家造成,但对南方国家的影响更大。他也表达了对于“全球治理未充分考虑南方国家的角色与声音”的不满,呼吁“全球南方”团结起来,推动当前不平等治理机制的改革,并提到“印度目标就是要放大全球南方的声音”,莫迪设定“全球南方”优先事项如经济复苏、新冠疫苗、环境气候、恐怖主义等,这些也是2023年二十国集团的主题。

2023年3月2至4日,印度在新德里召开二十国集团外长会议,同时举行第八届“瑞辛纳对话”(The Raisina Dialogue),印度政府将此两场会议视为实现印度“大国外交”的里程碑及扮演所谓“全球南方领导者”的重要场合,以最高规格盛大举办。2023年“瑞辛纳对话”主题为“暴风雨中的灯塔”,印度期望在当前复杂混乱的国际形势下,能扮演带领全球度过经济衰退、公共卫生危机、地缘政治威胁与战争阴影的“领导性角色”。莫迪也持续重申前述论点,提出“全球南方”人民不应被排除在发展成果之外,须重新设计全球政治和金融治理,纳入更多南方国家的声音。再次呼应了印度欲在国际事务上扮演“全球南方”国家“领导者”的意图。

莫迪政府还积极协调与七国集团合作,共同商定二十国集团的议程。2023年七国集团主席国为日本,印日合作对亚洲区域秩序的影响渐受重视,双方关系近年快速拉近。日本首相岸田文雄2022年访印时表示,日印两国要继续深化“特殊战略全球伙伴关系”。2023年3月20日,岸田文雄访印期间发布了面向实现“自由开放的印度—太平洋”愿景的新计划,计划在2030年以前投入750亿美元支持印太地区的基础建设。印度试图以二十国集团轮值主席国身份充当南方国家与北方国家的沟通桥梁。莫迪政府对外政策从强化与西方国家的关系,转向重申作为发展中国家的领导者,似乎显示印度将回归“不结盟政策”的传统,但印度一方面试图成为“全球领袖”,为“全球南方”发声,同时又要实现大国外交,并试图在北方与南方国家之间发挥桥梁作用,表明印度与各方交往以实现“大国梦”的战略目标仍然十分明确。

印度专注于以自己的方式投射影响力。随着经济增长,印度扩大了与非洲和拉丁美洲的贸易,并凭借为数众多的侨民与中东及其他地区建立了联系。从运送新冠疫苗到主动帮助别国建立国家级数字化平台,再到作为二十国集团轮值主席国广聚世界声音,印度试图通过“亲善的关系”,弥补自身资源的不足。在二十国集团领导人峰会上,非洲联盟取得正式二十国集团会籍,这个拥有55个会员国的国际组织,成为二十国集团中唯一与欧盟相同的区域联盟成员。向来与非洲联盟关系密切的印度,更加乐见非盟的加入。

印度计划于整个2023年在全国60多个城市举办200多场相关活动。通过在不同城市举行会议,现代城市外交也融入其中。印度政府通过“一地一品”的举措,通过向外国代表赠送当地艺术家生产的产品作为纪念品来传播印度文化。这一举措也被官方视为强调“全球思维,本地行动”理念以及宣传“印度制造”商品的绝佳机会。莫迪将二十国集团领导人峰会视为一个向世界展示印度文化“多样而独特色彩”的机会,将参加会议的代表视为“未来的游客”,有利于促进印度旅游业发展。印度在这些会议中的主要优先事项是:绿色发展、环保生活方式、具有包容性和有韧性的经济增长,加快可持续发展目标的进展;技术转型和数字化公共基础设施;多边主义以及妇女发展赋权等。

印度还试图强调影响人类的广泛议题。在印度的推动下,联合国宣布2023年为"国际小米年",印度也举办"小米年"的系列庆祝活动,并向与会代表赠送了小米礼篮。

印度政府也在向国民宣传二十国集团,强调此类活动将如何促进印度旅游业的发展。例如,中央政府利用"大学连接"平台,指导大学和学院组织有关二十国集团的讲座、座谈、辩论等活动。

立足于自身战略定位,莫迪政府多次强调要在新一轮国际秩序重塑中追求"全球领导性力量",并积极寻求"领导型世界大国"的标配与形象。主办二十国集团领导人峰会让印度"有机会成为全球领导型国家,在世界剧变时刻发挥全球大国作用,从而成为全球治理和秩序的关键参与者"。印度外长苏杰生多次谈及莫迪提出的"未来25年使印度成为全球主要大国"的愿景。莫迪政府称,印度可在广阔的"全球南方"舞台上施展拳脚,作为二十国集团领导人峰会轮值主席国能"为印度提供一个窗口,代表全球南方承担和平缔造者责任",并将中国排除在"全球南方"之外。印度自诩为"全球南方"与"全球西方"的联络员。苏杰生专门为印度制造了一个"兼具西方国家、南方国家特性的西南大国(Southwest Power)"形象,声称印度有潜力成为"既存秩序和新兴秩序之间的桥梁"①。

第二,不断强化与美西方的战略合作关系。

美印关系在历史上一直相当复杂,但近年来却处于明显的积极发展阶段。印度也是首次担任上合组织峰会的轮值主席国,却有意淡化上合组织峰会的影响,与高调筹备和宣传二十国集团领导人峰会形成了较明显的反

① 蓝建学:《中印关系嬗变及出路》,《国际问题研究》2023年第3期。

差。此外,印度还积极参加七国集团峰会,并与西方协调二十国集团领导人峰会议题设置等,这可看出印度向美西方倾斜的姿态愈加明显。莫迪多次称,由于共享的价值观,美国是印度的“天然盟友”。这是独立以来,印度对印美关系的最高定位。2023年初,美国表示2023年“可能是美印外交中最重要的一年”[①]。2023年以来,莫迪和拜登多次会面。5月,七国集团峰会期间在日本广岛会面。6月,莫迪访美期间,在美国华盛顿会面。9月,印度主办二十国集团领导人峰会期间,在印度新德里会面。印美之间互动频繁。2023年1月31日,美国总统国家安全事务助理沙利文与印度国家安全顾问多瓦尔在华盛顿特区启动了美印“关键和新兴技术倡议”[②],准备“在军事装备、半导体和人工智能等方面与中国竞争”。与此同时,美国派负责政治事务的副国务卿纽兰访问印度,出席印美年度外交磋商会议,巩固美印合作关系。6月6日,印美战略贸易对话首次会议在美首都华盛顿特区举行,重点讨论关键领域技术开发及贸易。9月26日,美国和印度的外交及国防高级官员在华盛顿共同主持第七次美印“2+2”对话会,同时印度和美国也在新德里主办三十国印太陆军参谋长会议。2023年4月,印度和美国空军在印度东部西孟加拉邦举行名为“应对印度—2023”的联合空中演习;8月,美国、印度、澳大利亚、日本四国在悉尼东海岸举行“马拉巴尔”海上联合军演。

2023年6月21—24日,莫迪访问美国,此次访问正值全球秩序迅速演变的关键时刻,双边因素(贸易、能源和军事技术合作)以及全球和地区局势所决定的环境促进了印美关系的发展。这是2009年以来印度总理对美

---

① http://www.news.cn/mil/2023-02/02/c_1211724304.htm.

② 印美两国领导人在2022年5月东京会晤后宣布了“关键和新兴技术倡议”计划,提升和扩大两国政府、企业和学术机构之间的战略技术伙伴关系和国防工业合作。公开信息显示,“关键和新兴技术倡议”号称要深化两国各自“创新生态”之间的联系,将重点着眼于半导体、量子科技、国防制造、航空航天等高新科技领域的合作。此外,两国还同意就第五、六代移动通信技术使用“受信任的”技术来源展开公私领域对话,并认为稀土处理、先进材料和生物科技可作为未来双方潜在合作领域。

国首次正式国事访问，也是莫迪2014年上任以来的第6次美国之行，以及他第一次对美国事访问。这次访问被一些美国媒体形容为推动美印“全面全球战略伙伴关系”进入一个紧密合作的新阶段甚至“顶点”。拜登专门为莫迪举行国宴，盛赞美印两国关系“比历史上任何时候都更强大、更紧密且更有活力”。莫迪也进行了积极回应：“美印关系是本世纪的决定性伙伴关系”“我们全面的全球战略合作伙伴关系已谱写新的篇章。”

印美关系的发展在很大程度上取决于美国对印度的战略定位和基本态度。印度则以国家利益为基本考量，选择对美外交政策。因此，整体而言，莫迪政府的对美政策基本上是以“多大程度上迎合”和“以何种方式迎合”为基准的，并在此基础上，通过对美“战略挂靠”借重美国的支持以寻求本国利益和战略目标的实现。近年来，印度与美国的接近似乎更加明确和公开，但印美接近的程度仍取决于美国对印度的态度和印度对此的接受程度。在这个互动过程中，莫迪本人的积极接触起到了非常重要的作用。因此，从政府首脑之间频繁的双边峰会到定期的高层对话，如今美国和印度参与了大量的战略磋商，广泛的防务、反恐、国土安全、网络安全和情报合作，以及能源、教育、科技、公共卫生和文化领域的合作。

当下，印美关系呈现出新发展态势，莫迪访美，印美签署了包含58个段落的联合声明，涵盖了技术、防务、清洁能源、全球战略框架、经济合作机制、贸易、医疗、签证等一系列领域。其中，半导体行业、关键矿业、国防工业、技术合作和太空合作达成了许多新的进展。联合声明清单式地罗列了各个合作项目。引起媒体广泛关注的具体合作项目主要包括：印度采购通用原子公司“MQ-9B HALE”无人机的计划；美国海军舰艇可以停靠印度港口进行维护和维修；两家美国公司——美光科技和应用材料公司将会在印度投资建立一个新的半导体组装生产线和测试工程中心，总投资将达到27.5亿美元；通用电气和印度斯坦航空有限公司签署谅解备忘录，通用电气将在印度为印度斯坦航空公司“Mk2轻型战斗机”制造“F-414喷气发动机”。印度加入了“矿产安全伙伴关系”，这是一个由美国领导的组织，旨在建立关键能源矿产供应链;同时,印度购买了31架美国制造的“MQ-9B海上卫士”无人机,将部署在印度洋和与中国接壤的边境地区。印度还将与美国国家航空航天局合作,于2024年联合执行前往国际空间站的任务。印美达成防务信息共享并同意在对方军事组织中派驻联络官。莫迪此行美印两国之间达成了多项防务和高新技术协议。

二十国集团领导人峰会期间,拜登与莫迪举行双边会谈并发布了一份包含29点内容的联合声明。声明呼吁两国政府在其全球议程的所有层面继续使印美战略伙伴关系发生根本性转变。莫迪与拜登承诺在一系列领域加强合作,包括贸易、芯片和量子等关键和新兴技术领域、供应链、核能和可再生能源及教育等,美国将投资大约3亿美元,扩大在印度的研发业务。两国还设立了两个联合工作组,重点关注“开放式无线电接入网”(Open RAN)领域的合作及第五、六代移动通信技术的研发。美国一直大力推动这样的构架,以替代中国的电信巨头华为的设备,并重申通过扩大在太空和人工智能等新的和新兴领域的合作,以及加速国防工业合作,深化并巩固印美重要国防伙伴关系。拜登还明确表示美国支持印度成为联合国安理会常任理事国。

同样值得注意的是,作为七国集团发起的“全球基础设施和投资伙伴关系”的一部分,印度—中东—欧洲经济走廊在二十国集团领导人峰会期间启动。美国、沙特阿拉伯、欧盟、印度、阿拉伯联合酋长国、法国、德国和意大利的领导人共同签署了谅解备忘录,承诺合作建设印欧经济走廊。这一由印度、美国、欧盟合作兴建的跨国铁路与航运走廊由两段组成,一段是连接印度和波斯湾的东部走廊,一段是连接波斯湾和欧洲的北部走廊。东部走廊将从孟买穿越印度洋到达阿联酋的杰贝阿里、格瓦法城,北部走廊将结合陆地和海上航线,一条陆路铁路将穿越沙特阿拉伯的哈拉德和利雅得、约旦的哈迪赛和以色列,然后一条海路将连接以色列的海法和希腊比雷埃夫斯,然后再通过陆路铁路从希腊进入欧洲。美国官员称印欧经济走廊为“现代香料之路”,并表示,这个项目将通过铁路和港口,让中东国家与印度相连，以更少的航运时间、更低的价格和更节能的方式，实现海湾国家到欧洲之间贸易和能源的流通。莫迪称赞印欧经济走廊是“合作与创新的灯塔”，描绘了“共同的愿望和梦想”的旅程。这一基建计划，不但有助美印两国关系加深，更符合美国与欧洲的“去风险”方针，加速全球商务、能源和数据从印度流向中东和欧洲。

印美外交关系的重大突破是由地缘政治和地缘经济方面的多种因素促成的。可以预见，近年来印美双边对话的总体趋势将继续下去，印美关系将继续深度发展。双方将在利益（包括“中国因素”）相近的领域进一步深化合作。但印美关系的发展势头并不一定意味着通往正式联盟或共同防御条约的道路，印度并不会成为传统意义上的美国盟友。这是由于，印度向西方靠拢更多是为了获得实际的技术物质利益，以拓展其全球市场。在有意与美国开展战略对话的同时，印度显然在努力维护其传统的“战略自主”，并尽可能通过使其全球和地区政策多样化来加强这种自主性。在美国，积极的国际合作思维模式通常将“盟友”视为最终目标。而对印度来说，这意味着独立性的削弱，即使双方合作比以往任何时候都更加广泛，但固有的分歧依然存在。

比如，在全球秩序问题上，美国寻求的是一超主导下的绝对权力，而印度追求的是多极化；在经济贸易和投资问题上，自2000年以来，印美双边贸易额增长了10倍，2022年达到1910亿美元，2021年印度成为美国第九大贸易伙伴，但长期存在的经济问题依然存在，美国贸易代表在《2023年对外贸易壁垒报告》中用了13页的篇幅来阐述这些问题；即使是在双方都视为“威胁”的中国问题上，印美之间也并非完全一致。双方对对方在亚太地区发挥作用的意愿和能力仍不确定。尽管双方都对中俄的紧密联系感到担忧，但在应对的方法上却存在分歧。印度倾向于保持与莫斯科的联系，将其作为影响俄罗斯与中国关系，并能阻止两国可能针对印度采取的任何协调行动的一种方式，美国则试图切断这种联系。印度在美日印澳四方安全对话中扮演越来越积极的角色，但同时也支持金砖国家等非西方集团,而且印度仍然处于七国集团等美国外交核心机构之外。这些美印分歧或会因战略利益趋同暂时搁置或缓和,但始终是影响两国关系的关键因素。

第三,“多向结盟”仍然是印度外交政策的重要特征。

尽管印度有“不结盟政策”的外交传统,但近年来外交上逐渐侧重强化与美国、日本等西方国家的关系,这一趋势在莫迪政府时期更加明显。相较于中国,印度更被欧美国家视为重要的理念相近伙伴,这反映在美欧日等大国“印太战略”对印度的规划上。但莫迪政府认为,不与任何大国结成军事联盟,而是与许多国家建立多元化的伙伴关系,这样才能更好地服务本国利益。

为了全方位维护自身发展的历史机遇,印度在强化与西方国家关系的同时亦保持一定的自主性,并未放弃与其他在地缘政治中扮演重要角色的国家强化外交、改善关系的任何机会和选择。在2020年出版的书籍《印度之路:不确定世界中的策略》中,印度外交部部长苏杰生表明了印度当前时期对待不同国家的策略:“与美交好、管控中国、与欧洲培养友谊、安抚俄罗斯、拉拢日本、吸引邻国。”

莫迪在向美国靠拢的同时,也在与世界上许多其他国家发展密切关系。2023年是法国与印度战略伙伴关系25周年。当年7月13日,莫迪访法时表示,印度视法国为天然伙伴。印法共同发布2047年全方位发展伙伴关系的愿景路线图,进一步推进防务合作、太空合作等印法传统伙伴关系的重要领域。2023年8月25日,莫迪对希腊进行国事访问,成为近40年来首个访问希腊的印度总理。在访问期间,莫迪与希腊总理米佐塔基斯将两国关系提升为战略伙伴关系,并加强了军事硬件合作和技术交流。加强对希关系是印度推进对欧战略的一部分,目的在于增强印度在除法德等传统强国之外的欧洲国家间的战略影响力。近年来,印度还通过加强与北欧五国、中东欧国家的关系,使印度在欧洲的伙伴关系多样化发展。莫迪政府引用梵语“世界是一家”来构建印度外交,即“多向结盟”。

作为多向结盟战略的一部分,印度参加了许多国际组织,印度是唯一同时参与二十国集团、四方安全对话、上合组织和金砖国家等东西方重要峰会的国家,也是唯一同时与美国和俄罗斯举行“2+2”部长级对话机制的国家。印度先后与美国、日本、澳大利亚和俄罗斯建立了“2+2”外交、国防部长级对话机制。印度还与美国和伊朗、以色列和阿拉伯国家、北方和南方国家等可能存在利益竞争的国家保持着经济联系。印度还通过基础四国集团,印度、巴西和南非三方机制及金砖国家等组织加强了与非洲和拉丁美洲的联系。通过中东四方集团(由印度、以色列、美国和阿联酋组成)拓展了与中东地区的联系。

此外,印度加快自由贸易谈判进程,将经济和贸易作为多向结盟的重要抓手,在深化和拓展伙伴关系和实现商业外交多元化的同时,对冲美国对印度的战略捆绑,增强自身在所谓“印太秩序”重构中的分量。

近10年来,印度一直对自贸协议持怀疑态度,由于业界批评过去“联合执政联盟”时代签署的贸易协议影响国内产业利益,并扩大了印度与伙伴国的贸易逆差,2014年甫一上台,莫迪政府就开始审查印度现有的贸易协定。印度政府内部普遍认为,自贸协定允许外国产品获得补贴,以及令外国公司获得其他不公平的生产优势,从而给印度造成了巨大的经济损失。但2022年以来,印度对自贸协议的谨慎态度有了明显转变,积极推进与欧、美、大洋洲主要经济体的谈判进程,旨在降低贸易壁垒、取消关税和获得进入全球市场的优惠途径。

2022年4月25日,正在印度访问的欧盟委员会主席冯德莱恩与莫迪共同宣布,将成立一个贸易与科技理事会,以推进贸易、经济和技术等领域的合作。同时,搁置8年的印度—欧盟自贸协定谈判也得到重启。2022年5月,印度与阿联酋签订的《全面经济伙伴关系协定》正式生效,这是印度首次与中东国家签订双边贸易协定。该协定除涵盖货品贸易外,还包括服务贸易、投资、政府采购、数字经济,系印度政府近年对外签署的第一个双边贸易及投资协议。根据印度商工部分析,该协议于2022年5月1日生效后,高达260亿美元的印度出口商品(目前阿联酋税率为5%)将可享有零关税优惠,有助于印度劳力密集产业出口,例如纺织、成衣、农业、皮革、鞋类等,这些产业的国内出口商利润微薄,亦可与孟加拉国、越南等低成本经济体竞争。两国目标是未来5年将印阿贸易额从目前的600亿美元提升至1150亿美元。《全面经济伙伴关系协定》生效成为两国"东眱西望"战略对接以来具有重要里程碑意义的大事件。印度希望借此进一步加强在全球市场的地位。

2022年12月29日,澳大利亚与印度签署的《澳印经济合作与贸易协定》正式生效。这是印度10年来首次与发达国家签署的这类协定。澳大利亚政府将此视为减少澳大利亚对中国经济依赖的重要一步。该项协议指出,澳大利亚出口到印度、占总价值90%的产品将获得零关税待遇,涉及羊肉、羊毛、煤炭、龙虾等产品。其中约85%的产品将在协议生效之日起立即获得关税豁免。印度获得零关税待遇的出口产品则达到了总价值的96.4%,涵盖6000多个行业,包括纺织品、皮革、家具、珠宝和机械等。

印度与英国、加拿大、欧盟和以色列签署自由贸易协议的谈判也在进行中。这些协议预计将涵盖从纺织品到酒类、汽车、药品等一系列产品和服务,同时还涉及劳动力流动、知识产权和数据保护等主题。印度与加拿大自由贸易协议的谈判受政治因素影响暂停,两国政治关系陷入低迷,莫迪就加拿大锡克教徒反印抗议活动,向加拿大总理特鲁多表达了"强烈关切";特鲁多则就2023年6月1日加拿大锡克教徒遭枪杀一案明确向印方表达了"对印度政府高级情报和安全专员的深切关注"。目前印度和加拿大的外交争端持续升级,双边关系因此倒退。

印度积极开拓的自由贸易伙伴或是其主要的贸易伙伴、或是其重要的外国投资来源、又或是印度侨民的聚居中心地。印度提升与他们的经济依存度,不仅有助于打开新的市场,提振印度出口经济,还能为印度减少对单一国家和市场的过度依赖、保持战略自主性提供保障。在过去几年中,印度与上述国家的战略和外交关系明显加深。比如,阿联酋可谓莫迪政府在中东最亲密的伙伴。莫迪执政以来，两国将双边关系提升为全面战略合作伙伴关系，莫迪意欲将阿联酋打造为印度“西联”与“精耕中东”的战略跳板。在四方安全对话框架下，印度与澳大利亚的关系不断加强，两国在安全、防务方面的合作取得了明显进展。英国则在传统上就是印度在国防和安全方面的重要合作伙伴。地缘政治在塑造印度未来贸易伙伴关系方面具有重要影响。但印度签订自贸协议面临国内一些团体的抗议。比如，印度最大的农民协会印度农民联盟反对与澳大利亚的自贸协定，印度汽车制造商和葡萄酒销售商反对印澳及印英贸易协定，印度教民族主义组织国民志愿服务团附属的右翼组织也对贸易协定持明确的负面态度。

第二章　印度产业发展和产业政策

一、印度产业发展情况

(一)产业发展现状

从印度目前的产业结构来看,第三产业发展速度快,成为印度最大产业。2022年,第三产业占国内生产总值比重约为48.6%,制造业占印度国内生产总值比重约为13.3%,其他产业占国内生产总值比重约为38.1%。服务业是印度的支柱产业,约一半的国内生产总值来自服务业。主要包括金融、房地产和专业服务、公共管理、国防、贸易、酒店、运输、通信等有关的服务。印度服务业是外商直接投资流入最多的行业。随着软件出口和服务外包业的迅速发展,2022—2023财年,印度服务业出口增长27%,达到3227亿美元。互联网技术部门占印度国内生产总值约7.5%,互联网技术是印度增长的引擎,印度也已成为全球互联网技术和软件公司的重要中心之一。在2023—2024年联邦预算中,互联网技术和电信部门的拨款共117.7亿美元,是政府大力扶持的产业之一。

传统农业部门对印度整体经济发展及社会安定至关重要。但由于技术及资金欠缺,以及基础建设、物流体系、农产品加工业方面的落后,印度仍然无法实现农产品的自给自足,每年需从海外大量进口。印度的农业生产效率不高。

制造业为印度政府目前积极扶植的行业,特别是高科技、资本密集行业。根据世界贸易组织最新数据，印度已成为全球第二大农化产品出口大国，在除草剂、杀虫剂、除菌剂等植保农药出口上表现抢眼。根据印度商工部的数据，过去6年间，印度农化产品出口呈爆炸性增长，出口额从2017—2018财年的26亿美元暴涨至2022—2023财年的54亿美元，增长率达到了惊人的108%，年复合增长率也高达13%。[①]

印度在医药、软件外包、纺织业等领域拥有举足轻重的地位。印度在原料药和仿制药领域表现突出，作为全球原料药最大的供应国之一，印度有“世界药厂”之称。原料药供给占全球的12%，仅次于美国。印度仿制药产量目前位居全球第三位，仿制药产品面向全球200多个国家或地区出口，在不发达国家和低收入群体中有巨大市场，占全球市场份额的比重超过20%。医疗保健行业也是印度的特色产业之一，保持迅猛增长。根据印度品牌资产基金会的数据，印度医疗保健行业市场规模从2016年的1100亿美元增长到2022年的3720亿美元，平均复合年增长率为22%。[②]印度已成为药品和保健品的主要市场，并向全球出口大量药品和保健品。这包括医药制造、医疗计划、医疗设备、医疗保险等各个方面。另外，印度私立医院的数量也在快速增长。有“疫苗大王”之称的赛勒斯·波纳瓦拉于1966年创建了印度血清研究所，并发展成为世界上最大的疫苗生产商（按剂量计算）。血清研究所每年生产超过15亿剂各种疫苗，包括麻疹、脊髓灰质炎和流感疫苗。该行业主要集中在马哈拉施特拉邦、古吉拉特邦和卡纳塔克邦。

印度是全球最大的软件服务外包中心，软件产业约占全球软件产业价值的1/3。印度第一个软件科技园于1990年在浦那建立，后来逐渐形成了班加罗尔、金奈、海德拉巴、孟买、德里等一批著名的软件服务业基地。印

---

① 毛克疾：《印度农化产业崛起的“真相”》，新华报刊—环球，http://www.xinhuanet.com/globe/2023-09/11/c_1310739879.htm。

② Healthcare System in India, Healthcare India - IBEF, https://www.ibef.org/industry/healthcare-india.

度是全球软件外包的第一接包市场,占全球服务外包市场的55%,塔塔咨询服务、威普罗公司和印孚瑟斯成为全球著名的软件服务外包企业。[①]该行业主要集中在班加罗尔、海德拉巴和浦那等城市。目前印度是欧美公司寻求离岸服务的热门场所。

纺织业是印度最大也是最古老的产业之一。纺织、服装和配饰业拥有悠久的传统和历史。印度是全球最大的纺织品和服装生产国之一。该行业产品种类繁多,占印度国内生产总值的14%,主要集中在古吉拉特邦、马哈拉施特拉邦和泰米尔纳德邦。印度是全球最大的产棉国、全球最大产黄麻国、全球第二大丝绸生产国,其纱线产能占全球22%,纺织行业占印度出口总收入的15%左右。

汽车业是印度一个不断发展的行业。印度生产的汽车种类繁多,包括轿车、卡车和公共汽车。印度是全球规模最大的汽车市场之一,是全球第三大重卡制造国,最大的两轮车、三轮车和牵引车制造国及第二大客车制造国,在国际重型车辆领域占据强势地位。印度的汽车和汽车零部件部门是世界上最大的部门之一,是全球主要的商用车制造中心。据估计,印度的电动汽车销量将大幅增长,预计到2025年,每年的电动汽车销量将超过400万辆。该行业主要集中在马哈拉施特拉邦、古吉拉特邦和泰米尔纳德邦。

化工和石化行业约占印度国内生产总值的6%,在印度经济中发挥着重要作用。该行业的龙头企业包括信实工业有限公司、印度石化有限公司、印度天然气管理局有限公司和霍尔迪亚石化有限公司。凭借服务于各种下游行业的多样化产品组合,印度也向海外大量出口矿物/燃料产品、贵金属及制品,因此印度在全球相关资源品的供应链上具有重要作用。[②]

---

① 商务部:《对外投资合作国别(地区)指南:印度(2022年版)》,http://www.mofcom.gov.cn/dl/gbdqzn/upload/yindu.pdf。

② 联合资信评估股份有限公司:《印度共和国2021年跟踪评级报告》,http://www.lhratings.com/reports/B008399-GKPJ07161-2021.pdf。

电子信息产业方面，莫迪政府将芯片制造列为印度经济战略的重中之重，希望通过吸引全球企业，开创电子制造业的新时代。2021年12月，印度政府推出100亿美元"印度半导体任务"计划，为投资生产半导体的厂商提供近50%补助与奖励。韦丹塔—富士康的合作曾一度提上日程，但在2023年7月10日，富士康发表声明称已退出与印度韦丹塔集团价值195亿美元的半导体合资企业，并称退出原因为项目进度不及预期及对印度政府延迟批准激励措施的担忧。

在高新技术产业方面，印度的航天航空技术取得了新的发展。2023年7月14日，"LVM3火箭"从印度南部安得拉邦的萨迪什·达万航天中心发射升空。2023年8月24日，印度空间研究组织称，印度"月船3号"月球车在月球进行了行走。印度成为继苏联、美国、中国之后第四个实现在月球表面软着陆的国家，莫迪在社交媒体上表示，此次探月任务承载着"国家的希望和梦想"，将会提升印度航天强国的地位。

预计未来几年印度医疗保健行业、数字经济、软件服务业都是投资重点领域。在高科技行业部分，软件信息、制药、生物科技、电信、造船、航空等行业是印度近年来发展最快的行业类型。

（二）印度软件科技园发展

印度软件科技园是印度电子和信息技术部下属的一个机构，成立于1991年，旨在促进信息技术和科技化服务产业、创新、研发、初创企业，以及新兴技术产品/知识产权的创造。软件科技园在鼓励和促进印度软件出口方面发挥着重要作用。它是软件出口商的单一窗口服务提供商，提供各类服务和激励措施。近年来，印度政府支持设立多个软件开发园区，如新德里电子创业园、班加罗尔物联网开放实验室、布巴内斯瓦尔电子创业园等。软件科技园致力于成为印度最大的技术初创企业生态系统，并按照2019年印度国家软件产品政策的设想，将该国转变为软件产品大国。为了实现这一目标，软件科技园发展了一种合作模式，政府、行业、学术界和其他利益攸关者在为初创企业提供端到端支持方面发挥重要作用。

为了与促进研发、创新、产品和知识产权创造的愿景保持一致,印度科技创新促进署在全印度范围内为初创企业提供最先进的基础设施、技能培训、指导、市场连接和其他必要的支持,并着手启动了“下一代孵化计划”这一未来型孵化计划,旨在为印度科技促进署在阿加尔塔拉、比莱、博帕尔、布巴内斯瓦尔、德拉敦、古瓦哈蒂、斋浦尔、勒克瑙、普拉亚格拉杰、莫哈利、巴特那和维贾亚瓦达等12个孵化机构的初创企业提供全面的支持和服务,并为其提供种子资金。为了进一步加强初创企业生态系统,软件科技园设立了射频实验室、电动汽车实验室、视听实验室、物联网实验室、动作捕捉实验室、人工智能/自主研发实验室、创新物联网实验室、计算机视觉/人工智能实验室、健康信息学实验室、医疗电子实验室、虚拟/增强现实实验室、金融技术沙盒,使初创企业能够利用这些设施,以本土化的方式打造创新技术产品和解决方案。

印度科技促进署自1991年成立以来,一直致力于在全印度实现以信息技术为主导的公平和包容性增长,这反过来又有助于促进软件出口、科技创新和软件产品开发。印度科技促进署拥有11个辖区局和63个中心,其业务已扩展到全印度,为信息技术和科技化服务行业提供支持。软件科技园注册单位的出口额从1992—1993年的52亿卢比增长到2021—2022年的628.330亿卢比,约占全国软件出口额的50%,占印度国内生产总值的2.3%。

软件科技园的目标包括:促进印度国内软件产品的开发,提高国内软件生产量和出口量。为技术和研发活动提供出口激励。为新兴技术领域的初创企业如物联网 、区块链、人工智能、机器学习等提供支持。鼓励信息技术行业的创新和研发活动,为软件出口商提供服务等。软件科技园提供的部分服务包括:为软件出口商提供最先进的基础设施,包括办公空间、数据中心和高速互联网连接。为初创企业提供孵化服务和其他必要的支持及资源。协助软件出口商获得出口软件产品和服务所需的审批和许可证。为软件出口商提供技术支持,帮助他们解决技术问题和挑战。组织培训计划和讲习班，提高软件专业人员的技能和能力。为软件出口商提供各种奖励和优惠，包括税收优惠、关税减免和财政援助等。总之，印度软件科技园在促进印度信息技术产业、支持初创企业、促进创新和研究以及推动软件出口方面发挥着重要作用，推动了印度信息技术行业的快速发展。

二、印度产业政策

（一）印度政府促进本国工业发展的系列措施

印度的经济规模庞大且种类繁多，因此必要的整合将有助于交流知识和信息，共享设施，消除低效，并节约成本。根据这一现实，印度政府出台了一系列促进本国工业发展的政策。

1.国家工业走廊发展计划

印度联邦政府与各邦政府及中央直辖区合作，推动印度基础设施的改造和建设计划。该计划于2011年启动，其目的是将印度老化的基础设施改造成现代化的综合工业园区，作为经济增长的引擎，促进工业化发展，并在基础设施领域融合新一代技术，从而实现各行业的一体化发展，通过最佳的物流和供应链支持服务来推动整个制造业活动，促进创新、便利投资、加强技能发展、提升印度现有工业生态系统，创建能够成为全球制造业和投资目的地的未来型印度城市，使其能够与世界上最好的制造业和投资目的地相媲美。2021年，亚洲开发银行批准了一笔2.5亿美元的贷款，用于支持国家工业走廊发展计划。

国家工业走廊发展计划从5个工业走廊开始，分为4个阶段，总共包括32个项目，目前正在发展的工业走廊有11个，遍布印度各地。这些工业走廊包括：德里孟买工业走廊、金奈—班加罗尔工业走廊、阿姆利则加尔各答工业走廊、东海岸工业走廊，第一阶段为维扎格—金奈工业走廊，班加罗尔孟买工业走廊、金奈—班加罗尔工业走廊延伸、海得拉巴—那格浦尔工业走廊、海得拉巴瓦兰加尔工业走廊、海得拉巴—班加罗尔工业走廊、奥迪沙经济走廊、德里—那格浦尔工业走廊，这些工业走廊处于不同的发展阶段。

这11个工业走廊项目将通过国家工业走廊发展与实施信托基金来实施,其目标是以战略重点实施发展计划,并使其具有包容性和整体性。工业走廊计划旨在推动工业化的同时,设想实现现有城市地区的现代化,并创建新的智能城市。按照印度政府的设想,这是一个整体项目,将成为整个国家经济增长和发展的旗手,并为印度带来机遇,包括庞大的基础设施建设需要的大量产品和服务、物流和供应链,铁路、公路、航空和海上运输的现代化和建设,工业园区设计和开发,废物管理和环保技术,经济活动的数字化转型等。

2."加蒂—沙克蒂"计划

又称"国家多方联运总计划",是2021年10月莫迪政府出台的基础设施规划,将耗资数十亿美元,打造与多个经济区的多方式连接。该规划构想了一个数字平台,以整合中央政府各部门对多方式基础设施连接项目的计划与协调。规划覆盖铁路、道路、公路、石油天然气、电力、船运和航空。通过协调不同机构的政策,规划将精简决策过程,优化资源利用。通过降低成本并提供最后一英里基础设施连接,将有助于提高物流供应链的效率。随后,将创造大量就业机会,促使大规模基础设施开发,从而开启后疫情时代的快速经济增长。

3.国家物流计划

为促进经商便利化并提高宜居指数,莫迪政府于2022年9月17日在新德里启动了国家物流计划。国家物流计划的制定历时八年,是一项综合措施,建立了跨部门及多点式全面架构,包括统一物流整合平台以促进不同方面的整合,并创建了国家单一窗口系统以提升效率及透明度。该政策的目标是到2030年将印度的物流成本从目前占国内生产总值的13%~14%降低到与其他发达国家相当水平的8%~9%。因此,印度的目标是到2030年跻身物流绩效指数排名前25的国家行列,而目前根据世界银行2018年物流指数,印度物流成本排名为第44位。

贡献物流业收入的关键部门包括农业、大宗商品及电子商务。特别是在农业领域，国家物流计划可以协助扩大冷藏设施，拓宽农民权限并通过统一物流整合平台进行实时追踪，从而既省时又降成本。在商品方面，国家物流计划专注于多式联运物流园区和电子日志查询，有助于提高该行业的收入、盈利和效率。作为国家物流计划的一部分，跨境物流便利措施旨在减少跨境延误。物流是印度国际贸易的支柱，它不仅有助于印度出口产品的多样化，也有助于印度国内制造产品的多样化。据印度投资信息和信用评级机构有限公司估算，该行业在过去几年的复合年增长率为7.8%，而到2025年，复合年增长率将达到10.5%。该行业在印度雇用了2200多万人，通过技能发展，预计在未来5年内将以5%的速度增长。[1]成本的降低还将提高所有经济部门的效率，从而鼓励增值和企业发展。这将提高印度产品在国内市场和国际市场的竞争力，促进经济增长并提供就业机会。国家物流计划是“加蒂—沙克蒂”计划的支持和补充。莫迪的目标是通过让所有相关利益攸关方参与整体规划和实施过程，创建世界级标准的现代化基础设施。

此外，印度还采用了更先进的技术来加强物流部门。例如，通过线上门户实现了无纸化进出口贸易操作，并在海关实施了无纸化评估。公路上也经常使用电子运单和快速收费系统，以提高物流业的效率。此外，统一的税收制度，如商品和服务税，也为物流业提供了便利。新计划将实现物流模式的转变，从目前过度依赖公路（目前占60%以上，而全球仅占25%）转向铁路（目前占30%，而全球约占60%）和水路（目前仅占5%）。印度港口已经发生了一些变化，货轮的平均周转时间缩短了18个小时。为了增加出口，印度已建成40个航空货运港口，并在30个机场配备了冷藏设施。水路运输的发展直接满足了人们对环保且成本效益高的运输方式的迫切需求。

---

① “Will National Logistics Policy lead a new growth for last-mile logistics?” https://timesofindia.indiatimes.com/blogs/voices/will-national-logistics-policy-lead-a-new-growth-for-last-mile-logistics/.

互联互通和强大的基础设施是促进行业关键,而国家物流计划则为该行业提供了所需的推动力。新物流园区还将为所有其他部门注入新的活力。随着物流业的发展,进出口、制造、冷藏加工业也将随之增长,制造业、生产业、汽车业及仓储和基础设施建设等行业将得到发展。

4.分阶段制造计划

为了扭转印度电子产品贸易长期逆差的局面,作为促进印度制造业和重振机电硬件行业的努力的一部分,印度政府于2015年8月推出了分阶段制造计划。印度政府根据"数字印度"计划,制定了到2020年实现电子产品净进口为零的目标。印度政府寄希望于通过增加投资,特别是外国投资者的投资,来实现国内电子行业的转型。印度正在为投资电子行业提供激励措施,并简化了投资计划的审批程序。为投资者提供的激励措施涵盖了整个价值链,包括移动设备及配件、电信设备、互联网技术硬件、机顶盒、消费和医疗电子产品及汽车电子产品的生产。印度政府希望分段制造计划能够在较短几年内促进机电产品的本地制造和本地生产零部件的使用。因此,它将缓解印度对机电产品进口的过度依赖,并从长远角度有力推动印度成为机电产品制造中心和出口国。

印度政府可能会推出分阶段制造计划类型的计划,以吸引像特斯拉这样的全球电动汽车制造商。分阶段制造计划将通过为在印度国内建立生态系统提供激励措施来促进本地制造。这不仅有助于满足需求,还将促进出口。同时保护塔塔汽车和马恒达等国内企业的利益。预计这也将有助于快速向电动汽车过渡。①

5.生产挂钩激励计划

2019年,印度出台《国家电子政策》,愿景是通过鼓励和推动印度开发核心部件的能力,并为该行业创造参与全球竞争的有利环境,使印度成为

① "Govt. may roll out Phased Manufacturing Plan for high-end EVs", https://www.team-bhp.com/news/govt-may-roll-out-phased-manufacturing-plan-high-end-evs.

全球电子系统设计与制造中心。2020年4月1日政府公布了大型电子制造业生产挂钩奖励计划,该计划提供生产挂钩奖励,以促进国内制造业发展,吸引对手机制造和特定电子元件(包括组装、测试、标记和包装装置)的大量投资,旨在促进电子产品制造业的发展,并使印度在电子产品领域跻身全球前列。该计划将为符合条件的公司提供奖励,奖励额度为在印度制造的、目标领域所涵盖的商品的销售额增量(超过基准年)的4%~6%,奖励期限为所定义的基准年之后的5年。继第一轮生产挂钩奖励计划成功吸引移动电话和电子元件制造业的投资后,2021年4月1日,第二轮参与计划的奖励措施生效,目标领域为指定电子元件。符合条件的企业可获得3%~5%的奖励,奖励额度为在印度生产的目标产品的销售增量(超过基准年,即2019—2020年),为期4年。

生产挂钩奖励计划总预算高达近2兆卢比,涵盖14项产业,旨在使工业重新获得动力。莫迪政府修订劳动法和数字支付系统,鼓励新创企业和独角兽企业,与全球投资者和产业建立直接联系。同时,针对穷人及弱势群体,政府还推出了免费粮食计划,以帮助印度近2/3的人口获得免费粮食。对本国制造产品销售增量提供4%~6%的奖励,用以提升印度制造能力及扩大出口,并在核心竞争技术领域吸引投资,创造规模经济,旨在使印度成为全球价值链不可或缺部分。截至2022年12月,13项计划下的650份申请已获批准,100多家中小微企业成为生产挂钩奖励计划的受益者,涉及大宗药品、医疗器械、电信、白色家电和食品加工等行业。[①]2021年年底,印度政府还发布了一项价值100亿美元的"印度半导体任务"激励计划,试图吸引全球半导体代工企业在印度投资建厂。目前,莫迪政府正在尝试在本国构建完整的半导体制造产业生态。2023年以来,英特尔、超威半导体、美光等国际半导体企业都表示将会考虑在印度建厂。

① https://www.investindia.gov.in/production-linked-incentives-schemes-india.

6."初创印度"倡议

"初创印度"是印度政府于2016年1月16日发起的一项旗舰倡议,旨在建立一个强大的生态系统以培育印度的创新和初创企业,增强初创企业通过创新和设计实现增长的能力,从而推动经济增长并创造大量就业机会。该倡议计划以印度理工学院马德拉斯分校研究园为蓝本,在古瓦哈蒂、海德拉巴、坎普尔、卡拉格普尔、班加罗尔、甘地纳加尔和德里的印度理工学院建立7个新的研究园,并在印度理工学院、印度工业研究院等建立(或扩建)18个技术企业孵化器,设立价值1000亿卢比的创业基金等。初创企业将能够使用研究园区和孵化器的设施并获得所需的支持。截至2023年2月,印度工业和国内贸易部已将92638家实体认定为初创公司,较2017年的11683家大幅上升。

除此之外,印度还出台了"中小微企业创新计划",旨在通过孵化和设计干预措施,促进从创意发展到创新的完整价值链。在加强公共投资、促进公私合作项目、消除基础设施瓶颈、增加核心部门的产能、优化利用印度的人口红利、以需求为导向全面加强工业研发改进研发等方面印度政府也进行了持续的探索。

(二)《2023年工业政策》

该政策草案由印度工业和国内贸易部制定,可能会重点关注新兴产业、碳中和,并致力于使印度成为主要的制造业中心。新工业政策将取代1991年的工业政策,旨在促进每个地区的初创企业发展,在城市创建初创企业创新区,并通过创建优质国际品牌来激励印度特色产品。新工业政策决议或会提供一个加速国家工业化的框架,通过以包容和平衡的方式创造就业和繁荣,为实现2047年发达国家愿景作出贡献,并提供一个实现该愿景的路线图。诸如:确定在拥有劳动力、技能和自然资源优势的行业(如服装和皮革制品),有潜力推动经济增长和满足人们愿望的有活力和高附加值的行业(如耐用消费品),有助于提高可持续性的行业(如电动汽车、存储解决方案)中,哪些行业将成为重点目标。确定利用中小微企业和初创企业、外国直接投资和跨国公司等资源促进印度发展的方法;确定一个促进企业之间以创新为基础竞争,引领印度走上以创新为主导的增长之路的制度框架;利用电动汽车或太阳能光伏设备制造等绿色工业化的机遇,推动可持续发展和改革;创造政策空间,采取一些包括激励国内产品的创造性非关税措施、可帮助中小微企业融入全球价值链和开拓全球市场的绩效要求,以及利用公共采购促进国内制造业等方面的措施。

(三)印度制造业发展及其面临的挑战

印度长期以来的比较优势聚焦于服务业,其服务业贸易持续顺差、制造业持续逆差。近几年来,印度政府加大对制造业发展的支持,服装、手机等产业链承接转移,数字经济领域加快发展。几十年来制约制造业规模效应的劳动力与中小企业制度得到修正,资源配置效率有所改善。[①]

制造业虽为印度政府大力扶植的产业,但也面临一些局限和问题。如印度国家工业技术研究院的一份《75新印度战略》(Strategy for New India @ 75)文件列出了几项旨在提高制造业在国内生产总值中所占比例的举措,但也提到了各种制约因素,包括监管的不确定性、投资、技术采用和“营商便利”方面的挑战。印度的制造业在向先进技术转型方面进展缓慢,尤其是在电子、半导体和可再生能源组件等领域;与同类经济体相比,某些产品存在质量问题,品牌价值较低;各部门的合规成本相对较高;制造单位通常设立在远离城市或城镇的地区;印度各邦之间存在巨大差距——净增值的40%来自马哈拉施特拉邦、古吉拉特邦和泰米尔纳德邦;一半的邦没有任何正在运营的经济特区等。

①《印度经济:新形势下的多维视角透析》,https://wallstreetcn.com/articles/3698141。

第三章 印度经济特区建设

近年来,经济特区已成为印度经济增长和发展的活力平台。作为经济特区的前身,出口加工区早已在印度建立。1965年,印度在坎德拉建立了第一个出口加工区,以促进出口。这是印度第一个出口加工区,也是亚洲第一个出口加工区。

《经济特区法(2005)》规定建立、发展和管理经济特区,以促进出口,并规定与此相关或附带的事项,主要目标是创造额外的经济活动、促进商品和服务出口、创造就业机会、促进国内外投资、发展基础设施。此前(2000年至2005年)经济特区一直依据外贸政策在印度运作。

经济特区规则规定简化开发、运营和维护经济特区的程序,以及在经济特区设立单位和开展业务的程序。设立经济特区及在经济特区设立单位的单一窗口审批,与中央政府和邦政府有关的事项实行单一窗口审批。

截至2023年1月13日,印度政府批准成立的经济特区有425个,共有270个经济特区投入运营。[①]经济特区设立于印度各地,约64%的经济特区位于泰米尔纳德邦、特伦甘纳邦、卡纳塔克邦、安得拉邦和马哈拉施特拉邦这5个邦。其中泰米尔纳德邦拥有的经济特区数量最多。比较著名的经济特区有:孟买圣克鲁斯电子产品电子出口加工区、北方邦诺伊达经济特区、泰米尔纳德邦金奈经济特区、喀拉拉邦科钦经济特区、安得拉邦维萨卡帕特南经济特区等。

① https://pib.gov.in/PressReleasePage.aspx?PRID=1797592.

印度政府实施了多项计划和政策，鼓励中小微企业在经济特区开展业务。一些值得注意的举措包括：出口促进资本货物计划；允许中小微企业以优惠税率为其经济特区单位进口资本货物，从而降低总体投资成本；信贷挂钩资本补贴计划；在经济特区设立中小微企业可利用资本补贴进行技术升级和现代化，从而提高生产力和竞争力；市场准入倡议；向中小微企业提供财政援助，以开展市场开发活动，如参加交易会、展览会和买卖双方会议。

印度经济特区根据面积大小可分为四类：多行业经济特区、特定行业经济特区、自由贸易和仓储区、信息技术和信息技术企业外包服务/手工艺品/生物技术/非常规能源/宝石和珠宝经济特区。2006年以前成立的坎德拉经济特区、法尔塔经济特区、科钦经济特区、诺伊达经济特区、马德拉斯经济特区、维沙卡帕特南经济特区、苏拉特经济特区、印多尔经济特区都是多行业经济特区。根据印度商务部2019年3月的数据，2006年后成立并正常运作的经济特区中，多行业经济特区仅占18个，特定行业经济特区占5个，自由贸易和仓储区占5个，最后一类经济特区占绝大多数，共185个。最后一类中信息技术和信息技术企业外包服务特区占125个，绝大多数面积都在1平方公里以内。截至2019年5月，印度政府批准成立的特区总面积是47874.08公顷，其中面积超过1000公顷的经济特区有11个，都是多行业经济特区。面积最大的是印度阿达尼集团成立的阿达尼港和经济特区，占地面积84平方公里，位于古吉拉特邦。虽然《经济特区法（2005）》规定了各类经济特区的最小面积，但许多经济特区在审批通过之后由于征地难题而未能获取足够多的土地资源，因此实际上很多经济特区面积都达不到预期的大小。

一、印度经济特区的整体表现

《经济特区法（2005）》规定，设立经济特区目的是刺激出口、吸引国内外投资、创造就业，因此可从吸引投资、出口表现和创造就业的情况来分析印度经济特区的整体表现。

(一)吸引投资

外资对经济特区的建设和发展起关键作用。对于所有国家来说,经济特区都是吸引外资的有效窗口。各国政府都期待通过外资的流入来激发本国经济活力,从而实现本国经济的稳健增长。90年代初,拉奥政府制定了相对开放的经济政策来放宽外资的进入,逐渐吸引外国资本(图3.1)。接下来的历任政府都在不断调整放宽外资进入印度的比例。自1991年印度开放以来到2003年的12年间,外国直接投资商对印度的协议投资额为672.1亿美元,实际到位金额为322.9亿美元,占协议额的50%以上。从拉奥政府到瓦杰帕依政府乃至辛格政府,历任政府都坚持市场化和自由化改革,逐步放宽对外资的限制。自莫迪政府上台以来,印度对外资的管制大大放松,就连最保守的国防和铁路基础设施等行业都可接受100%外商投资。

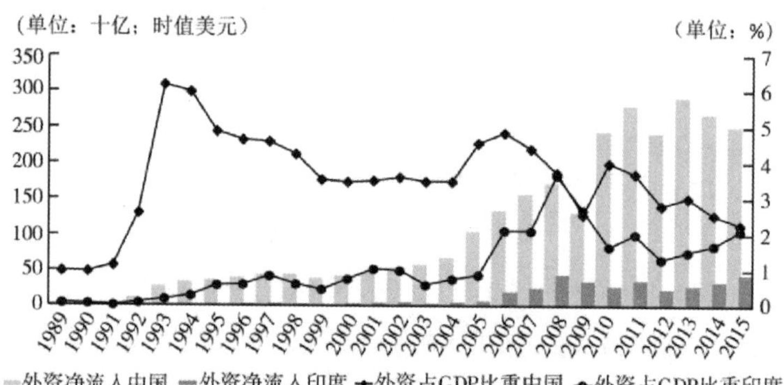

图3.1 中印外资净流入对比(1989—2015年)①

图中显示,从2005年开始,外资在印度的表现比较突出,无论是净流入额还是占国内生产总值比重都有很大的提升。根据印度商工部的数据显示,2006年,印度经济特区吸引投资金额达到403.5亿卢比,截至2018年

① 雷定坤、赵可金:《多视角浅析印度特殊经济区表现》,《南亚研究》2018年第1期。

12月,印度各类型的经济特区共吸引投资50225亿卢比。[①]经济特区在10多年的时间内吸引投资增长超过100倍。但是这些投资中有多少是外国投资,有效利用的外资能有多大比例,印度官方数据没有进一步统计,也没有第三方数据机构的统计说明。然而,印度工商部公开的正式批准的经济特区中,大约90%的各类经济特区皆由国内开发商创建。这些开发商有没有运用外国资本,以及如何利用外国资本,尚无统计数据能够说明。目前的数据显示,从2006—2018年,除了2010—2012年因全球金融危机的影响出现下滑外,印度各类经济特区吸引国内外投资总量基本实现了稳步增长(表3.2)。

表3.2 印度经济特区投资额(2006—2018年)[②]

单位:亿卢比

年度	2006年	2007—2008年	2008—2009年	2009—2010年	2010—2011年	2011—2012年	2012—2013年	2013—2014年	2014—2015年	2015—2016年	2016—2017年	2017—2018年
投资额	403.5	7720.9	10890.3	21146	20280.9	20187.4	23671.6	28847.6	38028.4	37345.4	40668.9	43314.2

(二)出口业绩

2006年以来,经济特区出口总额从2006年的2284亿卢比增长到2014年的49077亿卢比。2014—2015年,出口从2014年的49407.7亿下降到2016年的46733.7亿。出口表现值指数从2011年以后呈线性的稳步增长,在2015年有所下降。尽管出口总额下降,经济特区对出口总额的增长仍然作出了贡献。经济特区出口额的增长率与全印度出口总额成正比。2006年经济特区出口对出口总额的贡献率仅为5%,2013年达到29%左右,之后又出现下降,2017年回升至25.77%,迄今为止贡献率最高的年份也没有超过30%(表3.3)。值得注意的是,相对于2005年以后成立的经济特区而言,原有的7个老牌出口加工区和12个2005年以前成立的经济特

① http://sezindia.nic.in/.

② http://sezindia.nic.in/.

区,占据了所有经济特区制造业出口额的90%;2005年以后成立的经济特区的出口集中在信息技术及其带动的服务业领域和成品油。①

表3.3　印度经济特区出口增长②

年份	经济特区出口额（单位:亿卢比）	年增长率(%)	全国总出口额（单位:亿卢比）	经济特区出口额所占比重(%)
2005—2006年	2284	—	45641.79	5.00
2006—2007年	3461.5	52	57177.93	6.05
2007—2008年	6663.8	93	65586.35	10.16
2008—2009年	9968.9	50	84075.51	11.86
2009—2010年	22071.1	121.4	84553.36	26.10
2010—2011年	31586.8	43.11	113696.4	27.78
2011—2012年	36447.8	15.39	146595.9	24.86
2012—2013年	47615.9	31	163431.8	29.14
2013—2014年	49407.7	4	190501.1	25.94
2014—2015年	46377	-6.13	171637.8	27.02
2015—2016年	46733.7	0.77	235127	19.88
2016—2017年	52363.7	12.05	203181.25	25.77

此外,在印度,经济特区被视为国内关税区之外的“外国领地”,因此从特区中出口的货物无论是销往其他国家,还是印度国内关税区,都被算作经济特区的出口。印度财政部2014年对各类经济特区的审计报告显示,平均有15%的经济特区出口是“出口”到国内关税区的,且不计入正向外汇的销售额已逐渐超过计入正向外汇的国内关税区销售额。也就是说,经济特区出口对外汇创收的贡献非常有限。自2000年经济特区政策改革以来,尽管各邦政府纷纷出台出口优惠措施,以出口为导向的经济特区数量猛增,但印度的贸易赤字仍然长久居高不下,2017年出口额是2920亿美

① Rob Jenkins, “Special Economic Zones in India: Interrogating the Nexus of Land, Development and Urbanization”, *Environment and Urbanization Asia*, Vol. 6, No. 1, 2015, p. 3.

② http://sezindia.nic.in/cms/export-performances.php.

元，进口额是4180亿美元，净进口贸易逆差为1250亿美元。与1995年的贸易差额相比，当时的净出口贸易差额为3.4亿美元。[①] 所以，印度经济特区的出口虽然对刺激经济增长有一定的积极作用，但没有达到预期目标。

（三）就业表现

印度政府设立经济特区的初衷之一是创造大量就业岗位，吸引当地就业和解决大规模失业问题。截至2019年3月底，印度中央政府、邦政府及私人所拥有的经济特区解决的就业人数如下：

表3.4　印度经济特区就业表现[②]

	截至2006年2月的就业人数	增长就业人数	截至2019年3月的就业人数
中央政府创建的特区（7个）	122236	105801	228037
2006年以前成立的经济特区（12个）	12468	90584	103052
2006年以后成立的经济特区	—	1729966	1729966
合计	—	1926351	2061055

2006—2019年这13年间，全国200多个正在运营的经济特区吸引的就业人数仅192万左右。印度是一个目前拥有14亿多人口的大国，有一半人口不到25岁，每年都有至少一千多万人口进入就业市场。据《印度经济时报》报道，印度2018年的失业率为6.1%，为45年来的最高水平。[③]印度经济监测中心数据显示，2020年，印度失业率达到7.11%。2014年，印度财政部对印度12个邦的经济特区内117个发展商/商业单元进行调研后发现，与发展商/商业单元当初作出的就业预测（承诺吸引就业3917677人）相比，实际就业人数仅为284785人，相差将近93%，即实际就业人数仅能达到承

① https://atlas.media.mit.edu/en/profile/country/ind/.

② http://sezindia.nic.in/.

③ https://economictimes.indiatimes.com/jobs/indias-unemployment-rate-hit-6-1-in-2017-18/articleshow/69598640.cms.

诺就业人数的7%。[①] 在安德拉邦,邦政府于2007年6月分配了80.93公顷土地给海德拉巴一个宝石经济特区,条件是在5年内为15000人创造就业机会。然而,截至2013年3月,该特区就业总人数仅为3835人。同样,威普罗公司在2005年10月获得40.46公顷的土地以创办特区,承诺为1万人创造就业机会。截至2013年3月,该特区就业总人数却仅为356人(3.6%)。目前没有法规能对违反承诺条件的发展商采取任何处罚行动。[②]

同时,就经济特区建设征地中受影响的弱势群体而言,政府基本没有出台发展职业新技能的政策来解决他们的就业问题。仅有的一个特例是在维萨卡帕特南注册的"维萨卡技能发展学会",向因特区建设征地而失业的人士提供技能发展训练,方便他们再就业。截至2013年8月,共有24名候选人接受培训,其中19名候选人受雇于特区单位。[③] 2013年新的《土地征收、移民安置与重建法》规定,主持征地的邦政府或特区开发商如果无法一次性为失地家庭提供足够的资金补偿,则必须为受征地影响的家庭中至少一个成员创造就业岗位。然而这一规定并没有真正落实。正如印度学者阿拉德纳·阿格拉瓦尔所言:"虽然对于一个经济体来说,通过出口加工区发展劳动密集型产业在理论上能创造大量就业机会。但是,从印度的表现来看,这种做法似乎不太行得通。"[④]

---

① Department of Revenue , Union Government of India. *Performance of Special Economic Zones, for the Year 2012–2013*, 2014(21):12.

② Department of Revenue , Union Government of India. *Performance of Special Economic Zones, for the Year 2012–2013*, 2014(21):13.

③ Department of Revenue , Union Government of India. *Performance of Special Economic Zones, for the Year 2012–2013*, 2014(21):14.

④ Aradhna Aggarwal, *Export Processing Zones in India: Analysis of the Export Performance*, Indian Council for Research on International Economic Relations Working Paper 148, 2004: 9–15.

二、印度经济特区的特点

印度经济特区本质上是出口特区、特殊税收区,既姓“公”又姓“私”,既“泛”又“专”。2006年以前成立的19个经济特区大多数是由政府主导成立的,绝大部分是多行业经济特区,具有较好的基础,重点产业是汽车轮船制造、钢铁、机械等重工业,纺织业、珠宝业、电子制造业和高科技产业,以上产业占据所有经济特区制造业出口的90%以上。《经济特区法(2005)》规定允许私有企业参与经济特区的开发和基础设施的建设。自此后,私营部门大量参与经济特区建设,目前,全印正在运营的270个经济特区中,私营部门成立的经济特区将近200个。与政府成立的经济特区相比,私人发展商成立的经济特区绝大部分是互联网技术和信息技术服务外包产业的特区,普遍规模很小,绝大部分面积不超过1平方公里。20世纪90年代初印度走上对外开放之路时,新一轮的信息科技革命浪潮已开始席卷全球。印度信息技术产业的发展与增长抓住了这个重大机遇,有两个最重要原因:一是新技术的应用和自由化改革提高了行业本身的劳动生产率,二是国外市场需求,即外包服务市场的不断扩大为行业发展提供了新的空间。为此,印度高度重视以信息技术产业为代表的现代服务业的发展。[①] 现代服务业也成为印度吸引外资的重要优势。大量信息技术产业特区的涌现是这一行业迅猛发展的结果,是由国际资本,尤其是由资本中心国家的经济需求拉动所致。

印度经济特区数量众多、规模较小,零星分布于全国。2006年2月,印度正式实施《经济特区法(2005)》。到2006年10月,已经有267个经济特区计划获批或得到政府的原则批准(相当于平均每天批准一个经济特区)。如此巨大的数字并不意味着特区政策的成功,反而反映出特区规划的盲目

---

① 沈开艳:《印度经济改革发展二十年:理论、实证与比较(1990—2010)》,上海人民出版社,2011年,第381页。

性。根据中国等国家经济特区的发展经验,经济特区的地理位置选择非常关键。为了更有效地利用原料、更快捷地对外出口加工制成品,从现代经济效率考虑,政府一般都会把靠近港口、铁路等交通枢纽的地区作为经济特区的选址。印度中央政府设立的7个出口加工区中,除了诺伊达特区外,其他6个特区都位于沿海港口城市。《经济特区法(2005)》颁布以前成立的12个特区中,绝大多数也位于沿海港口区域。《经济特区法(2005)》颁布以后新成立的200多个特区中,很大一部分位于内陆地区,远离港口,集中分布于德里、孟买、加尔各答等大城市周边的农村地带。从法案规定的发展目标即加强基础设施建设来看,经济特区的选址大部分是已有较好基础设施的地带,有悖于设立特区的初衷。因此,内陆各邦纷纷向中央政府提出增加经济特区名额的要求,以改善与沿海地区巨大的贫富差距。各邦为了招商引资,纷纷出台涉及特区建设与运营的各项激励措施。数百个经济特区在全国各地涌现,这是各邦恶性竞争投资的后果。地方政府还为投资者和发展商向农民收购土地,引发了多起大规模征地纠纷,导致不少经济特区的规划因征地失败而流产,或新特区因未能获取足够的土地资源而仅能维持面积较小的规模,因此难以形成强大的产业集群效应。

三、印度经济特区个案分析

个案分析选取南印度喀拉拉邦的科钦经济特区和西北印度的“古吉拉特邦模式”。这两个邦的发展模式均具有典型意义。

喀拉拉邦与中国广东在历史地理上有不少相似处。二者都是位于两国的沿海地区,都是两国著名的侨乡。16世纪以来,西方人就来到喀拉拉邦进行传教和商贸活动。明朝郑和七下西洋,多次经过南印度半岛柯枝国(今科钦市)。犹太人也在该地生活了上千年。多文化的渗透造就了喀拉拉人的开明思想。通过贸易和传教活动,喀拉拉邦一直向外部世界开放。

古吉拉特邦位于印度最西部,北与巴基斯坦接壤,南接马哈拉施特拉邦,西和西南是阿拉伯海。该邦有着浓厚的商业传统,是印度的工业基地和制造业中心,也是印度现任总理莫迪的故乡。莫迪在该邦连续担任四届首席部长,创造了被誉为"印度广东"的"古吉拉特邦模式"。古吉拉特邦经济发展速度早已超越印度各邦平均水平,被称为印度经济增长发动机。

(一)科钦经济特区发展评析

1.科钦经济特区的发展状况

科钦经济特区的前身是科钦出口加工区,是印度中央政府最早成立的7个出口加工区之一,位于科钦市东部的卡卡纳德,临近通往海港和机场的高速公路。卡卡纳德是科钦市的主要工业区和聚居区,也是喀拉拉邦的信息产业中心。科钦经济特区周边有不少私营信息园。该特区占地面积41.7公顷,2014—2015年政府新拨用地27522.46平方米。根据科钦经济特区管理委员会规定,进驻科钦经济特区的企业皆可获得头十年免征企业所得税的税收优惠政策。进驻企业租用特区土地的租期为15年,租金每4年根据市场价调整一次。①

科钦经济特区招商引资的对象是出口企业。截至2016年,该特区一共有130家外资企业和本土企业,其中信息技术企业、外包企业数量最多(32家)。②衡量该特区的发展成就,重点在于出口业绩。根据科钦经济特区管理委员会上呈给中央政府的年度报告,2015—2016年出口额达到611.502亿卢比,比2014—2015年(220.028亿卢比)翻了两倍多。③

表3.5 2014—2015年和2015—2016年出口额对比④

单位:亿卢比

出口类型	出口额(2014—2015年)	出口额(2015—2016年)
农产品、食品	18.402	32.408

① Cochin Special Economic Zone Authority Annual Report 2015-2016:12.

② Cochin Special Economic Zone Authority Annual Report 2015-2016:10. 据科钦经济特区发展副委员长告知,目前科钦经济特区企业总数量是150家。

③ Cochin Special Economic Zone Authority Annual Report 2015-2016:8.

④ Cochin Special Economic Zone Authority Annual Report 2015-2016:8.

续表

出口类型	出口额（2014—2015年）	出口额（2015—2016年）
电子硬件	40.442	47.718
工程器械	15.74	15.208
宝石珠宝	22.173	397.922
信息技术企业外包	49.141	48.678
纺织服装	15.735	19.001
塑胶产品	7.279	6.593
服务	0.654	0.383
贸易	38.418	30.549
其他	12.044	13.042
总计	220.028	611.502

其中增长最快的是宝石珠宝的出口。珠宝业是印度十分重要的出口产业，约占印度总出口额的15%。[①]该产业是该国外汇收入的主要来源。作为经济改革的一部分，国际市场对印度珠宝需求的增加以及印度政府的重要政策，包括对珠宝进口的发放，都有助于这一行业的发展。在科钦经济特区，自2007年以来，珠宝业的出口总额在各业中竞争力最强，而且一直稳步增长。[②]

2015—2016年度，印度所有经济特区的出口总量是46733.7亿卢比。科钦经济特区的出口量仅占全印度经济特区出口总量的1.3%左右，跟上一年度相比有所增长，但是比往年成绩逊色很多（表3.5）。自《经济特区法（2005）》颁布后，科钦经济特区的出口业绩斐然。2007—2009年，该特区出口额增长率远远高于全印度经济特区出口额增长率。2008年全球金融危机对印度的出口造成很大冲击，所以科钦经济特区和全印度经济特区的出口额增长率分别在2009年和2010年骤减。科钦经济特区出口额在

① http://www.fmprc.gov.cn/ce/cein/chn/gyyd/t1472755.htm.

② Anupa Jacob, *Competitiveness and Labour Standards in Special Economic Zones: A Study of Cochin Special Economic Zone*, Ernakulam: Maharaja's College, 2013, pp. 110-113.

2011年开始缓慢回升。2016—2017年度的数据尚未统计出来，但据印度工商部下属的出口促进委员会宣布，直到2018年4月，科钦经济特区的商品出口增长率已超过111%，仅次于加尔各答的法尔塔经济特区(112%)。[①] 2018年5月，出口促进委员会发布的月度出口数据显示，科钦经济特区当月的出口收入达到551.6亿卢比，与上一年同期的67.3亿卢比相比，增长高达720%。2018年4月和5月，来自印度经济特区的商品和软件的出口总额增长了11%，达到10123.8亿卢比，而上一年度同期为9158.4亿卢比。在此期间，科钦经济特区是增长最快的商品和软件出口的多行业经济特区之一，出口额达到2323.4亿卢比。[②]

表3.6　科钦经济特区出口业绩与印度经济特区出口业绩对照表[③]

年份	印度经济特区出口总额（亿卢比）	年增长率(%)	科钦经济特区出口总额（亿卢比）	年增长率(%)	科钦经济特区出口额占印度经济特区出口额比重(%)
2000—2001年	855.2	—	20.4	—	2.4
2001—2002年	919	7.5	20.9	2.7	2.3
2002—2003年	1005.7	9.4	24	15.0	2.4
2003—2004年	1385.4	37.8	39.8	65.5	2.9
2004—2005年	1831.4	32.2	49.2	23.7	2.7
2005—2006年	2284	24.7	71.1	44.6	3.1
2006—2007年	3461.5	51.6	106.5	49.6	3.1
2007—2008年	6663.8	92.5	408.8	283.9	6.1
2008—2009年	9968.9	49.6	1181.1	188.9	11.8
2009—2010年	22071.2	121.4	1767.4	49.6	8.0

① http://www.eximguru.com/export-import-news/sez/cochin-special-economic-zones-records-102833.aspx.

② Cochin SEZ posts 720% growth in exports, https://www.thehindu.com/news/cities/Kochi/cochin-sez-posts-720-growth-in-exports/article24223677.ece.

③ http://sezindia.nic.in/cms/export-performances.php，除2014—2015年和2015—2016年的科钦数据外，其他年份科钦的数据转引自Anupa Jacob, *Competitiveness and Labour Standards in Special Economic Zones: A Study of Cochin Special Economic Zone*, Ernakulam: Maharaja's College, 2013, p. 107。

续表

年份	印度经济特区出口总额(亿卢比)	年增长率(%)	科钦经济特区出口总额(亿卢比)	年增长率(%)	科钦经济特区出口额占印度经济特区出口额比重(%)
2010—2011年	31586.8	43.1	1900.6	7.5	6.0
2011—2012年	36447.8	15.4	2872.5	51.1	7.9
2012—2013年	47615.9	31.0	—	—	—
2013—2014年	49407.7	4.0	—	—	—
2014—2015年	46377	-6.13	220.028	—	0.47
2015—2016年	46733.7	0.77	611.502	177.9	1.3

2.制约科钦经济特区发展的因素

土地和用工这两大难题在地少人多的喀拉拉邦更加突出。根据该邦2015年最新制定的土地政策,该邦十分拥护中央政府的《土地征收、移民安置与重建法(2013)》。[①] 2017年,在该邦的默勒布勒姆和科泽科德地区发生了因居民抗议征地而导致天然气管道修建受阻的事件,致使该邦首席部长决定把征地补偿金额提高一倍。[②] 且该邦经济特区政策规定,灌溉农地不允许被征用于特区建设。根据喀拉拉邦经济与统计局的数据(2016年),该邦耕地面积占全邦土地面积的67.6%,非农用地只占全邦土地面积的11.8%,剩下的是森林和闲置土地。[③] 经济特区的开发在土地现状下难以进行。另外,政党的更迭也导致土地政策的不稳定。在喀拉拉邦,2013年国大党执政时曾推出“先付款后收购”的征地新政。被征地者在征地前会收到邦政府发行的可转让发展债券,可以溢价出售,也可以按结转日的市场价格随时套现。在全部补偿移交给被征地者后,邦政府才会要求他离开自己的土地或家园。此外,被征地者还会得到价值四到五美分的替代土

① http://www. uniindia. com / kerala-approves-new-land-acquisition-rules / other / news / 202958.html.

② https://energy. economictimes. indiatimes. com / news / oil-and-gas / gail-pipeline-kerala-govt-to- double-compensation-for-land-owners/61626737

③ http://spb.kerala.gov.in/EconomicReview2016/web/chapter02_02.php.

地,有现成的水电和道路设施。[①] 这项政策实现了一部分土地转让,科钦的地铁修建也从中受益。2016年印度左翼政党上台后为保护农民利益而终止了这项新政。这导致喀拉拉邦基础设施建设和实业发展道路更曲折缓慢。

用工方面,喀拉拉邦的经济特区政策明确规定,该邦经济特区内的企业在用工政策上没有任何优惠。势力强大的左翼政党长期坚决反对用工制度的改革,反而期待工会更加壮大,能够给予工人(尤其是合同工和临时工)更多的保护。因此,劳动力密集型的制造业一直得不到显著增长。自2011年起,第二产业在全邦生产总值中的比重逐年下降,在2016年下降幅度接近6%(表3.7),略低于全印度水平,全邦第二产业增长率四年来一直处于下跌状态。繁冗而严苛的劳工法和过于强大的工会导致了高失业率和人才流失。该邦失业率高达12.5%,远高于全印度的水平(6.1%)。[②]喀拉拉邦民众反而热衷于到海湾国家和欧美等地工作,赚取外汇。

表3.7　三大产业在喀拉拉邦生产总值中的比例分布[③]

(单位:%)

	2011—2012年	2012—2013年	2013—2014年	2014—2015年	2015—2016年
第一产业	15.20	13.91	13.76	14.28	12.7
第二产业	27.35	26.59	25.81	25.01	19.5
第三产业	57.46	59.50	60.43	60.71	68.7

① Kerala answer to land acquisition puzzle, https://www.business-standard.com/article/economy-policy/kerala-answer-to-land-acquisition-puzzle-111082600067_1.html.

② Kerala Budget 2018-19, https://ideas.repec.org/p/ess/wpaper/id12471.html.

③ Sectoral Composition of GSVA -At Current Pricesby Government Of KeralaDirectorate of Economics &Statistics, Thiruvanthapuram http://www.ecostat.kerala.gov.in/images/pdf/publications/State_Income/data/GSDP_1112_2.pdf.

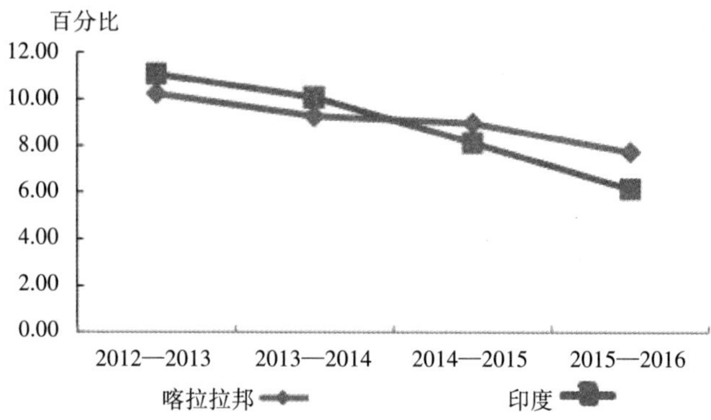

图3.2　喀拉拉邦第二产业占全邦生产总值比重与印度第二产业占全国生产总值比重对比图(单位:百分比)[①]

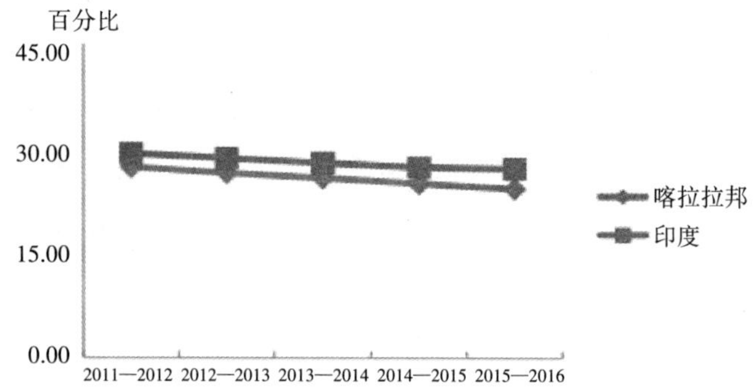

图3.3　喀拉拉邦和印度第二产业增长率对比图(单位:百分比)[②]

3.科钦经济特区的发展

科钦经济特区已经走过三十多个年头,新世纪特别是2003年以来取得一定成效,也暴露了很多不足。科钦经济特区有一定发展优势,也面临一系列挑战。

① Gross Domestic Product of Kerala and India (New Series) from 2011-12 to 2015-16, http://www.ecostat.kerala.gov.in/images/pdf/publications/State_Income/data/国内生产总值_1112_1516.pdf.

② Gross Domestic Product of Kerala and India (New Series) from 2011-12 to 2015-16, http://www.ecostat.kerala.gov.in/images/pdf/publications/State_Income/data/国内生产总值_1112_1516.pdf.

科钦经济特区的优势有以下四个方面：

第一，科钦位于印度西南海岸，面对阿拉伯海，拥有优良的海港，水运交通发达。科钦经济特区所在的卡卡纳德是喀拉拉邦的主要工业区和信息产业中心，地理位置优越。

第二，在喀拉拉民众科学运动的引领下，喀拉拉邦的社会人文发展指数位居全印度第一。民众受教育水平、识字率(94%)以及医疗水平、人均寿命等指数一直稳居印度首位，甚至与欧洲发达国家持平。

第三，在喀拉拉邦，印度教徒(58%)、穆斯林(20%左右)和基督教徒(20%左右)能够长期和谐共处，为该邦的经济建设打造了稳定的社会政治环境。

第四，喀拉拉邦是印度最大的侨乡。自20世纪70年代起，喀拉拉人陆续前往海湾国家和欧美等国谋取营生。据2014年喀拉拉邦移民调查统计，喀拉拉邦的移民人数为23.63万，位居印度首位。相应的数据在2011年是22.81万，2008年是21.93万，2003年是18.38万，1998年是13.62万。数据表明，自1998年以来，来自喀拉拉邦的移民人数一直在增加。自喀拉拉人移民至海湾地区以来，汇款持续增加。从2013年3月至2014年3月，海外移民向喀拉拉邦汇款总额达到72680亿卢比，比2011年的汇款额高出约46%。[①]调查表明，2014年，海外喀拉拉人侨汇总额占该邦生产总值的36.3%。若不把侨汇纳入计算范围，该邦的人均收入是63491卢比。若把侨汇收入包括在内，该邦人均收入是86180卢比。海外印度人国际化程度高，更容易接受外来新事物。自21世纪以来，印度政府逐渐重视海外印度人的财力和人力，鼓励他们回国投资。喀拉拉邦侨汇收入可观，投资潜力巨大。

科钦经济特区发展也面临一些挑战。如何定位喀拉拉邦的发展方向

① Kerala migration survey 2014: State's youth still fly abroad for livelihood, https://indianexpress.com/article/india/india-others/kerala-migration-survey-2014-states-youth-still-fly-abroad-for-livelhood/.

一直是邦政府和学界的议题。有人主张侨汇经济,有人主张地少人多的喀拉拉邦应重点发展生态旅游业,而不是搞特区建设,因为近年来工业建设项目绝大部分因征地阻力过大而以失败告终。[①] 不难看出,无论是争论所反映出来的思想基础,还是多年来零乱、游移的发展思路,都越来越偏离当初印度学习中国创办经济特区的初衷,缺乏地方性发展的战略定位。

经济特区能否在喀拉拉邦实现进一步发展,民众科学运动的态度尤为关键。民众科学运动是喀拉拉邦自下而上的村社自治,是基层民主政治的基础。民众科学运动在社区推广现代科学意识,将科学、世俗的观念传播给民众,以平衡宗教的影响力,并鼓励人民实践甘地精神,如自立自养、以人民为本、由民众发起的基层发展等。

在喀拉拉邦,民众科学运动有超过六万名成员,是一个基本上独立于任何政党之外的组织,其中共产党人最活跃,党员政治素质和职业素质高,动员基层群众的号召力强。喀拉拉邦民众科学运动的策略是在基层中让民众得到力量,增强基层人民自我管理支配的权力,反抗少数富人阶级的压迫。该运动领导人之一帕拉梅斯瓦兰是印度共产党(马)党员,他坚持认为:“全球化和经济自由化导致人类社会不稳定,使人类面临灾难。因此,在全球化和自由化浪潮中,只有有组织、有计划地在小型社区的基础上立足于当地民生的发展,才能实现平等和可持续发展。”[②] 这种“小即是力量”的观念在喀拉拉邦基层中影响很深,致使基层民众对社会化大生产、全球化和高科技失去兴趣,不接受非均衡发展,人人固守一小方土地,共同缓慢发展。

此外,印度共产党(马)吸取西孟加拉邦南迪格拉姆流血事件的前车之鉴,为了上台而不得不争取农民群体这个巨大的选票仓,在经济特区建设

---

① P.Arunachalam, “Goa Model of SEZ Development in India”, *Special Economic Zones in India*, Delhi: Serials Publications, 2009, pp. 353–365.

② Madangarly P. Parameswaran, “Kerala Sastra Sahitya Parishad: Yesterday, Today, Tomorrow”, *20th Century Sciences:Beyond the Metropolis* vol. 5, Paris: L'Institut Français de Recherche Scientifique pour le Développement en Coopération, 1996, pp. 281–297.

上采取不积极态度。所以,喀拉拉邦的工业区设施落后。工人们常常组织罢工,即使该邦的最低工资标准已经高于印度其他邦的标准。由于缺乏良好的投资环境,尽管该邦的侨汇收入可观,但是侨汇用于投资的份额很小,绝大部分用于家庭生活、购买土地房产和金融理财。据调查,该邦受教育水平较高的青年更热衷于移民,喀拉拉邦移民群体的受教育程度高于该邦一般人的受教育程度(表3.8)。劳动制度等多方面因素致使很多年轻人在故乡没有很好的受聘机会,造成了人才流失。

表3.8　移民前喀拉拉邦非移民人口和移民人口的受教育程度对比[①]

单位:百分比

受教育程度	非移民人口	移民人口
低于小学水平	20.2	8.7
低于10年级的小学	34.2	15.9
10—12年级的中学	21.5	26.4
预科	13.7	23.7
学士学历	6.3	12.6
研究生学历及以上	4.1	12.7
总计	100	100
平均受教育年限	8.5	12.6

科钦经济特区和喀拉拉邦面临的困境在于,在印度,工业的作用越来越重要,该邦对工业化和全球化的抵制不能持续下去。侨汇经济无法影响该邦的长期经济前景。在喀拉拉邦,侨汇的最大风险是可能因移民目的国的政策变动而衰退枯竭。海湾国家一直在讨论将外籍移民赶出技术行业,以便为本地人提供更多工作机会。此外,来自印度比哈尔邦和北方邦的侨民数量逐渐增加。喀拉拉邦侨民也面临来自北方同胞和尼泊尔人日益激烈的竞争。[②] 随着印度经济改革的步伐和自由经济的发展,凭借受教育程

① M. M. Ruksana,"Emigration and Remittances: A Study on Kerala Economy", *International Journal of Engineering Research and Modern Education*, 2016, 1(1): 222-223.

② http://qnck.cyol.com/html/2015-09/23/nw.D110000qnck_20150923_1-13.htm.

度较高的民众和侨汇的财富实力,喀拉拉邦应进一步发展实业,招商引资和增加劳动密集型产业。这是实现当地经济增长的必由之路,也是解决喀拉拉邦居高不下的失业率的有效途径。

(二)古吉拉特邦模式评析

1. 古吉拉特邦经济特区发展成就

古吉拉特邦是印度领先的工业邦之一,主要产业有:农业和食品加工、乳制品、化工和石油化工、纺织和服装、工程和汽车、宝石和珠宝、石油和天然气、制药和生物技术、信息技术、矿物、港口、电力和旅游。莫迪从2001年到2014年在古吉拉特邦担任首席部长达13年之久,经济表现亮眼。莫迪表示,经济特区,特别是依托港口的特区,是经济增长的主要动力。他认为经济特区是印度发展之道。古吉拉特邦政府拟建设的经济特区包括信实集团在贾姆纳加尔建立的一个1.1万英亩(约合44.5平方公里)的石油和石化经济特区,阿达尼集团在蒙德拉港和托莱拉港建立的两个经济特区,以及埃萨集团在贾姆纳加尔建立的另一个经济特区。早在1965年,该邦就在坎德拉港建立了印度第一个出口加工区,后来升级为坎德拉经济特区。目前坎德拉港的货物吞吐量居印度港口之首,是石油、化工和生铁的进口枢纽,也是纺织品、盐和谷物的出口枢纽。

印度政府希望古吉拉特邦成为印度经济特区之都,期待在这些区域吸引2.5万亿~3.5万亿卢比的投资,并在未来5年内创造数千个就业岗位,寄希望于古吉拉特邦经济特区的繁荣能够起示范效应,从而可能平息全国对经济特区的反对之声。对此莫迪充满自信:“古吉拉特邦经济特区的发展模式没有争议,也不担心农民会遭遇什么。今天,印度正在讨论古吉拉特邦的经济特区模式。”① 2006年,古吉拉特邦政府划拨1.5万公顷土地用于经济特区的规划,这是其他邦不可比拟的。2006年11月,莫迪率团访问中国,他表示:“由于中国是经济特区发展的先行者,我想

① https://www.domain-b.com/industry/general/20061102_Narendra_Modi.html.

获得一手资讯。”[①] 2007年初，他创办了第一届“活力古吉拉特”全球投资峰会，着力改善营商环境，积极招商引资。莫迪曾表示，他利用自己对中国经济特区的了解，让与会者相信在古吉拉特邦设立经济特区的好处。“我的中国之旅让我受益匪浅，因为我能够有效地向企业和人民传达经济特区的信息和好处。”[②]

2001—2013年，在莫迪治下，古吉拉特邦的年均实际生产总值增速几乎达到了10%，不仅高于全印度7.4%的增速，且该邦占国内生产总值的比重也接近8%。2000—2012年，该邦共完成了约3000项乡村公路项目，人均可用电量在从2004—2005年度至2013—2014年度也实现了41%的飞跃。2002年该邦发电不足，目前已发展到电力过剩，该邦的1.8万个村庄已联入电网。在印度普遍电力短缺的情况下，古吉拉特的城市24小时供电，96.3%的村庄通了电。从2004—2005年度至2015—2016年度，古吉拉特邦生产总值的年均复合增长率为12.02%。截至2015年12月，古吉拉特邦原油（陆上开采）产量为332万吨，占全国原油（陆上开采）总产量的24.7%，位居印度第二。古吉拉特邦是世界上最大的钻石生产加工地之一，占世界加工钻石总量的72%，占印度钻石出口量的80%。此外，该邦还是印度最大和世界第三的粗斜纹布生产地，出口比重占印度全国出口总量的65%~70%。

古吉拉特邦的基础设施建设比印度其他邦更为完善。全邦共有45个港口、18个国内机场和1个国际机场，此外还有106个制造聚集地。印度商工部产业政策与促进司）的数据显示，2000年4月至2016年3月，古吉拉特邦的外国直接投资总额约为132.8亿美元，占印度外国直接投资总额的4.6%。该邦在2015年印度商业便捷度排名中位列第一。当地政府为经济

① https://www. livemint. com / Politics / C45AKDA3eV5Dr8kdrA2GDN / Gujarat-now-India8217s-SEZ- Modi.html.

② https://www. livemint. com / Politics / C45AKDA3eV5Dr8kdrA2GDN / Gujarat-now-India8217s-SEZ- Modi.html.

发展制定了简化的商业用地审批程序,更加简便的劳动法规,畅通的运输公路,可靠的电力和水源供应和有效的政府制度。该邦还拥有印度第一个私营港口、第一个精细化工站、第一个液化天然气站,也是印度唯一一个拥有遍及全邦天然气供应网的邦。

最典型的例子就是塔塔集团旗下汽车厂的兴建。从2008年开始,印度最大的财团塔塔集团旗下的塔塔汽车公司就计划在西孟加拉邦东部的辛古尔建立工厂,生产号称世界上最便宜的汽车纳诺。但这个计划受到了辛古尔当地农民的激烈抵制。当地在野党草根国大党领袖甚至以这块地是肥沃农地为由而带头反对。由于建厂土地是西孟加拉邦政府2006年向农民购买来的,很多农民认为补偿太低而拒绝接受,法庭不得不介入,建厂计划中止。莫迪得知塔塔集团在西孟加拉邦的土地困境后马上表示欢迎迁厂至古吉拉特邦。最终,在2008年8月22日,塔塔集团宣布,该公司将汽车工厂转移到古吉拉特邦。在古吉拉特邦,塔塔汽车公司受到了截然不同的待遇。30多岁的农民帕塔和兄弟出售了他们1/3的土地,为塔塔建厂提供方便。他们因此获得了大约43.3万美元的高额土地赔偿,同时也在纳诺汽车厂获得了新工作。纳诺汽车厂的兴建,也给当地带来了一系列经济效应。附近村庄地价涨了两倍以上,很多村民也因工厂的建立而解决了就业问题。即便与纳诺汽车厂没有直接联系,当地农民也通过交通运输等周边产业的便利性增加了自己的非农业收入。

为解决政府办公的长期低效问题,莫迪在任时还实行电子政务,即将信息技术应用于政府服务的提供,以增加政府公职人员的责任感、减少腐败。古吉拉特政府的信息技术部长海德尔认为这是对政府办公效率的促进和对公职人员最好的管理。信息技术服务公司塔塔咨询服务公司开发了政府财务追踪系统、政府办公室文件追踪系统和增值税支付追踪系统。受古吉拉特邦启发,其他邦也开始考虑采用类似的平台。

艾哈迈达巴德是古吉拉特邦最大的城市,尽管艾哈迈达巴德在印度只能算二线城市,但在《福布斯》的2010年全球10座发展速度最快城市排行中，艾哈迈达巴德却成为印度唯一上榜的城市，以“印度最具市场定位和商业机遇之城”的理由雄踞第三。2014年在习近平和莫迪的亲自见证下，广州与艾哈迈达巴德缔结为友好城市。

该邦面积最大的经济特区是阿达尼港口和经济特区，是由阿达尼集团开发的私营经济特区，占地面积84平方公里。阿达尼集团是印度一家跨国集团企业，总部位于印度古吉拉特邦艾哈迈达巴德市。该集团的多元化业务包括资源、物流、农业和能源部门。该集团是印度最大的港口开发商和运营商，运营有印度最大的私营商业港口蒙德拉港。蒙德拉港货柜吞吐量居全国第二位，仅次于马哈拉施特拉邦的贾瓦哈拉尔尼赫鲁港。集团与新加坡的威尔玛建立合资企业，拥有印度最大的食用油品牌。阿达尼企业有限公司是阿达尼集团的旗舰公司。该公司成立于1988年，起初是商贸公司。第一代创业者高塔姆•阿达尼是阿达尼集团的创始人和主席。高塔姆•阿达尼坚持的发展愿景是发展具有国家经济建设意义的资产，这也是该企业集团多年来的发展战略。

阿达尼港口和经济特区有限公司在印度收购和开发港口，目前拥有10个港口，其中9个在运营。因此，阿达尼港口和经济特区有限公司目前是印度最大的商业港口运营商和泛印度综合物流公司。港口都位于印度海岸线的战略位置，其中东海岸有4个，西海岸有6个。这些港口与腹地相连，货运组合多样化，这使得阿达尼港口和经济特区有限公司能够充分利用其地理优势带动印度的贸易增长。此外，阿达尼港口和经济特区有限公司的港口拥有处理多种货物的仓储和搬运能力，开发的港口跟90%的经贸腹地连接，综合物流为国内和跨国客户提供点到点的服务，实现经济特区、自由贸易和仓储区和港口的三位一体。在印度，阿达尼港口和经济特区有限公司是相对成功的经济特区案例，是古吉拉特邦模式的典范之一。

为了发展该邦的工业特区，邦政府2009年通过了《特殊投资区法案》。特殊投资区比经济特区大得多，而且也不仅仅专注于出口。邦政府有权申报投资区或工业区，并将其指定为特殊投资区。一个投资区域的面积要求超过100平方公里。一个工业园区的面积要求超过50平方公里。同时建设一套包括投资区或工业园区的设立、运行、监管、管理的四级行政管理机制。该行政机制包括一个最高管理局、一个区域发展管理局、一个项目发展机构和项目特定的特殊目的载体。最高权力机构也是最高决策机构。区域发展管理局负责开发和监管的底层问题,制定自己的建筑、建设和开发法规。最高管理局的权力将是唯一的窗口系统,是在特殊投资区中建立任何经济活动或设施的第一联系人。《特殊投资区法案》授权邦政府设立项目开发机构。邦政府已经以"古吉拉特邦工业走廊公司"的名义成立了一个项目开发公司,通过三层制度为内部争端解决机制提供了有效保障,同时利用1999年制定的《古吉拉特邦基础设施发展法》,为私营部门参与基础设施建设提供了一个有效的框架。

在艾哈迈达巴德附近的托莱拉正在兴建第一个特殊投资区,即托莱拉特殊投资区,这是一个规划中的绿地工业城,位于艾哈迈达巴德西南约100公里处。根据该《特殊投资区法案》,托莱拉特殊投资区已成立区域开发机构。托莱拉特殊投资区发展局负责规划和发展该区域,并负责管理区域内的政府土地。在中央政府和古吉拉特邦政府之间成立了托莱拉工业城发展有限公司来具体开展这一区域的开发和运营工作。该区域占地约920平方公里,包括艾哈迈达巴德地区的托莱拉次区的22个村庄,预计将比艾哈迈达巴德市更大。该区域位于艾哈迈达巴德、巴罗达、拉杰科特和巴夫纳加尔等工业城市之间,将通过工业化,公用事业和物流基础设施,包括教育、医疗和其他公共设施在内的社会基础设施,构建拥有强大经济驱动力的智慧城市。托莱拉特殊投资区是德里—孟买工业走廊中的第一阶段,一期工程覆盖153平方公里,实际工作已经从一个较小的22.5平方公里的"激活区"开始,2014年开始投标。该激活区又细分为工业区、知识与信息技术区、太阳能园区、居住区、物流区、市中心、农业区、乡村缓冲区、旅游度假区等多个区域。由于起步不久,托莱拉特殊投资区的实际建设成效仍需进一步观察。

2.“古吉拉特邦模式”的内涵

莫迪的“古吉拉特邦模式”包含两层含义:一是优先发展基础设施、吸引投资、扩大就业的增长模式;二是总理办公室直接与政府机构各部门的中低级官员合作,直接介入所有重大政策议题的执政风格。在古吉拉特经济模式中,一部分是中国式的大型标签工程,包括炼油厂和港口,另一部分是小型企业网络和外国公司,它们现已在汽车和制药工业中占据了重要位置。[①]

自2001年莫迪任古吉拉特邦首席部长以来,他干练和果断的执政风格为古吉拉特邦经济发展注入了新的活力。在莫迪任期内,古吉拉特邦经济飞速发展,远远超过了国内平均水平,古吉拉特邦人均收入在2010—2011年处于15个大邦中的第5位。[②]古吉拉特人具有从事工商业的传统,邦政府重视对基础设施的投入,在工业化转型过程中征地、就业、安居问题处理周全妥当,这些使得古吉拉特邦步入了经济稳定增长的快车道。近年来在古吉拉特邦执政的印度人民党政府加速了始于经济自由化的改革,为古吉拉特邦经济发展注入更加强大的活力。第二产业在该邦生产总值比重不断上升,占比超过40%(表3.9),其中制造业约占该邦生产总值的28%。

表3.9 古吉拉特邦三大产业占生产总值比重和年均复合增长率[③]

单位:百分比

产业类别	2011—2012年	2016—2017年	年均复合增长率
第一产业	22.81	20.43	10.9
第二产业	40.48	44.08	15.06
第三产业	36.71	35.49	12.4

① 马欢:《古吉拉特邦:“印度广东”的崛起》,《国家经济地理》2011年第8期。

② Ross Colvin and Satarupa Bhattacharjya, “Special Report: The remaking of Narendra Modi”, *Reuters*, July 12, 2013.

③ Directorate of Economics and Statistics Gujarat, Government of Gujarat, Department of Industrial Policy & Promotion, News Articles. Data for 2017-18 is expected to be released in 2019.

古吉拉特邦经济特区的相对成功具有以下原因:

第一,该邦具有很长的海岸线和深水港湾,气候干燥,降雨量稀少。气候条件导致了该邦沿海地区大部分土地贫瘠,不适合发展农业。气候及地理因素驱使该邦朝着商贸方向发展,降雨量不足意味着该邦民众难以务农为生,而长海岸线则有利于国际贸易。港口是外向型出口制造业的支柱。如今印度海运货物有四分之一通过该邦港口进出。

第二,邦政府拥有的土地基本上是西海岸的不毛之地,蒙德拉港所依托的土地就是阿达尼集团从邦政府购买的荒地,没有发生剥削农民土地的行为。根据2009年的数据统计,古吉拉特邦经济特区用地共20500公顷,其中50%的用地来自荒地,15%用地为邦政府国有工业开发公司古吉拉特邦工业发展公司所拥有的土地。古吉拉特邦工业发展公司是根据1962年《古吉拉特邦工业发展法案》成立的法定委员会。该公司的主要议程是确定和开发适合工业发展的地点。它的发展模式是通过公私合营模式来发掘和整合可用地块,在此基础上提供大量的道路、供水等基础设施保障,以此来发展工业,吸引国内外的企业聚集。只有35%用地是从农民手中收购而来,土地的价格由市场价格决定。[①] 古吉拉特邦工业发展公司大大简化了土地征用程序,把政府的参与降至最低。此外,该邦规定,从农民手中收购的土地若用于工业建设,则必须是不可耕种的土地,并且不允许灌溉农地转为非农地,很大程度上杜绝了开发商掠夺肥沃农地的恶性事件。

第三,古吉拉特邦的土地记录准确良好,所有土地都登记在册,保障了土地所有者的切身利益,也防止了土地黑市的腐败。而在其他邦,土地纠纷频发的一个重要原因是许多私有土地没有备案登记,导致依靠土地为生者在失去土地后无法获得应有的赔偿。

第四,古吉拉特邦注重基础设施建设,交通网络发达。该邦是进入印

---

① P. Arunachalam ed., *Social, Political Economic and Enviromental Concerns of Special Economic Zones in India: An International Experience*, Serials Publications, 2009, pp. 381-382.

度的西北大门，交通网辐射南部、北部和中部地区。公路网是印度密度最大的，铺好的公路接近92%，而全印度平均只有58%。随着道路和公路的发展日趋完善，古吉拉特邦的运输能力将更强。因此，古吉拉特邦非常适合工业导向型企业，产品的进出口都能在较短时间内实现。

第五，与其他邦相比，古吉拉特邦的经济特区法规比较完善，邦政府出台了便商的规章政策，行政效率较高。莫迪自己也曾提到，古吉拉特邦是印度发展的排头兵，率先革新，率先做一些其他邦没有做的事情，让古吉拉特邦成为带动印度腾飞的试验田。①

莫迪创造的“古吉拉特邦模式”在经济建设上取得了很大成就，但也存在不少问题。首先，古吉拉特邦存在严重的地区发展不平衡问题，尤其是少数民族和部落民众的生存状况没有得到改善。其次，古吉拉特邦模式无法回避穆斯林对包容性政治的诉求。

综上，2006年以前中央政府和邦政府成立的经济特区大部分是多行业经济特区，以发展制造业为导向；2006年《经济特区法(2005)》正式实施后成立的私营经济特区中，信息和信息技术企业外包服务特区占绝大多数，以发展外向型服务业为导向。从根本上讲，印度经济特区实质上是各自孤立发展的出口特区和特殊税收区，规模都较小，无法连成一片，难以形成强大的产业集群效应，在吸引国内外投资、扩大出口和吸引就业这三方面的整体表现都远不如预期。

而土地、劳工、法律、种姓、民主政体和诚信各方面的制度因素严重制约了印度经济特区的发展。这些约束环环相扣，互为关联。在印度，制度妥协和折中的制度设计，使得各个分裂的群体坚守各自的势力范围，各类经济主体抓住既得利益不放，整体缺乏凝聚力，难以推动经济转型改革。2006年开始的全国办特区的热潮到全国反特区的声势充分反映了印度经济特区的困境在于背着沉重的制度包袱曲折前行，政府缺乏地方性发展的

① 姚玮洁：《“古吉拉特邦模式”的印度期待》，《人民文摘》2015年第1期。

战略定位和顶层设计,或寄望于一两个产业的突破,缺少整体的谋划;或囿于陈规旧俗,没有凸显特区之“特”字,缺少前瞻的勇气。

从具体个案研究来看,喀拉拉邦和古吉拉特邦都是印度沿海地区较早开眼看世界的地区,也是印度较早成立出口加工区的地区,但这两个经济特区的发展道路大相径庭。喀拉拉邦的科钦经济特区虽然已走过30多个年头,已取得一定的成效,但发展空间越来越小,困境在于背着沉重的制度包袱前行,缺乏发展特区最应有的改革魄力与勇气。虽然该邦的社会人文发展指数位居全印度第一,也使该邦不像印度其他地区那样存在严重的贫富悬殊,基本实现均衡发展,但并不能解决该邦经济发展的难题。经济特区在古吉拉特邦的相对成功应归功于地理气候因素导致的重商传统、邦政府行政效率较高、工业用地容易获得、劳动法灵活简便、基础设施建设良好以及该邦经济特区法规的相对完善。两个邦不同的发展道路均具有典型意义。

印度经济学家普拉纳布·巴丹曾以一个十分简单的模型来说明制度变迁与经济改革之间的关系:改革—经济增长—减贫;贫困与不平等—对改革的阻力—增长停滞。[①] 如果古吉拉特邦模式无法有效应对由经济增长引起的贫富差距扩大问题,这一模式将失去广泛的支持,难以维持可持续性。同样,倘若喀拉拉邦不着眼于如何应对内部的经济增长挑战,继续抵制工业化和市场化,那长期依靠侨汇的喀拉拉邦经济极有可能会因为海湾国家移民政策的变动而具有不稳定性,喀拉拉人的贫困现状难以得到改善。

① Pranab Bardhan, “Economic Reforms, Poverty and Inequality In China and India”, in Ravi Kanbur, Kaushik Basu eds, *Arguments for A Better World Essaysin Honor of Amartya Sen*, Oxford University Press, 2008, pp. 450-456.

第四章　金砖框架下的中印合作

一、印度对金砖合作的态度

金砖国家领导人第十五次会晤期间，金砖国家领导人一致同意邀请沙特、埃及、阿联酋、阿根廷、伊朗、埃塞俄比亚成为金砖大家庭成员，金砖国家发展势头日益强劲的背后，是建立更加公正合理的全球经济秩序的共同目标，反映了发展中国家寻求发展与稳定、积极融入世界体系、拒绝选边站队和集团对抗的共同愿望。沙特、阿联酋、伊朗、埃及等国的加入表明，处于大国竞争中间地带的中东国家正在寻求与处境相似的国家协调立场、深化合作，以地缘经济的稳定对冲地缘政治的不确定性，从而将地缘经济影响力转化为地缘政治影响力。金砖国家的扩员涵盖了亚洲、南美洲和非洲的国家，这标志着非西方世界加强替代性多边合作机制的新动力。

印度外长苏杰生6月2日在社交媒体上写道："金砖国家不再是'替代品'，而是全球舞台上一个已确立的特征。金砖国家所代表的改革意义必定传遍多边主义的世界。""金砖国家不仅仅意味着多极化，还意味着应对国际挑战的多种和多样化方法。"苏杰生表示，金砖国家寻求建立"一个更加公平、更具包容性和更加开放的国际架构，这一架构的核心是可持续发展"[①]。莫迪在约翰内斯堡会晤期间表示，印度"完全支持扩大"金砖国家集团，"欢迎在达成共识的基础上向前迈进"。

---

① https://ckxxapp.ckxx.net/pages/2023/06/03/843e0e371fe24a87a13387004ae6f46e.html.

金砖国家集团在全球多边舞台上发挥着至关重要的作用。印度和巴西都将金砖国家视为提高其国际地位和影响力的平台。特别是对印度来说,金砖国家是一个有力的工具性平台,可以支持印度在国际舞台上获得更大的代表性。但印度对金砖合作的立场仍具有较大的不确定性。

对印度来说,当下的地缘政治选择既不清晰也并不容易做出。首先,印度在全球地缘政治格局中的位置如何?例如,西方倾向于从美西方与俄罗斯对立的角度来看待印度加入金砖国家和上海合作组织的问题,并会质疑印度如何能同时成为四方安全对话、二十国集团、七国集团和金砖国家、上合组织及全球南方国家的一员?从印度的结构和愿望来看,二十国集团、七国集团、四方安全对话等是印度的优先外交方向,但印度要在这些集团中获得重要地位仍然具有挑战性。因此,印度位于一条新兴地缘政治断层线的正中间,两边都有利益,但又都不完全属于任何一方。因此印度采用平衡外交,其目标是:一方面促进更具代表性和更公平的全球治理,另一方面确保这样的秩序不会损害本国利益。虽然印度希望削弱中国在非西方机制中的影响力,但在此过程中,印度也必须确保不疏远全球南方的其他国家。因此,印度既要在金砖国家和上海合作组织等非西方全球合作平台中坚持自己的立场,又要遏制中国在这些论坛中稳步增长的影响力,还要在七国集团等以欧洲为中心的论坛中为自己争取一席之地的同时应对西方的规范性期望。[①]

二、当下中印合作总体态势

根据印度品牌资产基金会数据,印中双边贸易持续繁荣。在过去五年中,印中贸易总额增长了29%,2022财年,印度从全球进口了价值6132亿美元的商品,其中从中国进口了价值942亿美元的商品,占印度进口总额

① https://epaper.thehindu.com/ccidist-ws/th/th_delhi/issues/48726/OPS/G7MBL8I49.1+G7LBL9BGE.1.html.

的15.4%。印度在2023财年向中国出口了4459种商品。2022财年印度对华出口额为212.6亿美元,2023财年为153.3亿美元,2023财年印度对华出口的主要商品包括石油产品(12.1亿美元)、海产品(14.4亿美元)、铁矿石(13.9亿美元)、香料(7.39亿美元)和有机化学品(6.92亿美元)等。2023财年,印度从中国进口了7484种商品。2022财年中国对印度的进口额为945.7亿美元,2023财年为985.0亿美元,2023财年从中国进口的主要商品包括电子元件(81.9亿美元)、计算机硬件和外围设备(72.5亿美元)、电信仪器(68.1亿美元)、有机化学品(64.4亿美元)和乳品机械(62.7亿美元)等。①

根据中国外交部数据,中印经济合作领域不断拓展。2021年,中印双边贸易额1256.6亿美元,同比增长43.3%,其中中国对印度出口975.2亿美元,同比增长46.2%,中国自印度进口281.4亿美元,同比增长34.2%。2022年,中印双边贸易额1359.8亿美元,同比增长8.4%。其中中国对印度出口1185亿美元,同比增长21.7%,中国自印度进口174.8亿美元,同比下降37.9%。中国对印度主要出口商品有机电产品、化工产品和贱金属及制品等。中国自印度主要进口商品有矿产品及原料和化工产品等。②根据《印度教徒报》报道,2023年上半年,中国对印度的出口额为565.3亿美元,同比减少0.9%;同期,中国从印度的进口额为94.9亿美元,同比减少0.6%。中国主要出口到印度的产品包括活性药物成分、化学品、机械汽车零部件和医疗用品。③

尽管中印经贸关系表现较为出色,但双边政治关系持续冷淡,中印关

① Exploring India China Trade and Economic Relations | IBEF, https://www.ibef.org/indian-exports/india-china-trade.

② http://newyork.fmprc.gov.cn/gjhdq_676201/gj_676203/yz_676205/1206_677220/sbgx_677224/.

③ Trade Between India and China Declines For First Time After Record High in 2022, https://thewire.in/trade/india-china-trade-decreases-for-first-time-in-over-two-years.

系仍在低谷徘徊,或陷入长期低位运行。在美国纠集其少数盟伴对华实施全面遏制战略的大背景下,未来中印关系的形态和走向或更加复杂。在中印关系的正负面事件中,政治往来、经贸投资、边界问题等是双边交往的主要领域。其中,边界问题所占比重最高,是中印负面事件爆发的最主要类型。据印度报业托拉斯报道,印度外长苏杰生2023年5月27日在阿南特国立大学发表题为“莫迪的印度:一个崛起的大国”的讲话。在提到对华关系时,苏杰生称印度面临来自中国“特殊和非常复杂的挑战”,并称过去三年中,这一挑战在边境地区“非常明显”,因此两国必须在双边关系中找到一个平衡点。当前中印边界争端已成为影响双边关系的关键领域,安全问题逐渐成为中印的主要矛盾。此外,中印边界争端还“外溢”到其他领域,表现为印度在政治、经济等方面调整对华政策,由此带来的负面影响将销蚀中印长期努力建立的政治互信,影响中印全面合作。[①]自2021年开始,中印两国已就边界问题进行20轮军长级会谈和磋商,虽双边紧张局势有所缓和,但双方仍未能就边界问题达成一致意见,双方同意通过军事和外交渠道保持沟通对话势头,尽快解决剩余问题。

中印关系自成一类,尽管存在结构性矛盾,但中印交恶并不必然发生。只是随着美国对中国打压和遏制力度加大,以及印度与中国在地缘政治上的对抗形势加深,中印关系也会受到影响。当前中印关系处于低谷。虽然印度强化印美关系,但这种合作并非意味着公开反华。印美建立更稳固的关系有三个必要条件:战略利益,尤其是在中国崛起的背景下;经济利益;共同的所谓“民主价值观”。印度认为美国对中国崛起的担忧是造成对印度关注的部分原因。印度对华战略包括加强印度的安全和经济实力(内部平衡),以及建立一系列伙伴关系(外部平衡)——印度认为美国在这两方面都将发挥关键作用。同时也有部分观点认为,当下中美关系的现实会使

① 张伟玉、陈宗华、张杭:《国际关系预测:中印关系将延续缓慢下滑趋势》,《国际政治科学》2022年第7期。

北京因华盛顿的重视而更加重视德里。这意味着印度在与美的对话与合作中,或不会表现出比以往更激烈的反华倾向。

无论中印两国关系健康与否,彼此在双方外交中的地位都不容忽视。印度多方位的外交政策,平衡中国是其中的一部分,但更重要的是将印度嵌入到有助于推动印度的全方位发展和改革的合作中,这才是最终目标。从这个意义上来讲,相对负面和消极的对华政策对印度而言并不是目的,而是手段。

中印作为发展中大国和人口大国,面临相似的经济发展背景。为助推经济转型升级,迈向更高质量发展阶段,两国在经贸合作、绿色金融、支持多边主义等诸多领域存在广泛的合作与发展空间,尤其是在金砖框架之下的合作,具有丰富的可能性。印度2021年主持的金砖峰会主题是:“金砖十五周年:开展金砖合作,促进延续、巩固与共识”,中国主持金砖国家领导人第十四次会晤主题为“构建高质量伙伴关系,共创全球发展新时代”。

中印崛起,是两个拥有古老文明传统的大型现代国家的崛起。两大古老文明之间的互鉴交流将在新时代焕发出新的活力,两大市场的互补性和关联性将释放出新的发展潜力,中印两大邻国的共同发展将创造一种新的合作模式,中印两个发展中大国的和平共处将具有全球意义,中印合作对于新兴国家更好地参与全球治理具有象征性和决定性的意义。2023年8月23日,习近平在出席金砖国家领导人会晤期间应约同莫迪交谈。双方就当前中印关系和共同关心的问题坦诚、深入地交换了意见。习近平强调,中印关系改善发展符合两国和两国人民的共同利益,也有利于世界和地区的和平稳定与发展。双方应从两国关系大局出发,妥善处理边界问题,共同维护边境地区的和平与安宁。印度外交部表示,双方就解决悬而未决的边界问题进行了积极、建设性的深入探讨。无先决条件解决问题的总体方法符合金砖国家峰会的精神。在金砖框架下,中印两国领导人与其他金砖国家伙伴共同致力于制定金砖扩员的标准、改革货币和金融业务等重要问题,也有助于更加积极地寻求中印关系正常化的途径。

中印友好合作关系既对双方加强协调、共同妥善应对世界经济日益加剧的风险和挑战十分重要,更对金砖国家组织的健康发展具有关键性作用。中印两国借助金砖国家机制扩大共识,有利于健全金砖国家合作机制,有利于加强南南合作、促进南北对话,有利于中印双边关系机制化建设。[①]

三、当下中印合作面临的挑战

中印关系的整体形势不利于中印合作,尤其是中资企业在印度生存面临困难。印度的法律、税务体系复杂,投资政策、税收制度、外汇监管等较为复杂,政策不确定性因素较多。中印文化差异较大,中资企业落地需要很长的适应期。2020年以来,由于印度政府对在印中资企业的多种限制和随意调查,目前在印度的中国企业陷入了集体性困局:盈利难、签证难、经营难,以及烦琐和严格的数据存储要求仍然阻碍了中国与印度的合作。一些中资企业不得不停止原先计划的追加投资,有些甚至已经终止在印度的投资,转战东南亚市场。[②] 2020年和2021年中国对印投资额连续两年断崖式下跌,两年复合增速同比减少66%。中企赴印投资发生根本性改变。

莫迪政府2020年4月发布了“3号通告”,宣布修订《外国直接投资政策》,以对“来自与印陆地接壤邻国的投资”进行安全审查之名,限制中企在印投资。受准入门槛提高、市场竞争减弱等影响,中国对印度投资数量和流量不断减少。2022年3月,印度政府首次公布了来自与印度陆路接壤国家投资者的获批情况。印度商工部部长表示,自2020年4月18日以来,印度政府已从与印度陆地接壤的国家收到多达347项外国直接投资提案,价

① 王卓:《金砖国家组织视域下中印关系问题研究》,《长沙理工大学学报(社会科学版)》2022年第3期。

②《中企在印度陷入集体困局对印度投资需进行引导》,中国金融信息网,https://www.cnfin.com/yw-lb/detail/20220713/3660495_1.html。

值约759.51亿卢比。在这347份提案中,迄今为止有66份提案已获得政府批准,193份提案被拒绝或关闭或撤回。[①]剩余的为未决状态,申请获批率约为19%。在具体行业方面,获得审批数目最多的行业是服务业,其次是电子和汽车行业。据印媒报道,2023年3月,印度财政部部长尼尔玛拉·西塔拉曼透露,2022年有54份来自中国的投资申请仍在等待印度政府的审批。[②]除了预先的投资审查,印度还在2022年修改公司法中关于董事任命与资格的条款,要求在印度公司中担任董事的人如果来自与印度接壤的国家也要得到印度政府的批准。

2020年以来,中国手机厂商、设备供应商、基础设施投资商、移动应用程序供应商等中国企业均面临着印度政府税务及合规的多番审查和调查。2015年以来,中国手机品牌相继出海印度,小米、OPPO、vivo、传音、华为等厂商相继征战印度,市场份额越来越大。第三方数据机构数据显示,2022年一季度,印度五大手机厂商中有四家来自中国,小米、真我、vivo和OPPO合计占据了63%的市场份额。根据市场研究公司的数据,该市场最新的前五大手机品牌榜单,几乎被中国品牌瓜分,vivo在2023年上半年以16%的份额领先,韩国三星排名第二,中国品牌真我、OPPO和小米紧随其后。[③]2021年底以来,印度税收机构多次以“涉嫌洗钱”“逃税”“做假账”等理由,持续打压中国智能手机厂商,甚至进行资产扣押。2022年以来,针对中国企业的限制愈发严苛。印度先后对中国光伏产品、印刷电路板、聚醚多元

① India border countries, “347 FDI proposals received from countries sharing land border with India; 66 approved”, *The Economic Times*, https://economictimes.indiatimes.com/news/economy/finance/347-fdi-proposals-received-from-countries-sharing-land-border-with-india-66-approved/articleshow/90268118.cms?from=mdr.

② Fdi, “54 FDI proposals with investor/beneficial owner from China, Hong Kong pending for decision”, *Times of India*, https://timesofindia.indiatimes.com/business/india-business/54-fdi-proposals-with-investor/beneficial-owner-from-china-hong-kong-pending-for-decision/articleshow/99042007.cms?from=mdr.

③ https://hk.finance.yahoo.com/.

醇、氰化钠等产品发起反倾销调查。此外,印度保持对华经贸科技高压,频繁打压中国在印企业。除了荣耀这样的行业头部企业撤出印度市场外,印度的手机产业链中80%的中国中小企业已倒闭,另有一批企业已放弃印度市场,仅有少数企业还在艰难维持。

以小米和vivo为例,2020年,印度永久禁止小米浏览器;2021年,要求获取小米手机及其组件的有关数据和细节;2022年,要求小米补交65.3亿卢比进口税。2023年6月11日,印度负责监管金融犯罪的机构指控,小米印度分公司、公司负责人及三家银行违反《外汇管理法》,并将小米存放于银行的555.1亿卢比冻结。2023年4月,小米印度公司对印度执法局扣押资产的申诉被印度法院驳回。问题的症结或在于双方对相关税法和《外汇管理法》等法律的理解不同,比如企业认为是合理的税务筹划或者正常的服务贸易而将资金汇出印度,但印度政府认为是对税法的滥用和对《外汇管理法》的违反。OPPO、华为、中兴等中国科技企业几乎无一例外遭遇了税务调查。2022年7月,OPPO被指控逃避关税439亿卢比。vivo则面临逃税221亿卢比的指控,被封锁了在印度的119个银行账户,共计46.5亿卢比。2023年4月,vivo负责印度相关业务的部门曾表示将进一步投资印度市场,在2023年底前对印度投资350亿卢比用于智能手机的生产。在获得印度当局的必要许可后,vivo在大诺伊达的新制造工厂将于2024年初开始生产,未来将具备年产近1.2亿部智能手机的能力。但2023年10月,印度指控vivo违反签证规定,以及一些员工非法前往该国敏感地区,并以涉嫌洗钱为由逮捕了一名中国高管。

据印度媒体2023年3月报道,印度计划为在印度合资设厂的中方投资者设定49%的股份上限。合资企业中的印度合伙人将拥有至少51%的股份,以确保他们可以控制企业的管理。寻求与中国企业建立合资企业的印度公司表示,这一上限将取决于中国公司愿意转让的技术密集程度。

小米被冻结巨款后,印度对中国企业再提新的要求。印度《经济时报》2023年6月13日报道,印度政府部门将要求小米、OPPO等中国手机制造企业任命印度籍人士担任行政总裁等关键职位。同时，将代工生产委托给印度公司，以及扩大当地经销商出口。印度多家媒体2023年8月3日报道，印度政府出台政策，对进口笔记本电脑和个人电脑(主要来自中国的设备)实行新的许可限制。这一政策将影响戴尔、惠普、联想和苹果笔记本电脑的短期供应。一周后，有报道称印度官方正在考虑对相机和打印机采取类似措施。《印度斯坦时报》2023年10月12日报道，印度政府修改《经济安全规定(2020)》，禁止与中巴等"敌对国家"有任何"商业联系"的国内外企业实体在印参与政府业务。

在大国竞争，尤其是芯片大战背景下，众多国际科技企业试图转场印度。中印经贸关系必然会受到影响。如前所述，2020年3月起，莫迪政府开始实施"对华产业替代"政策，这一政策包括三方面：以生产挂钩激励计划为代表的产业政策、以全球范围内寻求"中国替代品"及签订新双边自贸协定为代表的经贸政策、以融入美西方创新链和价值链为代表的新经济政策。其中，生产挂钩激励计划重中之重。政策推行之初，印度政府就表示将用19.7万亿卢比支持14个关键行业的生产，包括半导体、光伏、电子设备、制药、医疗器械、汽车等，这些领域中的大部分高度依赖中国制造。莫迪政府推行的"对华产业替代政策"表现为三个层次：第一步，以"印度制造"取代"中国制造"。第二步，以"印度资本"取代"中国资本"。第三步，在全球范围内，以"美国+印度"的产业合作模式取代"美国+中国"模式。

四、中印交流合作的积极进展

(一)中印贸易合作在金砖合作框架下受益

一是在中国的印度商人获得了更广阔的贸易前景。

来自印度比哈尔邦达尔班加市的鞋商尼仁·阿南德2011年在厦门创办了厦门艾沃得进出口有限公司，主要从事鞋类设计、制造和出口。受益于金砖合作，在过去的十年中，尤其是2017年"厦门会晤"以来，阿南德在中国的公司有了长足发展，从最初2名工人发展到现在的200多名工人，包括20多名设计师,2019年阿南德公司的销售收入超过了800万美元。2020他年又在浙江温州设立了新办公室。阿南德投资1000万美元在印度东部城市布巴内斯瓦尔新建的鞋厂于2023年7月5日正式投产。按照阿南德的规划,工厂有4万平方米,将雇用1500至2000名员工,“厦门总部将在研发、设计以及原材料等方面对印度工厂提供全方位支持”①。

浙江省义乌市的城北路是印度商人的聚集区,又被称作“印度街”。印度商人是在义乌外商人群中最重要的一部分。义乌是目前全球最大的小商品集散中心,这吸引了越来越多的印度商人来到义乌经商。2012年第一季度,印度成为义乌最大的出口目的国。来这里的印度商人,主要是做餐饮和贸易。义乌与印度经贸的交流合作日益密切,高峰期常驻义乌的印度外商有2000余人。2023年上半年,义乌对印度进出口130.3亿元,同比增长13.6%。②

二是中国企业出口印度成绩优异。

2023年1—7月,富士通将军中央空调(无锡)有限公司已向印度出口空调室内机、室外机等26700余台,货值518万美元,同比增长33%。企业生产管理部门负责人表示,“在家电这一细分领域,印度等金砖国家存在更新换代的需求,当地消费者开始追求品质化、绿色化。家庭式中央空调的出口成绩尤其亮眼”③。

近年来,中国和印度之间的经济合作愈加紧密,中国对印度出口贸易额整体呈上升态势。2023年3月8日,顺丰航空在成都双流国际机场开通

---

① BRICS Cooperation Fosters Business Opportunities,福建省人民政府网站,https://www.fujian.gov.cn/english/news/202308/t20230827_6239087.htm;《金砖国家青年“掘金”金砖市场——金砖合作的厦门故事》,新华网,http://www.xinhuanet.com/world/2020-11/18/c_1126754978.htm。

②《今年前7月我市对金砖国家出口317.6亿元》,义乌市人民政府网站,http://www.yw.gov.cn/art/2023/8/23/art_1229187636_59454387.html。

③《牵手“金砖”结“金果”江苏与世界新兴市场国家不断拓展合作内容》,中共江苏省委新闻网,http://www.zgjssw.gov.cn/yaowen/202308/t20230825_8060736.shtml。

了首条成都—金奈国际货运航线,实现了“中国造”与“印度造”的连接。这是继2019年12月川航开通该航线后,双流机场货运航空加密的新动向。顺丰航空计划每周执飞该航线两班,每班均为当天往返。首班出口货物为近50吨的普货和电子产品,主要是来自河南、深圳等地的电子配件。该航线将与目前该公司正在运行的成都—德里航线形成“双通道”,拓宽成都至南亚的进出口物流渠道。双流机场海关数据显示,2022年,四川和印度的进出口货值2389216.27万元,其中出口2323642.05万元,进口65574.22万元。[①]2023年7月,位于云南省昆明市郊的中国铁建高新装备股份有限公司生产的重型铁路养护机械出口印度,包括道岔捣固车、多功能捣固车、边坡清筛机等。2023年7月,兰州新区中川北站物流园—印度孟买多式联运班列顺利开行。该趟多式联运专列满载减速箱、控制柜及油冷机等设备,由中川北站通过公路运输至山东黄岛港,在港口通过换装后海运至印度孟买,全程预计用时15天左右,实现常态化运营后,将为南亚地区企业贸易往来提供广阔的合作平台。印度官员表示,2021—2022年,印度从中国的进口商品总额一直在稳定增长。从印度的角度看,这是重点推动其制造业发展的关键,印度从中国进口的大部分货物是资本商品、中间货物和原材料,用于满足印度电子、电信和电力等快速扩张行业的需求。电子部件、计算机硬件和外围设备、电话部件等进口的增加可以归因于印度向数字化社会和知识经济转型。印度对这些类别商品进口的依赖很大程度上是因为国内生产难以满足需求。[②]

印度公司正在从中国进口多类产品。根据课题组对南印喀拉拉邦的调研,该邦有不少企业与中国有业务往来。

①《成都加密直飞印度金奈货运航线助力国际门户枢纽城市建设》,人民网,http://sc.people.com.cn/BIG5/n2/2023/0309/c345167-40330617.html。

②《印度媒体:印度离不开中国商品》,中国日报网,https://china.chinadaily.com.cn/a/202212/26/WS63a90dc4a3102ada8b22846e.html。

表3.10　印度喀拉拉邦企业与中国业务开展情况

受访人	公司名	主要业务
Mr. P P Nazar	Zians Trading	在浙江有代理商,代理地垫、地毯、电子产品等,并与佛山、深圳有家居建材、电子产品等贸易往来
Mr. Toshy	Freelance Trader	广东佛山建材、照明器具和家具
Mr. Joe M Philip	Trans world International	从浙江、深圳进口椰髓、泥炭、纤维
Mr. Mathew Francis	Toyo Corporation	从上海进口高压水枪和真空吸尘器等
Mr. Antony Chakkiath	Buro and Eco Mode Furnitures	从广州采购办公家具
Mr.Pratheesh	Popular Tyres	从青岛进口轮胎、动力耕作机等
Ramesh	American Company	从上海、广州等地进口汽车部件、电子部件、机械部件、电缆等
Mr. Shahul Hameed(曾任中国上海印度工业联合会会长,现任印中经济文化理事会首席执行官,负责华南地区事务)	Huge Mark Corporation	公司在深圳、北京、山东设有办事处。在中国生产Nolta产品并出口到印度。曾为迈索尔的Lunar箱包部门供应面料、向Krizele提供卫生用品,向NTPaul提供中国瓷砖等

通过对这些企业的访谈,可以发现喀拉拉邦中小企业与中国开展的业务范围比较广泛,根据受访人的描述,他们对与中国的贸易往来有比较积极的评价和期待。比如,受访者普遍认为中国的公路系统发达便利,为贸易便捷奠定了基础;贸易往来过程中无需与政府部门直接打交道,直接与公司对接非常方便;低成本是从中国采购的主要原因,中国的规模经济效益很高,即便在地方层面,政府对企业的激励力度也比较大。但同时也提出了一些问题和建议,比如税率较高,会计费用、集装箱费用、船舶较少运输成本高等。他们迫切希望金砖合作能够为两国的贸易往来开辟更加便捷的通道,创造更加有利的条件,进一步促进彼此的交往合作。①

① 感谢印度拉贾格里商学院外事办主任为此课题在2022年以来进行的持续调研。

(二)在印中资企业谋求新发展

中资企业大部分在2011年以后进入印度投资,2013年底中国“一带一路”倡议提出后,兴起了一轮对印度投资的热潮;特别是2014年莫迪执政后,推行了一系列改革,国内各种政策和外商投资政策不断放开,使得印度成为外国直接投资目的地,从2014年的第五位上升至2015年第一位,其外商直接投资流入资本达308亿美元,各国都更加重视印度市场的投资机会,希望从中争取更多的市场份额。中资企业也不例外,2014—2019年,中国对印度直接投资流量复合增速约为11%。以绿地投资为主(33.7%),涉及多个行业:能源行业(21%)、消费服务行业(30%)、科技通信行业(12%)、运输行业(10%),以及旅游、地产、钢铁行业等。[①]

从中资企业在印投资行业来看,主要以制造业和基础设施建设相关行业为主。其原因主要是,印度未经历工业革命大发展阶段,制造能力相对薄弱,基础设施相对落后,这些领域对中资企业市场机会较多。同时,印度政府推动的“印度制造”的政策也是刺激中国企业瞄准印度制造业的主要原因,投资者意识到印度正在加快脚步推动本土制造能力提升,广阔的国内市场蕴藏着丰富商机。

据不完全统计,中资企业进入印度市场以来,累计为当地提供就业岗位超过100万个,这些企业及时缴纳税款,有力促进了所在地经济社会的发展。例如,三一重工印度私人有限公司在浦那查勘工业园,实现了人才本土化、产品本土化和制造本土化的三大发展战略。完全实现了从董事总经理到一线员工100%的本土化。OPPO、vivo等在印中资手机工厂聘用当地工人总数超过20万人。海尔电器产业印度有限公司拉动当地就业1万人以上,间接就业5万人以上。三一重工累计在印度上缴利税超过21亿元人民币,为当地创造就业机会5000多个,为行业培养挖掘机和起重机操作手超过2000人。

---

① American Enterprise Institute,https://www.aei.org.

在印度本土保护主义盛行的大背景下,尽管中国科技企业在海外的处境日益艰难,面临的不确定性在不断加剧,但仍有一些新的进展值得关注。其中厦门姚明织带饰品有限公司(简称姚明织带)和科达石材机械可作为典型案例。

2022年11月13日,姚明织带印度工业园建设开工仪式在印度安得拉邦维沙市举行。姚明织带印度工业园计划投资30亿卢比,将建设专业厂房及配套设施,总建筑面积超84000平方米,目前涵盖园区建设、员工宿舍和商业酒店等,项目建成后将为当地带来超过2000个就业机会。[①]该项目受到了当地政府和工商界人士的高度重视和欢迎。在当前中国投资受印中央政府严厉审查的背景下,姚明织带印度工业园项目成功获批并顺利开工具有特别的示范效应。[②]

姚明织带2004年成立于厦门,是一家专门生产丝带及相关饰品的纺织企业。2014年,姚明织带响应国家"一带一路"倡议,在印度安得拉邦维沙市设立第一家公司,成为厦门首家践行"一带一路"的民营企业,也是厦门市首家在印度直接投资的企业。2017年,姚明织带在安得拉邦维沙市设立第二家公司,在安德拉邦维沙市经济特区租赁厂房生产,产品绝大部分出口美国市场。目前,企业雇用当地员工600余人,且大多为女性,为促进当地民众就业和经济社会发展做出了贡献。

姚明织带印度新工业园的建设,进一步完善了姚明织带的国际化经营战略布局。从进军印度市场,再到新工业园奠基建设,姚明织带尊重当地文化、关爱员工、组织适宜当地人的团建活动;与当地的工商业部门和谐共处、积极配合参加当地组织的政企项目;将中方管理人员派到当地做培训、并邀请当地技术专家来中国学习,培养当地的管理团队等。基于在印度深

① 《姚明织带印度工业园建设开工仪式举行》,金砖国家新工业革命伙伴关系创新基地网站,https://www.bricspic.org/Pages/Home/NewsDetail.aspx?rowId=660。

② 中华人民共和国驻加尔各答总领事馆,http://kolkata.china-consulate.gov.cn/zlgxw/202211/t20221122_10978904.htm。

耕多年的经验，姚明织带为厦门市及福建省政府部门和企业与印度的经贸往来、信息人员互通、项目推介等做了大量工作，也为多家厦门企业的印度投资计划或意向提供了咨询建议。姚明织带董事长姚明认为，企业“走出去”不能“独善其身”，也需要与同行伙伴携手共进，在当前外贸形势较为严峻的情况下，只有企业“抱团取暖”，才能更好地引领海外投资风潮。作为首批金砖示范单位，姚明织带将继续把企业在中国的成功经验复制到印度，在南亚地区探索“中印+”合作，构建良性互动模式，实现更高水平、更大范围的互利共赢。①

科达石材机械是另一个典型案例。2020年受疫情影响中方人员无法出国，因此公司组建了印度本土化销售服务团队，目前有7位技术及销售人员。在疫情期间，印度本土销售服务团队负责科达石材机械在印度的设备销售、安装调试、售后服务等所有工作，快速实现了销售服务的“本土化”。过去三年，印度本土服务团队完成了石英石、岗石、天然石等近百条产品线设备的安装交付工作，同时也为当地客户解决了各种售后和生产工艺问题，高效的服务响应速度及专业的服务水平助力科达石材机械在印度市场取得了历史最好的销售成绩。为了支援海外的项目安装调试，科达石材机械公司特设一间办公室作为“项目远程办公室”，并在内部迅速组建起专业的技术支持团队，通过远程监控及调试系统，为印度本土团队提供全天候24小时的远程技术支持。科达石材机械公司成立于2003年，是最早开发印度市场的首批中国石材机械企业之一。在包括印度在内的石材产区，长期位居市场前列，具有极强的市场竞争力。疫情期间科达石材机械突破传统合作路径，通过组建本土服务团队，在印度市场拥有了更高的知名度。

①《姚明织带：通过投洽会，再遇印度投资良机厦门网》，https://zt.xmnn.cn/politics/2023/23qth/spbb/202308/t20230831_99466.html。

(三)中印人文领域的持续交流

在中印关系发展受挫的当下,两国的人文交流并未中断。2022年8—10月,600名印度商人分两批次搭乘包机赴浙江省义乌市,近2000名印度留学生及商人取得中国签证。

中印两国智库、学界、青年持续以多种方式进行交流。2022年5月31日,上海国际问题研究院与印度观察家研究基金会联合举办了"2022年中印对话会",来自上海国际问题研究院、清华大学、复旦大学、云南社科院和印度观察家研究基金会、中国分析及策略中心的学者围绕变动中的国际秩序、中印关系现状等议题进行了交流。2022年6月,徐梵澄文化研究中心(本地治里印中友协)主办"文明交流互鉴,友谊之树常青——中印杰出学者徐梵澄与巴勒迪研讨会"在印度本地治理举行。2013年1月19日,由中国外文局中东欧与中南亚传播中心(人民画报社)主办,云南省社会科学院和印度喀拉拉邦大学中国研究中心、政治学系协办的中印媒体智库论坛以线上线下相结合的方式举办。来自中印两国媒体、智库、高校的多位专家学者围绕"新起点新愿景:2023中印关系与人文交流"主题进行了深入讨论。2023年4月20日,由中央网信办网络传播局指导、西安工业大学主办、环球网提供媒体支持,以"交流互鉴 共创未来"为主题的中印青年交流对话线上会议成功举行,旨在增进两国青年对彼此国家历史文化和社会发展的了解,为中印关系发展贡献青年力量。2023年8月26—27日,由上海纽约大学环球亚洲研究中心、复旦大学亚洲研究中心与北京大学东方文学研究中心联合举办的"中印文化交流研究的新走向"学术会议暨虚拟现实线上展览"花开并蒂:二十世纪中印艺术交流特展"成功举行。来自国内知名高校的多位学者、艺术家与华人就全球史视野下的中印艺术、美育、哲学、科学及技术等主题展开讨论。这场艺术展在多位学者的共同努力之下,历时数年,从海内外多个收藏机构收集到高剑父、徐悲鸿、张大千、叶浅予、石鲁等诸多重量级艺术家所创作的近百件作品,更有现今已知20世纪第一位赴印学习艺术的留学生常秀峰的大量画作,具有重要的学术价值。[①]

云南昆明在每年6月21日国际瑜伽日都要举行中印人文交流系列活动;2022年国际瑜伽日暨中印人文交流系列活动以“瑜伽为媒 文明互鉴 中印携手 民心相通”为主题,来自中国、印度等国的50余名专家学者通过“线上+线下”的方式展开对话,并启动了“不可思议的印度”线上摄影展。“2023年国际瑜伽日暨中国(昆明)南亚文化艺术周、中印人文交流论坛”系列活动以“美美与共,开创国际人文交流新时代”为主题,聚焦中印文化多样性,为巩固中印友好社会基础、促进中印关系健康发展和两大文明和谐共存建言献策。中国—南亚艺术展演、南亚美食文化沙龙等中国(昆明)南亚文化艺术周系列活动也同步举行。

中国驻印使领馆也持续为推动中印人文交流合作创造条件。2022年6月,中国驻印大使孙卫东访问拥有140余年历史的印度主流英文媒体《印度教徒报》驻金奈总部,并接受印度泰米尔语电视台Thanthi TV的独家专访,介绍了中印领导人对双边关系的重要共识、访问泰米尔纳德邦的感受、双方合作前景和中印两国在金砖机制中的合作。他表示,加强媒体交流,真实、客观、全面的涉华报道有助于印度各界改善对中国的了解和认知,对增进中印互信、促进双方交流具有重要影响力。使领馆也在持续为印度友人学习中文搭建更多交流平台,为赴华学习深造提供更多便利。2023年6月23日,第二十二届“汉语桥”世界大学生中文比赛印度赛区决赛在孟买举行。来自印度国际大学、尼赫鲁大学、孟买大学、古吉拉特邦中央大学、杜恩大学、浦那阴阳中文培训中心等印度高校及教育机构的10名决赛选手参加。选手们分享了自己结缘中文和学习中华文化的体会,阐述了对“天下一家”、构建人类命运共同体的理解,表达了担当中印文化交流友好

---

①《“中印文化交流研究的新走向”学术会议暨VR线上展览顺利召开》,复旦大学亚洲研究中心,https://arcfd.fudan.edu.cn/fe/e4/c36506a524004/page.htm。

使者的期待。[①]2023年8月16日，中国驻印度使馆同印度金砖商工会共同举办"青年日大会"活动，宣介中国外交政策理念，就推动金砖合作、加强人文交流、助力青年发展进行交流研讨。

在教育国际合作方面，中外人文交流国际品牌项目鲁班工坊之印度工坊的建设在2023年3月4日通过验收评估。鲁班工坊是中国职业教育国际化重大创新项目，印度鲁班工坊是首个中国院校与海外应用技术大学合作共建的鲁班工坊，开启了高等教育层次的鲁班工坊建设之路。以印度鲁班工坊为依托，开展中印职教论坛已成为中印高级别人文交流机制的重要配套活动，2019年5月，中印职教联盟成立，推广印度鲁班工坊建设经验，成为中印人文交流的重要载体。印度鲁班工坊的建设成就是多方面的。在探索国际化产教融合方面，深度开展产教融合、科教融汇，创建了"教产同行"服务国际产能合作新模式，带动中国企业技术装备走进印度，中资企业通过设备投入、人才订单培养，技术研发、标准研制等方式深度参与建设与管理工作。在人才培养方面，印度鲁班工坊已成为印度金奈理工学院理工科类学生实训基地，并面向社会开放，成为当地创新示范基地，学历教育学生在我国职业院校技能大赛、国际技能大赛上取得优异成绩。在印度本土化师资团队培养方面，系统开展了"标准化、递进式"工程实践创新项目师资培养培训，创立印度信息技术教学研究中心，推介中国职教教学模式。印度鲁班工坊已经成为中印两国职业教育合作名片。

在旅游交流合作方面，2023年7—9月，中国驻新德里旅游办事处联合《印度出境游》杂志在社交媒体上线了2023"黄河主题旅游海外推广季"活动，以"看九曲黄河 听华夏故事"为主题，围绕文化遗产、旅游资源等推广重点，对"黄河文化旅游带精品线路""发现中国黄河之美——黄河主题视频全球展映""看九曲黄河 听华夏故事主题展"和"遇见黄河文化旅游资源

①《第22届"汉语桥"世界大学生中文比赛印度赛区决赛成功举办》，http://bridge.chinese.cn/c22//483/483_17961_1.html。

展播”等版块进行宣传推广，并陆续在社交媒体平台上线相关旅游路线、视频及图片等内容。山西、内蒙古、山东、河南、四川、陕西、甘肃、青海、宁夏九个省区参与。7月27日，由中国驻印度大使馆和印度相关机构主办的中国文化旅游美食推介活动在新德里成功举办，此次活动旨在践行全球文明倡议，增进中印文化、旅游等领域交流互鉴，促进两国人民相知相亲。

短视频传播也成为中印人文交流的新路径。学习强国平台展示了就读于江西中医药大学、已在中国生活了5年的印度籍留学生萨希尔在中国体验春耕秋收的记录。他在2023年3月来到南昌一处元宇宙·虚拟现实数字农业示范基地体验中国春耕，探寻元宇宙技术如何应用到农业的生产、管理、经营等全过程，呈现在数字技术加持下的中国农业新科技；他还在2023年9月来到婺源篁岭，用镜头记录这里的丰收景象并跟着“晒秋大妈”一起体验中国秋收。

根据环球网报道，随着印度来华旅游逐渐恢复，2023年6月以来印度网红和网民对中国风土人情、社会经济的关注热度达到空前高度，这类内容已在视频网站蔚然成风，他们展现出的“真实的中国”“友善的中国”“烟火气的中国”播放量、评论数及影响力均猛增。[①]印度博主“Travel with AK”的一条视频《地球上最发达的城市，中国深圳》记录了深圳的地铁、建筑、绿地、街边的美食，以及在城市中享受生活的市民，呈现出深圳这个摩登的城市的未来科技感与和谐的温度。来华旅游视频流行为中印民间交流讨论提供了难得的载体，客观上为印度民众认识真实的中国提供了直接交流平台。

总之，中印之间有许多相似之处，多年来形成的共识使双方都能有效地确保和平、合理地处理摩擦。但这些做法和机制仍面临压力，在全球充满不确定性的时代，在当前和今后一个时期内，中国与印度若能采取有力

① 王若桐、施兰茶：《最近，有一批印度旅游网红在疯狂介绍中国》，观察者网，https://www.guancha.cn/wangruotong/2023_08_24_706116_s.shtml。

措施共同推动两国的战略合作,强化经济联系,加强双方的利益链对接,携手发展,将对亚太地区乃至全球发展发挥重要的推动作用。在当前形势下,中印如何开展合作,至少避免对立和相互消耗,将会是两国未来要面临的重大命题。

南非篇

第一章　后疫情时代南非局势

2022年南非基本取消了各类针对经济和社会活动的防疫限制举措。2023年初，西里尔·拉马福萨正式宣布战胜新冠疫情，经济开始实现复苏，[①]这标志着南非正式步入后疫情时代。2018年拉马福萨上台后提出并实施了一系列改革举措，取得了一定的推进和成效。不过，南非经济与社会面临的挑战本质上是结构性的，非一朝一夕能够解决，加之疫情的深切冲击，当前南非人最关切的议题如限电、失业、犯罪和腐败等顽疾不仅未能消除，反而有加剧倾向。

一、南非内政与外交的新变化

（一）拉马福萨政府新施政举措

拉马福萨政府的内政举措基本上是围绕《国家发展计划2030》[②]所制定战略而展开的。南非政府为执行该计划制定了《中期战略框架（2014—2019）》，并提出了行动方案，涵盖教育、卫生、经济发展与就业、技能发展、

① President Cyril Ramaphosa，"State of the Nation Address"，https://www.gov.za/speeches/president-cyril-ramaphosa-2023-state-nation-address-9-feb-2023-0000.

② 该计划是由南非前总统祖马于2010年5月组建的国家计划委员会（由政府外各领域26名专家所组成）在调查1994年后南非的成就和弱点后所制定的针对性远景规划。委员会认为南非面临的九大主要挑战是：就业率过低，黑人学校教育质量低下，基础设施不平衡、不充分和不可持续，空间割裂阻碍包容性发展，经济资源密集型，公共卫生体系难以维持质量，公共服务不平衡、低质量，腐败水平高，南非依然是分裂的社会。为此，该计划制定了南非2030年消除贫困和削减不平等的目标和行动方略。为更好更快执行该计划的关键议题，南非政府于2014年发起了"帕奇萨行动"倡议，详见官网：https://www.operationphakisa.gov.za/pages/home.aspx。

基础设施、农村发展、国际关系等十四大优先事项。拉马福萨曾任提出该计划的国家计划委员会副主席,2018年上台后其施政延续了该计划的方针,只是侧重点有所差异。

政商经验丰富的拉马福萨甫一上台即以改革派的姿态推出一系列相对激进而富有雄心的措施,旨在彻底扭转南非发展颓势,将之引入正确的发展轨道,“实现根本性的社会和经济转型”。比如召开首届就业峰会和首届世界投资大会,招商引资改善就业状况;首次设置全国最低工资标准,改善低收入人群收入;成立数字工业革命委员会,抢抓新产业机遇;设立由副首席法官雷蒙德·佐多领导的国家控制调查委员会,深入推进反腐败等。

2019年5月赢得大选后,拉马福萨迅速改组内阁、精简部委,以削减财政开支。同时,宣布新政府聚焦七大优先事项:如经济转型和创造就业机会;教育、技能和健康;巩固社会工资;建设更美好的非洲和世界等。[①]其中,拉马福萨建议,实现“2030愿景”要达成五大宏伟目标:消除贫困,经济增长速度快于人口增长,新增青年就业人员超200万,实现更佳教育成果,10岁儿童实现100%识字能力,暴力犯罪减半。

为此,拉马福萨政府首先进行顶层机制设计,强化总统权力,以确保计划的有力执行。2018年南非政府推出《综合规划框架法案》以协调各部门、地区来“规划、监督和评估”对国家发展计划的执行。[②]接着南非政府成立由总统牵头的各项委员会,负责领导关键领域。如重建由总统担任主席的国家安全委员会,以确保更好地协调国家情报和安全相关职能;[③]成立总统国有企业委员会,对国有企业的改革、定位和振兴进行政治监督和战略

① Cyril Ramaphosa, “2019 State of the National Address”, https://www.gov.za/speeches/2SONA2019.

② Republic of South Africa, “Integrated Planning Framework Bill”, *Government Gazette*, 2018.

③ President of the Republic of South Africa, “Proclamation No. 13 of 2020”, *Government Gazette*, 2020.

管理；任命第四次工业革命总统委员会，作为数字化转型的国家总体咨询机制等；2020年9月，南非内阁批准成立总统气候变化协调委员会，致力于协调南非至2050年向低碳且富有弹性的经济和社会过渡。

在改组政府结构和治理框架的基础上，拉马福萨政府着力在以下四个方面推进南非朝着"2030愿景"迈进。

其一，在推动经济实现稳定增长方面，打造优良营商环境，积极招商引资。2018年8月拉马福萨上台不久，内阁就公布了《资源整合计划》征求公众意见，为经济基础设施尤其是能源方面的建设规划蓝图。随后，内阁推出《产业政策行动计划》，延续更新原有产业政策。2019年7月南非举办首届数字经济峰会，拉马福萨总统亲自参会，希望能在第四次工业革命中有所斩获。

2020年10月，为寻求加速结构改革的执行和支持经济复苏，南非总统办公室和财政部联合发起"瓦林德拉行动"，以展开特别经济改革计划。它聚焦包括电力、交通和电子通信等产业转型，推出26项结构性改革。而该行动主要通过以下方式推动改革的执行：监管和报告进展，来识别挑战、维持势头并确保问责，促进技术支持以助推改革执行，在总统和内阁需要决策或共识时提供建议。[①]至2022年8月，该行动已完成9项改革，另11项改革进展良好。2023年的行动重点则是解决严重影响经济运行的电力危机和提高货运铁路效率。

疫情暴发后，为缓解经济困境，2021年8月南非政府拨款360亿兰特用于经济救济。同时，内阁批准发布"2050国家基础设施计划"征求公众意见。2022年3月，南非正式推出该计划第一阶段，聚焦能源、货物运输、电子通讯等领域基础设施建设，并从财政保障到进度监管做了统一规划。同时，内阁批准公布南非国家投资战略征求意见，旨在利用高质量的外国

---

① The Presidency of Republic of South Africa, *Operational Vulindlela: Summary Booklet*, 2021.

和国内直接投资。

2022年11月,南非政府批准实施了国家小企业综合发展战略框架,旨在提供一项综合战略,为中小型企业发展中的所有参与者提供协调框架。12月,内阁批准《2022科技创新十年计划》,作为2019年科技创新白皮书的实施指南。该计划关注以下重点领域:农业、制造业和采矿业现代化。发掘新增长点,特别是数字经济和循环经济。卫生和能源领域的大型研究和创新方案。应对三大社会挑战,即气候变化和环境可持续性、教育的未来、技能发展和工作,以及社会的未来。在清洁能源领域,内阁也于2022年12月批准公布绿色氢商业化战略以征求公众意见。该战略旨在确保国家充分利用绿色工业化提供的机遇。

2023年3月南非举办第五次投资大会,超额完成了首届大会设置的投资目标额3000亿兰特。五年中南非完成82个项目,价值1707亿兰特,并有79个项目在建,价值5140亿兰特,另有28个项目正在实施,价值1329亿兰特。这些项目涉及领域广泛,包括建设新工厂、采购设备、开采矿井和铺设宽带基础设施等。

其二,在优化人力资源方面,推出各类计划和培训活动,提升就业率和劳动力素质。拉马福萨政府极为重视就业尤其是青年就业问题。2020年通过了国家青年发展署修正案;总统就业刺激计划于2020年10月启动,以抵消疫情对就业市场的冲击。内阁还批准从2022年开始每年举行一次纳尔逊·曼德拉青年对话并举办2022年青年月计划,主题为"促进青年的可持续生计和适应能力,共创美好明天"。2022年6月,内阁批准青年综合发展策略。

其三,在消除社会不平等方面,出台系列法律法规,推进土地改革,增强国民凝聚力。在医疗保障方面,2023年5月,南非举办第二届总统卫生峰会,根据疫情期间卫生系统的表现进行全方位总结。拉马福萨政府还推出《国民健康保险(NHI)法案》,旨在使南非人能在质量可靠的公共和私人卫生医疗点获得免费服务,但截至2023年中仍未获议会通过,南非影子卫生大臣米歇尔·克拉克甚至认为该法案永远不会成功。[①]

在性别平等和反歧视方面,2018年拉马福萨成立国家最低工资委员会;2020年3月推出防止性别暴力和杀害妇女的国家战略计划。[②]在儿童保护方面,南非批准《国家儿童行动计划(2019—2024年)》。2020年11月南非开启残疾人权利宣传月,旨在呼吁公共和私营部门招聘和便利残疾人。2022年10月,内阁核准《消除对妇女一切形式歧视公约》第二十条第一款修正案。次月,在豪登省召开了性别暴力和杀害妇女问题总统峰会,其主题是:"问责、加速和扩大,现在!",重申南非对团结、全面和有效应对性别暴力问题的承诺。

在缩小贫富差距方面,加速推进土地改革。2018年7月推动修订1996年南非宪法第25条,允许不补偿的情况下征用土地。在内阁准备提出变革性土地改革计划后一度引发白人资本外逃等危机。随后南非政府推出2020年农业用地保护与发展法案并提交议会批准,该法案废除了《1970年农业土地法》,以实现宪法要求,并在使用农业用地方面提供公平和平衡的方法。2022年5月南非召开了公共土地峰会,讨论将公共土地从国家转让给适当的权利持有人,这对赋予农村社区以权力有重要意义。同月,总统气候委员会提出的南非公正转型框架正式被批准实施。该框架提出了建立一个公平、具有气候适应能力的南非的共同愿景,为解决历史上的不平等现象和创造惠及所有人的经济提供机会。[③]

其四,拉马福萨政府力求通过反腐败与地方整合来建设高效廉洁政府,并实现中央和地方政治、经济关系更具协调性。2019年大选后南非进

① Michele Clarke MP, "50 Reasons Why the NHI Will Never Work", https://www.da.org.za/2023/05/50-reasons-why-the-nhi-will-never-work.

② Republic of South Africa, *National Strategic Plan on Gender-Based Violence & Femicide: Hunman Dignity and Healing, Safety, Freedom & Equality in Our Lifetime*, 11 March, 2020.

③ Just Transition Framework, https://www.climatecommission.org.za/just-transition-framework.

行政府重组,推出系列反腐败、改善政府服务举措。当年8月召开首次总统协调委员会会议,会议讨论了九项省级增长发展战略与中央政府2019—2024年中期战略框架的一致性。次年,内阁批准发布《地方政府:2020年市政划界法案》,待议会通过后,它将废除现行的《1998年地方政府市政划界法》。该法案规定了市划界委员会的设立和运作,确定和重新确定市和区边界的标准和程序。截至2021年11月,南非完成了2014年开启的最后四省(东开普省、自由州、夸祖鲁—纳塔尔省和西开普省)地方行政的重新划区,改变按种族划分的行政区划。①

在地区发展模式之下,至2022年8月拉马福萨已分别在西北、自由邦等省举办了总统对话会。由国家、省和地方政府高级官员组成的代表团,以"不让任何一个人掉队"为主题,动员各阶层人民共同采取行动,应对日益严重的贫困问题。2023年6月底,拉马福萨在夸纳省与来自国家、省和地方政府的领导人共同召开对话会,与居民就该区的发展计划开展对话。

在打击腐败方面,2020年11月内阁批准2020—2030年国家反腐败战略,该战略涵盖六大支柱,包括促进和鼓励公民举报、加强绩效和问责的资源和协调等。②2022年8月拉马福萨正式组建国家反腐败咨询委员会,以执行和监督该战略的执行,推动建立永久性国家反腐败结构。同时,拉马福萨签署了《2022年地方政府市政系统修正案》,旨在提高地方政府的能力和道德标准,此项修正案是拉马福萨整顿地方吏治的重要法制保障。

(二)拉马福萨政府新外交举措

在外交上,拉马福萨政府继承和发展了前任领导人的外交遗产。其中

① Republic of South Africa, "Rationalisation of Magisterial Districts Underway in Four Provinces", https://www.sanews.gov.za/south-africa/rationalisation-magisterial-districts-underway-four-provinces.

② Republic of South Africa, *National Anti-Corruption Strategy 2020-2030*, November, 2020.

姆贝基政府提出的以“乌班图(Ubuntu)思想”[①]为代表的非洲人权观,成为南非发展独立自主外交思想的核心理念。当前南非政府优先追求与非洲尤其是南部非洲地区的政治经济整合,积极谋求深化包括金砖合作在内的南南合作,在扩大与北方国家互利合作基础上成为南北合作的沟通者和协调者,“多边参与和推动民主、和平与人权”[②],最终实现南非的“大国理想”,其外交理念结合了鲜明的理想(价值)主义色彩和务实主义基调。拉马福萨极为重视金砖机制的作用,2021年他在《乌班图杂志》发表《金砖对南非具有极大战略重要性》的文章,认为1994后南非外交政策的优先是曼德拉定向的,即区域政治与经济整合、追求非洲发展,多边参与和推动民主、和平与人权,铸就与全球南方的战略联盟及与北方国家的互利合作。[③]

南非高度重视与非洲国家的伙伴关系,积极推进非洲尤其是南部非洲的经济一体化发展。拉马福萨政府的外交延续了自曼德拉以来树立的“非洲中心”原则。在其外交实践中,这一原则体现于三个方面:一是加强与非洲国家双边关系,促进非洲团结。二是推动南部非洲发展共同体等次区域组织。三是在联合国、二十国集团和金砖等多边机制推动“非洲议程”。[④]

其一,南非与重要非洲国家或邻国双边关系密切,高层互动频繁,且往往由总统亲自出访或接待。譬如,2022年8—10月拉马福萨亲自参加安哥拉总统、肯尼亚总统和莱索托总理的就职典礼,并在10月访问西撒哈拉地区。2023年5月29日拉马福萨总统应邀出席尼日利亚当选总统蒂努布的

---

① 乌班图源于南非祖鲁语,本意为“人道”或人性,着眼于人们之间的忠诚和联系,突出个人与社会的责任意识。南非国际关系与合作部还出版有《乌班图杂志》,发表其外交理念和政策的文章。

② Cyril Ramaphosa, “BRICS is of Immense Strategic Importance to South Africa”, *Ubuntu Magazine: South Africa's Public Diplomacy in Action*, Issue 25: 16.

③ Cyril Ramaphosa, “BRICS is of Immense Strategic Importance to South Africa”, *Ubuntu Magazine: South Africa's Public Diplomacy in Action*, Issue 25: 16-17.

④ 张凯:《非洲和平与安全建设:南非的区域大国角色及限度》,《国际安全研究》2020年第5期。

就职典礼,表明了两国战略关系的连续性,尽管两国普遍被视为在非洲的战略竞争对手。2023年2—4月,拉马福萨相继接待来访的乌干达总统穆塞韦尼、坦桑尼亚总统哈桑和纳米比亚总统哈格·根哥布。

其二,高度重视南部非洲发展共同体、非盟等非洲机制建设,借此扩大在非洲事务中的主导权。仅2023年上半年,拉马福萨两次参加南部非洲发展共同体三驾马车特别峰会。2023年2月拉马福萨赴埃塞俄比亚参加第36届非洲联盟国家元首和政府首脑会议。2023年5月,南非在米德兰特召开泛非议会第六届议会,人民行动党希冀借此次议会寻求解决整个非洲大陆的共同挑战。2023年6月,南非外长潘多尔对安哥拉进行工作访问。

在经贸、人文交流领域,南非积极承办或参与各类活动。2022年11月,南非财政部发起撒哈拉以南非洲区域银行对话。2023年2月,南非和乌干达在豪登省举办贸易和投资商业论坛。6月,南非举办非洲大陆自由贸易区意识讲习班,同月,拉马福萨参加第八届南部非洲关税同盟峰会。拉马福萨于2023年3月在西苏鲁大学启动总统青年领导力方案,主题是“以道德和代际领导建设更美好的非洲”。5月,拉马福萨在国家非洲日庆祝活动上发表主题演讲。这些活动有力塑造了南非在非洲议题上的形象和软实力。

同时,南非也在维持与北方国家经济和政治的密切沟通。南非与北方国家有着一般非洲国家所不具备的传统联系。与美国、英国和德国的关系是其中的关键。南非与美国关系在过去一段时间中出现不少波折,但依然维持紧密联系。2022年8月美国国务卿布林肯与南非外长潘多尔会晤。潘多尔直率告知美国不要试图告诉南非如何和其他全球力量交往。[①]她认为双方进行了坦诚的交谈,但并未打破友谊。9月,潘多尔访问美国与布

① Lebo Diseko and Cecilia Macaulay, “Blinken Africa Trip: The World Should Not Dictate to the Continent”, https://www.bbc.com/news/world-africa-62463651.

林肯会晤，并在美国国会外交关系委员会演讲。[①]紧接着拉马福萨于当月出访美国。2023年1月，美国财长耶伦访问南非。在美国驻南非大使布里格蒂声称南非向俄罗斯提供武器后，南非于5月12日召见他表示“最大不满”。但在外长潘多尔与美国驻南非大使会谈后，南非内阁确认“南非和美国之间的关系仍然是友好、牢固和互利的”[②]。

南非和其他西方国家和组织的高层互访频繁，科技合作紧密。双边关系上，南非总统分别在2022年10月，2023年3月、4月和6月接待西班牙首相桑切斯、比利时菲利普国王和王后、芬兰总统尼尼斯托和葡萄牙总统德索萨。2023年6月，拉马福萨接待了荷兰首相和丹麦首相的联合工作访问。2022年12月南非副外长德拉米尼与澳大利亚同行举行政治磋商。2023年6月中下旬南非外长潘多尔会见法国欧洲与外交部部长，并主持了与德国外交部部长的双边委员会会议。拉马福萨于2022年11月下旬对英国进行了国事访问。

多边关系方面，2022年8月底外长潘多尔率领南非代表团参加第八届东京非洲发展国际会议，2023年高等教育部部长恩齐曼迪和德国研究与教育部部长在撒哈拉以南非洲卫生创新研究网络会议上发言，拉马福萨于2023年6月参加国际劳工组织世界工作峰会和巴黎全球融资协定峰会，同月，国际关系与合作部参加2023年俄罗斯—非洲峰会，2023年6月，拉马福萨与塞内加尔等国领导人率非洲和平特派团分别访问乌克兰和俄罗斯。可以说，南非与北方国家外交主要围绕大国展开。

南非是欧盟战略伙伴关系国中唯一的非洲国家，而欧盟是南非最大的

---

① Department of International Relations & Cooperation Media Statements, “Minister Pandor to Address the Council on Foreign Relations and Hold a Bilateral Meeting with the Secretary of the State-Mr Antony Blinken in Washington DC”, https://www.dirco.gov.za/minister-pandor-to-address-the-council-on-foreign-relations-and-hold-a-bilateral-meeting-with-the-secretary-of-the-state-mr-antony-blinken-in-washington-dc/.

② “Statement on the Cabinet Meeting of 24 May 2023”, https://www.thepresid-ency.gov.za/cabinet-statements/statement-cabinet-meeting-24-may-2023.

外来投资来源和贸易伙伴,双方的经贸、科技合作尤其紧密。南非于2022年10月在法国举办南非商品展览,南非和挪威于2023年2月主办关于医疗对策的高级别技术会议。6月,南非司法和惩教部部长拉莫拉与法国欧洲和外交部部长科隆纳签署增强“特别调查组”能力的协定,旨在进一步增强网络取证、金融犯罪和分析技能方面的能力。双方将在比勒陀利亚建立反腐败学院,为“特别调查组”成员、南部非洲发展共同体成员国等其他执法和反腐败机构成员提供服务。

此外,南非还倚重南南合作,深入推进与发展中国家合作。除主办2023年金砖峰会“南非年”、参加二十国集团印度峰会等多边外交机制外,南非与南方国家中的大国关系活络。其中,中国作为南非最大贸易伙伴,2022年出口中国的商品总额更是高达330亿美元,是其第二大贸易伙伴德国的2倍多。因此,中南关系是其南南合作外交的重点之一,双边高层互动频频且富有成效。2022年11月习近平和一同参加二十国集团峰会的拉马福萨举行会晤,表示将继续推动中南全面战略伙伴关系,支持南非探索符合自身的发展道路。2023年2月,南非举行第三届中非高层次人文交流机制,旨在深化相互理解,加强在文化、教育等领域的合作。[①]2022年10月拉马福萨对沙特进行国事访问,同年12月,拉马福萨接待到访的委内瑞拉总统马杜罗,此前的9月副外长曾官方访问委内瑞拉。南非外长潘多尔于2023年1月参加巴西总统卢拉就职典礼,并与土耳其外长会晤,同年6月底,潘多尔还出席蒙古乌兰巴托女外长会议。南非副外长分别在2023年2月和6月接待到访的孟加拉国外长,并对哈萨克斯坦进行正式访问。可见,南非的南方国家外交以发展中大国为主。

尽管拉马福萨上台后在内政外交上励精图治,但南非的社会经济痼疾非一朝一夕能够改变,加之疫情的影响,近年来南非的经济社会形势并未

① Republic of South Africa, “Minister Nathi Mthethwa Hosts Vice Premier of State Council of the People's Republic of China, 16 Feb”, https://www.gov.za/speeches/minister-nathi-mthethwa-hosts-vice-premier-state-council-peoples-republic-china-16-feb-14.

发生明显的改善。

二、南非经济与社会新动态

(一)后疫情时代南非经济形势

作为受疫情影响最为严重的非洲国家,南非在2020年后经济运行进入了更为动荡的状态。2020年第二季度初遭疫情重创时,国内生产总值下降幅度达到了16.9%,尽管该年第三季度恢复至13.7%的增长率,但此后两年仍未摆脱动荡局面。比如,尽管2021年南非国内生产总值总体处于正增长状态,但第三季度经济增长率却一度出现近2%的下降;2022年第三季度南非国内生产总值重新取得约1.8%的增长,但当年的第二、四季度却出现了1%左右的下降(详见图4.1)。换言之,南非经济在疫情逐渐消散之时呈现出“打摆子”的现象。2023年的经济状况并不容乐观。受电力危机等因素影响,2023年2月南非储备银行将当年南非经济增长预期从1.1%下调至0.3%。最终南非2023年上半年的经济表现好于这一预期,第一季度和第二季度分别增长0.4%和0.6%,但总体上增长动力仍显疲软,未来能否实现稳定增长仍有待观察。

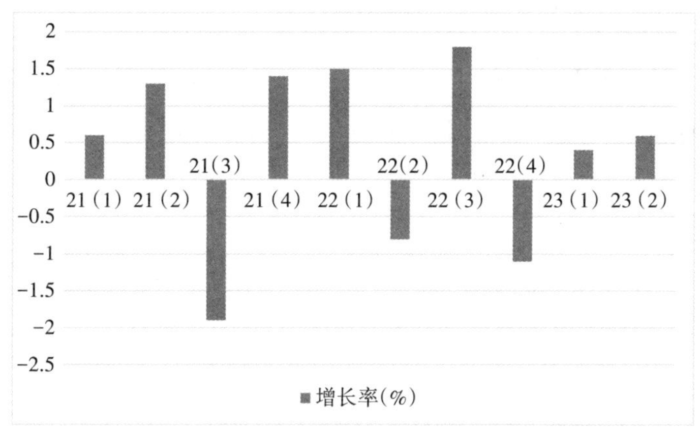

图4.1 2021—2023年南非国内生产总值季度增长率(%)

来源:Statistics South Africa, Statistical Release-Gross Domestic Product-Second - Quarter, https://www.statssa.gov.za/?page_id=1859&period=September%202023&page=3.

这种经济运行的不稳定直接源自南非主要产业的运行的不稳定。2023年第一季度中,有八大行业实现正增长,对国内生产总值增长有正向贡献。如制造业和金融业分别增长1.5%和0.6%,均为国内生产总值增长贡献了0.2个百分点;对外贸易、交通业和个人服务业分别贡献0.1个百分点;农业产出则大幅下滑,贡献了-0.4个百分点。而第二季度,尽管农业产出大幅反弹,实现4.2%的增长,贡献增长0.1个百分点,但交通业和贸易的贡献率却下滑,分别贡献了-0.2和-0.1个百分点,只是依靠制造业、金融业和个人服务业的稳定确保了第二季度的正增长。①而固定资产投资总额尽管实现3.9%的增长,房地产和交通基础设施领域的投资却有所下滑。

消费和投资方面的不稳定也是南非经济摆荡的重要因素。2023年第一季度南非居民消费支出增长0.4%,为贡献0.3个百分点;固定资产投资增长1.4%,为贡献0.2个百分点;而第二季度南非居民消费下降0.3%,为增长的贡献为-0.2个百分点,其中食品、家具、住房、娱乐和服装开支分别下降1.2%、2.1%、0.5%、0.9%和1.0%。②

(二)2023年南非能源危机

南非是非洲乃至世界口头上最为推崇低碳和清洁能源转型、实现所谓"环境正义"的国家之一,但其能源结构的现状与能源政策规划的理想之间的鸿沟也是最大的。实际上,南非是全球碳密度最高的发展中经济体之一,其每1美元的国内生产总值排放0.6千克的二氧化碳。它也是非洲最大的碳排放国,占非洲大陆总排放量的40%,而电力部门就贡献了该国一半的温室气体排放量。

电力短缺是南非能源危机的主要表现,更是其经济发展难以治愈的顽疾。2023年的能源危机只是其数十年僵化能源体系恶果的延续。仅在

---

① Statistics South Africa, Statistical Release-Gross Domestic Product-First and Second Quarter, http://beta2.statssa.gov.za/.

② Statistics South Africa, *Statistical Release-Gross Domestic Product-Second Quarter*, https://www. statssa.gov.za / ? page_id = 1859&period = September% 202023&page=3.

2022年,南非就有200多天出现了停电。如2022年9月18日,由于供电设备老化故障,南非再次遭遇大规模断电,开启六级限电(最高八级),也就是每天停电9小时,而上次六级限电仅仅是在该年6月;当年12月7日,由于大量发电站突发事故,南非再次进入六级限电。由于数周内每天停电达10小时,南非国家电力公司首席执行官德勒伊特引咎辞职。后爆出德勒伊特12月13日曾因在公司内打击腐败等而在办公室遭疑似下毒。这反映出南非能源危机背后更深层次的原因。2022年底,南非拉拢法英国、美国等成立国际伙伴集团,英美等国授权在2023—2027年动员85亿美元支持南非的公平能源转型,用于扩大输电网、关闭燃煤电厂等项目。

但这并未能改变南非电力短缺频发的严峻形势,南非社会仍经常性陷入间歇性灾难状态。拉马福萨在2023年2月9日发表国情咨文时宣布全国再次进入灾难状态,以应对缺电危机。他认为,进入灾难状态能够采取措施来支持食品生产、储存和零售供应链企业,并通过发电机、太阳能电池板等来保证医院等关键单位的电力供应。[①]"我们正受制于一场严重的能源危机……这场危机逐步升级并影响到社会的方方面面。"拉马福萨政府认为,当务之急是在今后数月大幅减少停电时间,并努力最终实现完全不用停电。据媒体报道,缺电危机缘于供电商管理不善、火电厂建设迟滞、有人蓄意破坏电力设施等多重原因。至2023年7月,南非的限电情况得到明显改善,限电等级降至三级。

(三)后疫情时代南非社会新动态

1. 南非社会不稳定因素频现

尽管历届政府作出各种努力,拉马福萨从法律到体制机制建设上着力颇多,但仍未扭转南非社会问题严峻的局面。疫情暴发后,南非的罢工、枪击、骚乱等事件发生频仍,犯罪率居高不下。2021年7月,南非前总统祖马

---

① "South African President Declares National State of Disaster to Address Electricity Crisis", *China Daily*, http://www.chinadaily.com.cn/a/202302/10/WS63e5af89a31057c47ebae121.html.

入狱后,引发大规模抗议活动,并演变为以夸祖卢—纳塔尔省、豪登省为主的局部暴乱。①骚乱最终造成212人死亡,数百个公共设施遭到严重破坏。警察部门数据表明,南非平均每天有高达67人被杀。②2022年1月南非开普敦国会大楼的大火持续了70多个小时,纵火嫌疑人马菲被指控意图破坏拉马福萨的国情咨文演讲,并通过这一恐怖活动恐吓他辞职。2022年7月,南非最大城市约翰内斯堡先后发生两起酒馆枪击事件,造成至少19人死亡、16人受伤。当月还发生了8名女模特在豪登省废弃矿厂拍摄音乐短片时被多名持枪歹徒轮奸的事件,震惊了总统拉马福萨,共有80多人被警方逮捕。2022年12月,豪登省发生车载天然气爆炸事故,最终造成37人死亡,包括12名医疗官员。总体上,南非2022年的社会安全状况严重恶化,仅仅在7至9月,就有7000多人被谋杀,而对女性的暴力犯罪也极为严峻,1至11月共有1000多名女性被谋杀,1200多名女性被谋杀未遂,1.3万多名女性成为暴力攻击受害者,强奸案高达1万起。③

2023年1月,东开普省发生枪击案,导致8人丧生、3人受伤。2月,纳塔尔省相继发生枪杀事件,共造成6人死亡,至少5人受伤,其中知名饶舌歌手基尔南·福布斯不幸遇难。④同月9日,南非左翼政党"经济自由斗士"因电力短缺等因素集体抗议,造成拉马福萨国情咨文演讲推迟。由于食品生产、零售供应链等因缺电而陷于困境,政府宣布进入灾难状态。但抗议活动一直持续到3月。大规模全国性抗议活动冲击了约翰内斯堡交易所、南非电力公司总部等地,造成大量政企单位和商铺关门,导致南非接近"停摆"。2023年6月,南非发生霍乱疫情造成32人死亡。7月11日,东开普省发生枪击案,导致6人死亡,4人受伤。8月约翰内斯堡一栋楼房发生火

① 黄玉沛:《南非暴乱后的制度弊病》,《北京日报》2021年7月21日。

② Ndumiso Mlilo, "South Africa Rocked by Mass Shooting", *China Daily*, http://www.chinadaily.com.cn/a/202207/11/WS62cc359ea310fd2b29e6bb36.html.

③ 甄翔:《数据显示,南非针对女性暴力犯罪严重》,《中国妇女报》2022年11月30日。

④《南非知名歌手遭近距离枪杀》,《都市快报》2023年2月13日。

灾造成73人死亡,52人受伤。为此,习近平向拉马福萨发去了慰问电。9月1日林波波省警方与抢劫犯发生枪战,共打死18个劫匪。

洪水等自然灾害频发也成为南非社会重要的不稳定因素。2022年4月夸纳省遭遇1987年来最严重暴雨袭击,造成至少443人死亡,63人失踪,8千多幢房屋受损或毁坏,4万多人无家可归,非洲最大港口之一的德班港及周边设施被大面积破坏,直接经济损失数十亿兰特。由于洪灾损害远超该省范围,该省宣布进入紧急状态后,拉马福萨宣布全国进入灾难状态。2022年9月自由邦一座尾矿坝垮塌后引发洪水,导致1人死亡,数十人受伤,20座房屋完全损毁。2022年12月,豪登省因强降雨引发洪水。2023年6月,西开普省遭受洪水侵袭,至7月初,洪灾已造成纳塔尔省7人死亡,大量基础设施被毁。

2.就业严峻与南非社会阶层分化

除自然灾害外,南非犯罪率居高不下、社会冲突严重的直接根源之一是贫富差距大,就业率极低。拉马福萨政府在解决阶层、性别等领域的不平等问题上出台政策的频率加快。2023年3月1日正式实施的国家最低工资标准即其中之一。该标准规定,包括农业工人和家政工人在内的所有工人的最低工资是25.42兰顿每小时,按照8小时工作制,每天、每周和每月的最低工资分别为203.36、1016.80和4405.79兰顿。①

然而,尽管近一年南非的就业人数有所增加,失业率较疫情前夕有所下降,但失业总人数相较于疫情前却增加了,这也是导致南非社会持续不稳定的重要因素。2023年第二季度南非就业总人数达1630万人,比第一季度增加15.4万,自2021年第四季度起实现连续增长,接近2019年疫情前

① Department of Employment and Labour of South Africa, National Minimum Wage-Wage Increase 2023 Flyer, https://www.labour.gov.za/DocumentCenter/Pages/Publications.aspx?RootFolder=%2FDocumentCenter%2FPublications%2FBasic%20Conditions%20of%20Employment&FolderCTID=0x0120005A2E39FE57537248A3B1DDD098F12CF1&View={133E56E7-64DB-4500-B4E6-1F4D140585BA}.

的1640万人;二季度失业人数为790万人,比一季度减少1.1万人,官方失业率下降0.3%,至32.6%。[①]但如果改变统计口径,即算上有能力工作的"丧志找工作者"320万和其他未找工作者80万,南非的失业人数近1200万人,其扩展失业率高到42.1%。这一比例仅仅低于疫情盛行时期,远高于2013年的36.1%。而就官方失业人数而言,2023年二季度的790万人仅稍低于2021—2022年疫情时期,远高于2013年的500万,其中长期失业比例高达77.3%,为610万人,是2013年330万的近2倍。而根据经合组织分析,2022年南非的长期失业率也高达70.7%,仅次于北马其顿。

一般来说,长期失业率高企表明劳动力市场运行效率低下。就南非而言,其长期失业率的居高不下和非农产业发展及其就业状况有很大相关性,因为非农产业是全职就业机会的主要来源。尽管2023年第一、二季度非农产业就业人数相较于前一季度分别增加了4.8万和3.9万人(见图4.2),但同期非农产业全职就业人员相较于前一季度分别减少6.5万和2.5万人,下降幅度分别为0.7%和0.3%(见图4.3),这也是2022年下半年连续两季度增长后的再次连续下降。换言之,在非农产业领域,2023年的新增就业主要是非全职就业,这种就业机会具有季节性、波动性等特点,随着经济运行和行业发展状况的变化而变化。

① Statistics of South Africa, Quarter Labour Force Survey (QLFS)-Q2:2023, https://www.statssa.gov.za/.

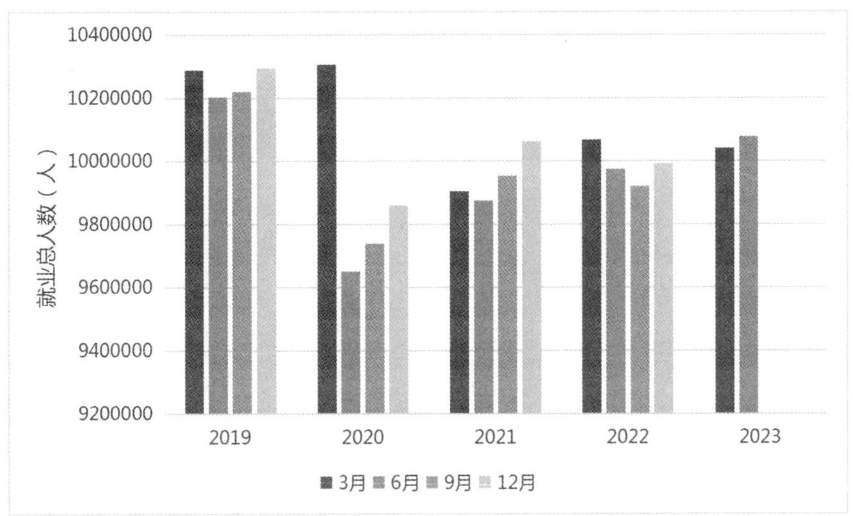

图4.2　2019—2023年南非非农产业就业人数季度分布

来 源：Statistics South Africa, Statistical Release-Quarterly Employment Statistics（QES）, http://beta2.statssa.gov.za/.

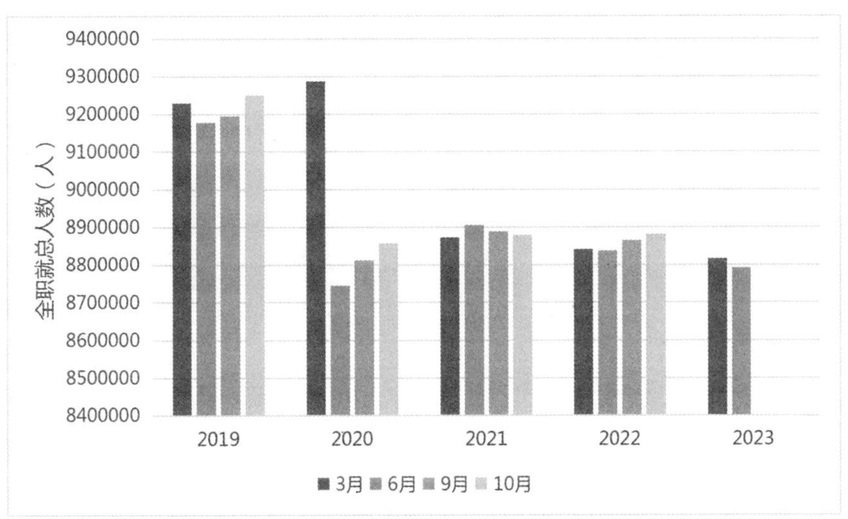

图4.3　2019—2023南非非农全职就业人数季度分布

来 源：Statistics South Africa, Statistical Release-Quarterly Employment Statistics（QES）, http://beta2.statssa.gov.za/.

南非就业状况的重要特征是青年尤其是黑人青年就业率过低,这部分失业群体成为南非犯罪行为的主要实施群体之一。根据经合组织数据,南非人口结构较为年轻化,2022年低于15岁的人口占比为28.1%,居世界前列;大于65岁的人口占比6.19%,是世界最低之一;15—65岁劳动人口比例为65.7%。[①]这说明南非劳动力极为充足,对于要提升产业结构的南非来说本应当是极大的人口红利。然而,15—35岁南非劳动人口的就业率却是所有年龄段中最低的。其中,2023年第二季度15—24岁和25—34岁劳动人口的失业率相较于一季度分别下降0.9%和1.4%,但仍高达60.7%和39.8%。[②]这部分群体相较于年纪更大的劳动力更易于失业。此外,在南非各类族裔中,黑人的失业率最高,从2013年的28.6%上升至2023年第二季度的36.8%,有色种族群体次之,从2013年的25.3%下降为21.9%,今年二季度印度裔/亚裔和白人的失业率则分别为16.6%和7.4%,相对较低。

年轻人和黑人失业率高企和这些群体所受教育和培训严重不足息息相关。正如经合组织所指出,既未就业又未受过教育和培训的年轻人有很大风险成为被社会排斥的低于贫困线收入的群体。2022年15—19岁南非男性和女性青少年中未受教育和培训或未就业的比例分别为14.2%和15.9%,仅次于瑞士和哥斯达黎加等国,而经合组织成员国家中这一年龄段女性平均为8.2%。由于这一年龄段仍是普通高中至大学的教育年龄,说明南非基础教育以上阶段的受教育水平较低;而南非20—24岁男青年和女青年占所有年龄段人口的比例分别高达53%和56.2%,远超经合组织成员国家平均比例的13.3%和15.3%,高居世界首位。因此,南非这一年龄段未受教育和培训的人数占总人口的比例也是世界最高的。

未受教育人群的就业一般更加困难,南非这一群体的失业率也居世界

① OECD Data,https://data.oecd.org/pop/population.htm#indicator-chart.

② Statistics of South Africa, Quarter Labour Force Survey (QLFS)-Q2:2023, https://www.statssa.gov.za/.

前列。经合组织在统计25—65岁失业率时，专门分析了其中高中教育以下人群的失业状况。结果显示，南非这一年龄段中高中学历以下人群的失业人数占据该年龄段劳动力总数的30.9%。由此可见，南非解决就业问题除了发展经济外，更需在提升国民教育水平和劳动力素质上下功夫。

第二章　2023金砖“南非年”与南非的金砖合作

南非加入金砖机制是其外交战略中多边主义路线的重要体现。尽管南非国内对于金砖成员国的地位一直存在异议,但随着新发展银行南非分行等项目的落地带来实实在在的利益,官方对于金砖的态度愈加一致且坚决。南非政府也正借助2023年金砖“南非年”的筹办提升南非在国际事务中的“软实力”,扩大其在国际舞台中的声音。

一、2023年金砖“南非年”

在2023年2月1日召开的金砖国家协调人当年首次会议上,南非正式从中国接过金砖轮值主席国之位。会上,南非介绍了2023年办会的总体思路和各领域合作推进设想。这使得它有机会将自身所关注的议题推举为金砖国家机制讨论的核心议题,并借此将自身的立场和价值观传播到更广阔的国际舞台。因此,金砖“南非年”系列活动成为2023年南非外交最重要的舞台之一。

(一)南非“金砖年”的会议筹办

2023年2月21南非就业与劳工部主持的金砖国家就业工作小组系列会议是南非接棒主席国后主办的首场重要会议,也是9月第九届金砖劳工与就业部长会议的预备会议之一。南非将此次会议的主题设置为“确保体面工作并尊重所有人!”会议聚焦的核心议题是:构建可持续企业,包括就业新形式并提升生产力;推动劳工权利,减少复苏背景下的体面工作缺额等。[①]此外,南非还邀请博茨瓦纳等国与会,非盟受邀与国际劳工组织等分享经验。

3月28日,2023金砖青年创新峰会在南非茨瓦内理工大学举行,会议就绿色经济、农业企业、数字化和技能发展等方面的项目展开创业探讨和交流。4月24日,南非国际关系与合作部主持金砖国家中东事务副外长/特使磋商会,谈论中东和平进程及海湾国家等地区的进展问题。南非副外长德拉米尼表达了对巴勒斯坦问题的严重关切,呼吁金砖国家持续关注区域和平、稳定和发展。[②]会议发布的《联合声明》呼吁强化国际关系的多边主义框架,强化对中东北非地区发展与和平的支持。[③]

2023年5月5日国家青年发展署主办金砖青年贸易大会,旨在探讨如何让青年在促进非洲和金砖国家贸易互动这样的多边平台转型发挥催化剂作用。该署还在7月18日主办第九届金砖青年峰会及部长会议。南非着力引导该峰会探讨"鼓励金砖国家青年领导者积极参与关切最重要的全球挑战,经济和社会议题,并有助于发展性议程"[④]。从中可见南非希冀充

① "Employment and Labour hosts BRICS Employment Working Group Meetings, 21 to 24 Feb", https://www.google.com.hk/url?esrc=s&q=&rct=j&sa=U&url=https://www.gov.za/speeches/brics-ewg-convene-sa-discuss-labour-market-policy-issues% 25C2%25A0%25C2%25A0-26-jan-2023-0000&ved=2ahUKEwjI6JHWmKaAAxWb0GEKHZhWByoQFnoECAcQAg&usg=AOv-Vaw20xnBcPRNFHSOtqvpoJc9G.

② "BRICS Nations must Promote Peace and Development for 'Stable World Oder'-Dirco Deputy Minister", https://www.polity.org.za/print-version/brics-nations-must-promote-peace-and-development-for-stable-world-order-dirco-deputy-minister-2023-04-26.

③ "Joint Statement by BRICS Deputy Foreign Minister and Special Envoys on the Middle East and North Africa (MENA)", https://www.dirco.gov.za/joint-statement-by-brics-deputy-foreign-ministers-and-special-envoys-on-the-middle-east-and-north-africa-mena-cape-town-south-africa-26-april-2023/.

④ "Youth Development Agency Hosts 2023 Ninth BRICS Youth Summit and Youth Minister Meeting, 18 to 20 Jul", https://www.gov.za/speeches/9th-brics-youth-summit-6-jul-2023-0000.

当非洲和金砖国家桥梁的意图。[①]5月14日,第十五届金砖国家学术论坛在开普敦举行,近百位金砖国家学者就后疫情时代社会经济恢复和推动可持续发展等议题展开研讨。

2023年6月1日,南非外长潘多尔主持金砖外长会议,就联合国改革、2030年可持续发展议程等议题交换看法,她"承诺要强化政治与安全、经济与财政,文化与人民之间合作这三大支柱"[②]。同时,南非还邀请15位非洲和南方国家外长召开"金砖之友"会议,认为消除贫困实现2030议程是最大的全球性挑战,应当在疫情后重新关切这一议题。南非贫困率居高不下,希望借助会议重新聚焦该议题是很自然的。

第十届金砖教育部长会议于2023年7月12日召开,会议同意金砖成员国教育和培训的优先事项为气候变化、企业家精神发展、离校青年等八大主题。[③]会议前后,南非还召开金砖网络大学与金砖职业技术培训主席研讨会两大会议,邀请莫桑比克和纳米比亚教育部长与会。南非注重将教育、培训和本国重大社会、经济挑战相结合,以寻求解决之道。

2023年8月18日南非主办第八届金砖国家能源部长年度会议。南非表示能源合作对其具有国家优先性,合作的关键领域包括:以竞争性价格获得财政资源资助战略性项目。在该国和整个南部非洲发展共同体内,战略性能源项目的伙伴关系和联合发展。倡导优先资助与整个大陆相关的跨境能源联通工程。呼吁金砖国家就全球能源结构和治理转型达成共识等。在国内能源紧缺形势下,仍将南部非洲乃至非洲的能源安全作为重要

---

① 南非将2018年约翰内斯堡峰会的主题定为"金砖在非洲:为第四次工业革命中的包容性增长和共享繁荣的合作",其内阁在声明中直言,该主题也旨在确保南非作为南部非洲发展共同体等非洲区域组织主席的战略连续性,这种连续性也延续到了2023年峰会中。

② "Joint Statement of the BRICS Minister of Foreign Affairs and International Relations", https://mid.ru/en/foreign_policy/news/1873948/.

③ "10th Meeting of BRICS Minister of Education Identifies Priorities Ahead of Heads of State Summit", https://www.education.gov.za/ArchivedDocuments/ArchivedArticles/10th-Meeting-of-BRICS-Ministers-of-Education-0723.aspx.

议题凸显了非洲在南非外交中的极端重要性。

2023年8月19日南非贸易、工业和竞争部举办金砖贸易展览会和系列行业会议:包括能源合作论坛、金砖人工智能对话会、金砖制造业论坛、海洋经济高水平对话会等。同时,工商理事会还发起未能参加工商论坛的非洲国家的商业组织和大公司总裁的非洲代表会议,以“分享南非在发展和强化非洲商业团体和金砖国家之间的商业纽带并推动贸易和投资的南非战略和计划”[①]等。

2023年8月28日,南非卫生部、非洲疾病预防控制中心等在金砖峰会结束之际联合举办对话会,讨论建立非洲联盟和金砖国家流行病防范、响应和恢复的潜在合作框架。会议同时邀请了新晋金砖成员国埃及和埃塞俄比亚等国。对话会寻求基于抗击新冠疫情的集体经验,提出具有可行性的合作框架。

(二)南非对金砖合作机制的宣传与“塑造”

除主办各类会议与研讨会外,对金砖合作机制未来发展趋向和“金砖+”等可能性的积极探讨也是向国际社会展示、宣传金砖合作活力的重要途径,增强了金砖的吸引力。作为今年的金砖主席国,南非不遗余力地展开这一活动。

在国内,南非高规格、大范围在民众中间开展金砖“南非年”造势活动,旨在宣扬“南非作为主席国身份的重要性及其所带来的利益”,提升公众对金砖的认知和参与意识。2023年4月4日,由副外长波提斯会同木普马兰加省省长开启第一波巡回宣传,邀请大量媒体在宣传金砖的同时,也大力推介该省的著名景点和投资机会。随后巡回宣传在各省展开,贯穿整个金砖“南非年”。豪登省作为峰会举办地在峰会召开前夕充分利用峰会带来的旅游、商贸和就业机遇,发展会展经济,加强宣介南非甚至非洲伙伴国家

---

① “Hybrid Event-BRICS Business Council to Caucus with African Industry Leaders Ahead of Summit Meeting”, https://brics2023.gov.za/2023/08/17/media-advisory-hybrid-event-brics-business-council-to-caucus-with-african-industry-leaders-ahead-of-summit-meetings/.

的旅游、投资机遇。“我们的主旨是,是非洲在主办金砖峰会,南非是主办地点,而豪登省是开启繁荣、融合和稳固的‘非洲品牌’的舞台。”

国际层面,南非积极投入创新“金砖+”模式、扩大金砖朋友圈和影响力的行动中。它积极邀请非洲国家和南方国家与会,对金砖新成员开展广泛讨论,塑造了金砖机制是世界上最为活跃的国际组织的形象。

首先,除连续将非洲设置为金砖“南非年”主题外,南非广邀非洲乃至其他南方国家领导人与会,塑造自身非洲代言人和南南合作典范的形象。2013年金砖德班峰会开启邀请东道国所在地区国家领导人参加对话会的先河。2023年南非邀请的范围进一步扩大,7月6日南非金砖事务协调人苏克拉尔称将邀请所有非洲国家元首和非盟等地区领导人、商业领袖参加8月的峰会,明确指出峰会将讨论“如何与非洲国家一道实现发展和经济成长”[①]。这是南非从始至终的“金砖政策”表现。正如南非前外长所言:“因为所有非洲国家是命运共同体,尽管南非没有向非盟要求授权其加入金砖国家机制,但南非为之奋斗的是非洲大陆整体的福祉。”[②]

美国对俄罗斯的制裁一度使得筹办金砖峰会成为“烫手山芋”,却无形提高了金砖在国际媒体中的“音量”。“普京会不会来”成为广为热议的话题。5月底,路透社甚至报道南非考虑峰会转由中国承办;英国《卫报》则认为南非考虑签发外交豁免以使所有领导人都能参会。[③]7月中旬,据半岛电视台和英国广播公司等媒体消息,南非总统发言人表示,俄罗斯外长拉夫罗夫将代普京参加峰会,而俄国方面则表示普京将线上参会。[④]6月

① “Head of States from All African Countries Invited to BRICS Summit”, https://www.sabcnews.com/sabcnews/head-of-states-from-all-african-countries-invited-to-brics-summit/.

② 转引自刘海方:《非洲与金砖国家:期待另一个世界》,《中国国际战略评论》2013年。

③ Patrick Wintour, “South Africa Grants Putin and Brics Leaders Diplomatic Immunity for Summit”, https://www.theguardian.com/world/2023/may/30/south-africa-grants-putin-and-brics-leaders-diplomatic-immunity-for-summit.

④ “Putin to Miss BRICS Summit by Mutual Agreement, South Africa Says”, https://www.aljazeera.com/news/2023/7/19/south-africa-putin-to-miss-brics-summit-by-mutual-agreement.

12日法国《言论报》传出法国总统马克龙向拉马福萨提出参加本届金砖峰会的消息更令国际社会颇为意外。南非起初并未否认马克龙参会的可能性,认为此举可能扩大金砖机制的全球影响力。但7月22日苏克拉尔透露,包括马克龙在内的西方国家人并未受邀参会。无论如何,作为七国集团成员的法国表达参加被视为与之直接竞争的金砖峰会的愿望都预示着当今世界形势的变幻,也提升了金砖的影响力。

其次,南非充分利用申请加入金砖机制国家“暴增”的机会,全力展现这样的现象:越来越多的国家意识到金砖机制才是发展中世界真正代言人。2022年金砖北京峰会就金砖扩员达成共识,为扩员打下政治基础。作为金砖五国中综合实力最弱的南非,希冀更多新成员加入来平衡,加之其推崇新兴经济体改革全球治理体系的外交理念,对扩容持开放态度。中国方面,习近平也曾在金砖峰会提出扩员倡议,呼吁“让志同道合的伙伴们早日加入金砖大家庭”。因此,2023年通过南非申请加入金砖机制的国家“暴增”并非偶然。至2023年6月,南非表示已收到19个国家的申请,其中13个正式递交申请,其余申请作为观察国。而根据彭博社7月20日的报道,南非表示已有40个国家表达了加入金砖的兴趣。[①]南非金砖事务协调人苏克拉尔则表示,22个国家申请成为正式成员,相同数量的国家问询了加入事宜。他声称金砖国家已被视为“一股强大的力量”,按照购买力平价计算已经超越七国集团成员国家。[②]日本、西班牙等国媒体都对金砖影响力的扩大予以相当关注。对此,苏克拉尔认为,金砖机制之所以如此有吸引力,是“因为金砖国家是‘全球南方’的捍卫者和代言人。……我们想要……一个更能代表全球秩序、包容、公正和公平的多文明世界”。

① Anthony Sguazzin, “BRICS Expansion Plan Draws Interest from More Than 40 Nations”, https://www.bloomberg.com/news/articles/2023-07-20/brics-expansion-plan-draws-interest-from-more-than-40-nations?leadSource=uverify%20wall.

② Kate Barlett, “40 More Countries Want to Join BRICS, Says South Africa”, https://www.voanews.com/a/more-countries-want-to-join-brics-says-south-africa-/7190526.html.

最后,对“去美元化”、设立金砖共同货币的讨论也引发国际社会广泛关注。近年西方国家对俄罗斯等国的金融制裁引发了国际资本的恐慌,创造非美元的货币体系愈加紧迫,金砖机制被很多国家尤其是俄罗斯寄予厚望。2022年6月,普京就表示金砖正在发展新储备货币。2023年俄罗斯外长拉夫罗夫声称南非金砖峰会将会讨论这一议题。不久,巴西总统卢拉也呼应,表示为何每个国家都要使用美元贸易。“金砖币”很快成为国际人士热议的话题。《金融时报》早在2023年2月就给金砖货币的想法泼冷水,声称这些国家寻求摆脱美国霸权,却会陷入对中国的依附中。①4月,《外交政策》杂志惊呼国内生产总值总额超过七国集团成员国家的金砖国家“真的有潜力夺取或者至少动摇美元的王座”②。折中看法则认为新的共同货币不太可能取代以美元为基础的全球货币体系,而会成为欧元那样的区域性货币。③

相对于舆论界,金砖机制官员相对更为谨慎。2023年6月1日南非外长潘多尔表示,金砖新开发银行确实在研究用于国际贸易且可替代美元的共同货币,以“确保我们不会成为制裁的受害者”,但离切实可行的计划还有不少路。7月5日新发展银行副行长马斯多普也表示,“目前还没有创设金砖币的建议”,金砖国家提倡本币贸易,而非挑战美元的全球主导地位。④7月26日金砖新开发银行行长迪尔玛·罗塞夫访问俄罗斯时对普京表示,该行可在本币贸易中发挥重要作用。

① Paul McNamara,“Why a Brics Currency is a Flawed Idea: Non-Chinese Members of the Grouping might Increase Dependence on Beijing”, *Financial Times*, 9 February, 2023.

② Joseph W. Sullivan, “A BRICS Currency Could Shake the Dollar's Dominance: De-dollarization's Moment might Finally be Here”, https://foreignpolicy.com/2023/04/24/brics-currency-end-dollar-dominance-united-states-russia-china/.

③ Herbert Poenisch, “Brics Common Currency Would be no Threat to the Dollar”, https://www.omfif.org/2023/06/brics-common-currency-would-be-no-threat-to-the-dollar/.

④ “BRICS New Development Bank: No Common Currency Yet”, https://www.silkroadbriefing.com/news/2023/07/06/brics-new-development-bank-no-common-currency-yet/.

以上南非对金砖事务的讨论和宣传不仅希望在国际层面扩大金砖影响力，也希望南非民众能认识到金砖对于南非的价值。正如苏克拉尔所言："我们需要将金砖故事传播更远更广，去进一步强化各国间的相互理解和传统友谊。对于南非，参与金砖旨在将具体利益带给我们人民……因此，南非旨在通过文化、教育、健康、体育、旅游和其他领域的广泛交流来实现民众间的更紧密链接和大众对金砖合作的更广泛支持。"①

（三）南非金砖峰会的筹办与成果

当地时间2023年3月9日，南非总统拉马福萨在南非国民议会全体会议上宣布，将于8月22—24日在约翰内斯堡举办2023年金砖国家领导人峰会，标志着南非正式开启峰会筹办。5月底，金砖国家外长召开第二次协调人会议，就峰会议程和议题展开磋商。

5月29日，南非发布金砖国家外长会议和金砖峰会的外交豁免和特权，声称该豁免并非为特定个人而定，更非推翻国际法院对会议参与人的任何制裁。不过，6月初仍有媒体传言南非政府考虑要将峰会转交给中国主办，以避免普京参会的难题。②此后，南非通过大量外交斡旋，最终俄罗斯方面同意由外长拉夫罗夫出席峰会，路透社在7月19日的报道中确认了该消息。③而在当天，南非宣布，在拉马福萨亲自参与并经过数月磋商后（包括7月18日在豪登省举行的金砖政党对话会），最终敲定第十五次金砖峰会的全部议程。

在此后谣言四起的数月内，南非的峰会筹备工作仍有条不紊地进行

① Anil Sooklal, "BRICS United in Its Vision", *Ubuntu Magazine: South Africa's Public Diplomacy in Action*, Issue 25: 34.

② Sarah Carter, "Debate over possible Putin visit heats up in South Africa amid U.S. 'concern' over BRICS intentions", https://www.cbsnews.com/news/vladimir-putin-south-africa-icc-arrest-warrant-brics-summit-us-concern/.

③ Nellie Peyton and Anait Miridzhanian, "South Africa Says Putin to Stay Away from BRICS Summit", https://www.reuters.com/world/south-africa-putin-will-not-attend-brics-summit-by-mutual-agreement-2023-07-19/.

着。如6月29日南非国际关系与合作部发布媒体提示,宣布开启媒体资质审查,发放采访证,截止时间为8月11日。到8月7日,南非外长向媒体宣布峰会筹备完成,将于约翰内斯堡桑顿会议中心举行,同时介绍了峰会的预期成果、预期国际客人和峰会议程等。8月10日南非向媒体作峰会后勤安排的情况说明,并在几天后发布媒体指南,公布了会议日程和媒体采访各类事项。8月13—23日,南非先期在豪登、西开普等地接待了来自金砖的内部购买和投资代表团。

南非公布的峰会主要日程有:8月22日下午举行金砖工商论坛领导人会议。8月23日上午11点开始全体会议,拉马福萨总统致欢迎辞和声明后,由成员国领导人发表讲话。随后是金砖成员国领导人的联合新闻发布会。8月24日上午举行金砖之友领导人对话会,拉马福萨总统致欢迎词和声明后,金砖成员国领导人将发表评论,下午则是金砖峰会主席闭幕新闻发布会。

除金砖五国领导人出席峰会外,还有众多国家元首参会,如孟加拉国、玻利维亚、古巴、埃及、埃塞俄比亚、加纳、印尼、伊朗、坦桑尼亚、阿联酋等23个国家由总统或首相出席,津巴布韦、巴勒斯坦等国由副总统出席,安哥拉、白俄罗斯、沙特等国则派出部长级人员参会。另外,非盟、伊斯兰合作组织、联合国和东盟等国际组织也受邀参会。

南非金砖峰会国家元首出席规模与外界的期待有一定落差。苏克拉尔曾表示,南非将顺应南方国家呼吁,邀请非洲54国及主要的全球南方国家,共计69个国家领导人与会。[①]最终与会的元首人数不如预期,尤其是像尼日利亚这样的与南非存在显著竞争的国家甚至未派出高等级官员出席。尽管如此,金砖南非峰会依然取得了丰硕成果,是一届继往开来,具有较强拓展性并将对国际经济、政治格局产生重要影响的峰会。

---

① Noman Masungwini, "SA Invites 70 Heads of States to the BRICS Summit, But Western Leaders Excluded", https://www.news24.com/citypress/politics/sa-invites-70-heads-of-states-to-the-brics-summit-but-western-leaders-excluded-20230721.

首先也最为重要的是金砖成员扩容。2018年南非峰会时领导人们仍认为扩容为时尚早。但自2022年后，扩容的呼声高涨。2023年正式申请加入金砖的国家达20余个，最终在各方磋商、竞争和妥协平衡下，埃及、埃塞俄比亚、伊朗、沙特和阿联酋被接受，于2024年1月1日正式成为金砖成员。这几个国家代表性较强，埃及是北非代表，埃塞俄比亚是东非大国，伊朗和沙特分别是伊斯兰世界什叶派和逊尼派主要国家。另外，新成员国也兼顾了可行性和稳定性，埃塞俄比亚作为经济相对困难国家和沙特、阿联酋作为资金充裕国家的一起加入，将有利于金砖合作维持经济平衡性。同时，新成员国涵盖从能源、粮食生产、工业制造到消费市场的主要大国，实现了金砖的内部循环，增强了金砖国家的综合实力，将提升其推进世界多极化和国际关系民主化发展的能力。

其次，国际金融的创新合作是国际舆论乃至美西方对2023年峰会最为关注的焦点之一。此次峰会在此方面务实稳健，主要的突破点放在可行性较强的跨境支付方面。鉴于国际贸易清算系统的高额成本及被美国作为国际政治斗争工具的巨大风险，金砖希望“寻求探索国际贸易清算系统的替代选择”[1]，也就是“快速、廉价、透明、安全、包容的支付体系”。为此，一方面，峰会期望金砖国家支付工作组尽快出台推进《二十国集团完善跨境支付路线图》的相关报告；另一方面，希望成员国更多分享跨境支付经验，鼓励在国际贸易和金融交易中使用本币结算，加强金砖国家间代理银行网络。而在国际舆论大为炒作的“金砖币”方面，《约翰内斯堡宣言》未置一词，仅责成财长和央行行长就金砖本币合作、支付工具和平台展开研究。

再次，金砖峰会对改革现有国际经济、政治机制发出了前所未有的明确号召。金砖国家历年均呼吁对联合国安理会、世贸组织和国际货币基金组织等进行改革。2023年的峰会在敦促改革的措辞上明显更具决断力，

① G. N. M. Pandor, “BRICS Collaboration Helps Find Solutions for Challenges Facing the Global South”, *Ubuntu Magazine: South Africa's Public Diplomacy in Action*, Issue 29: 59.

且提出了明确的改革内容和时限。如呼吁在2024年前恢复所有成员均可使用的具有约束力的世贸组织争端解决机制,呼吁"2023年12月15日之前完成国际货币基金组织第16轮份额总调查"等。甚至首次明确呼吁改革布雷顿森林体系,让新兴市场和发展中国家发挥更大作用,在该体系机构中担任职位等。

对于二十国集团,峰会寻求印度、巴西和南非分别于2023至2025年担任主席国的契机"积聚持续变革的势头",推动进一步"放大全球南方的声音"。部分评论者认为,金砖峰会有成为二十国集团峰会的"会前会"的潜力和可能。这表明,金砖国家对于改革国际经济、政治格局有了较为明确的看法,形成了较大的共识。

最后,在科技创新、人文交流等领域,提出了一些新的具体做法。如欢迎金砖国家科技创新创业伙伴工作组在相关领域采取更多行动,譬如支持金砖国家孵化培训和网络、金砖国家技术转让培训计划等,呼吁开展技术中立合作,"制定可持续项目的兼容分类标准以及核算碳单位"。这些都为金砖科技合作指明了路径。人文交流方面,峰会"同意支持保护、保存、修复和推广文化遗产",采取强力措施打击非法贩运文物,鼓励文化和遗产利益攸关方开展对话,促进文化和创意部门数字化。

二、南非与中国的金砖合作

2023金砖峰会的成功举办离不开拉马福萨政府对金砖机制及峰会举办的积极态度和周全筹办。但对于金砖合作机制,无论是南非政府层面还是民间层面,一直存在不同音调。换言之,当前南非上下对金砖合作机制的支持不仅和南非自身处境变化有关,也和国际形势变化及金砖机制的坚韧和优良表现有关。因此,要理解金砖机制运作的经验教训,有必要梳理南非对其态度的微妙变化。

(一)近年来南非对金砖合作的态度

南非为何要加入金砖?本质上是因为这切合南非对外战略的要旨。

时任南非驻华大使兰加曾指出，南非不仅需要金砖伙伴提供的先进技术和合作契机，而且能够在东西方力量转换过程中借助金砖机制重塑国际政治、经济秩序，“捍卫发展中国家的话语权”，同时“意味着整个非洲大陆都参与到金砖中……为非洲大陆带来福音”[①]。这是南非外交工作的基石——“非洲”和“多边主义”的鲜明体现。在南非看来，它是非洲的天然代表，它加入金砖，就是非洲加入金砖，代表着非洲国家对全球政治经济重塑的共同参与。总之，此时期南非政府对金砖机制总体是认同的。

但南非舆论却有不同声音。2013—2014年涉及南非与金砖关系的16篇南非媒体报道中，有8篇持疑虑和消极态度，尤其是德班峰会召开前，存在着加入金砖究竟是机遇还是增加竞争对手的讨论；持有积极态度的则将金砖视为促进经济增长、摆脱贫困的重要机遇。[②]可见，南非媒体和政府的关注点是一致的，那就是金砖机制能否为本国带来实际利益。因此，随着2013和2018年两次金砖“南非年”的举办尤其是金砖新开发银行成立后，舆论对金砖机制的前景总体转向乐观。南非主流媒体《星报》在2017—2019年的23篇报道中，有22篇对金砖国家作出积极评价，尤其突出新开发银行向南非提供投资和在产业升级中的重要角色。[③]

拉马福萨上台后，南非政府更为看重金砖机制对于解决其国内经济社会问题的作用。2019年11月内阁在赞赏金砖巴西峰会后，直言“南非成为金砖成员国使得这个国家能战略性地迈向贸易、投资……技能和技术转移的增长，这对于我们解决失业、贫困和不平等这三重挑战是关键性的”[④]。

---

① 陈楠：《加入“金砖五国”，开启“非洲时刻”——访南非共和国驻中国大使兰加》，《商务周刊》2022年第2期。

② 郑华、程雅青：《南非对金砖国家身份的认同感研究——基于主流印刷媒体报道的分析(2013—2014)》，《同济大学学报(社会科学版)》2015年第6期。

③ 郑华等：《金砖国家的共识与分歧——基于五国主流印刷媒体报道的分析(2017—2020)》，《社会科学》2022年第2期。

④ “Statement on the Cabinet Meeting of 20 November 2019”, https://www.gov.za/speeches/statement-cabinet-meeting-held-wednesday-20-november-2019-21-nov-2019-0000.

疫情期间,南非对金砖国家出口保持较大增长,其占比已超过南非出口的17%,而对金砖国家的进口占比则超过了29%,与其他金砖国家的贸易总额更从2017年的4870亿兰特增至2021年的7020亿兰特。用南非内阁的话说,“我们的金砖国家身份继续使我们的国家受益”。

拉马福萨本人也极为看重金砖机制的作用,2021年他发表《金砖对南非具有极大战略重要性》的文章,声称加入金砖组织是提升南非发展优先事项的里程碑。他列举大量数据表明金砖国家在贸易、投资等领域给南非带来的利益,尤其是新开发银行在交通、清洁能源、温室气体减排等方面发挥的作用,如该行紧急贷款20亿美元给南非用于抗疫和经济复苏。总之,加入金砖使南非“增强了作为新兴经济体的地位。……强化了在全球舞台的行动主义,尤其是改革多边制度。我们从争取提升基于相互尊重和主权平等的世界秩序的集体声音中获益”①。

南非金砖特使苏克拉尔则更加直言不讳。他认为新冠疫情使可持续发展2030议程取得的成就毁于一旦,在此情况下,“我们不能指望那些自称是全球共同体领导者的国家。金砖作为全球南方强有力的声音必须充分利用联合资源、影响和领导力,和其他志同道合的新兴市场和发展中国家伙伴,提供当今世界所缺乏的全球领导力。而这就是金砖所期待的”②。面对南非经济最大掣肘——能源危机,他希望积极推进金砖能源合作路线图,识别能源安全需求和挑战,找到金砖合作的解决方案。③目前南非从新开发银行获得金融资助主要和清洁能源相关,总价值54亿美元。

---

① Cyril Ramaphosa, “BRICS is of Immense Strategic Importance to South Africa”, *Ubuntu Magazine: South Africa 's Public Diplomacy in Action*, Issue 25: 16–17.

② Anil Sooklal, “BRICS Partnership: Forging Strong People–To–People Ties”, *Ubuntu Magazine: South Africa 's Public Diplomacy in Action*, Issue 29: 44.

③ Anil Sooklal, “Forging Partnerships with BRICS Energy Investors”, *Ubuntu Magazine: South Africa 's Public Diplomacy in Action*, Issue 29.

(二)中南金砖合作与中非(洲)合作的对接

2023年是中南建交25周年,两国政党交流频繁、政治互信巩固、务实合作深入推进。近年在金砖合作指引下,两国经贸合作再上台阶。目前中国连续14年保持南非最大贸易伙伴地位,南非则连续13年成为中国在非洲的第一大贸易伙伴国。同时,自2012年起中国一直是非洲最大的贸易伙伴,"一带一路"倡议和非洲《2063年议程》正深入对接合作,中非合作逐渐步入"收获期"。南非作为金砖成员国和非洲综合实力首强,也是《2063年议程》的主要推动者,致力于成为金砖国家进入非洲的"桥梁"和"网关","两个国家联合起来将会形成对非洲发展有利的双赢的伙伴关系"[①],因此,南非理当成为中南金砖合作与中非合作对接的榫卯。

南非作为金砖成员国为中非合作架接了便捷通畅的桥梁。以非洲为重心的外交战略,决定了南非将金砖机制和二十国集团作为推动非洲事务的重要抓手,而这也是中南金砖合作和中非合作对接的契机。南非作为非洲领导者对于中非合作和中南金砖合作的诉求是高度一致的,金砖机制或许能为前者提供某种更具常态性的领导力和合作机制。

2012年中非合作论坛第五届部长级会议上,时任南非总统祖马表示中非合作论坛使非中能以新型战略伙伴的形式紧密合作,希望在基建、信息技术等领域加强合作,非洲已经准备好借助论坛快速推进非洲发展进程。[②]2011年论坛接纳非盟委员会为正式成员,2012年南非前内政部部长德拉米尼接任非盟委员会主席,表示希望中国和非盟在基础设施、制造业和农业等领域务实合作。接手中非合作论坛非方主席国后,时任南非总统祖马于2014年12月结束对中国访问后表示,中国将帮助非盟建立快反部

---

① 昝春燕:《本报专访南非驻华大使兰加:大使首度解密南非加入金砖四国历程》,《21世纪经济报道》2011年2月18日。

② 参见:http://za.china-embassy.gov.cn/chn/znzfgx/2012/201207/t20120720_10408177.htm。

队,同时寻求其他金砖国家的支持。[①]可见,在南非看来,金砖合作机制成为其推动非洲战略的重要潜在抓手。

同时,中国与南非政治、经济和人文关系实现跃升,和中非合作的领域基本一致。2014年12月中南签署“五到十年战略合作项目”,确定未来合作的重点领域为海洋经济、经济特区、能源和人力资源开发等。2015年12月习近平访问南非,双方签署26项价值940亿美元的协议,为执行战略项目确定了六大优先领域:产业协调以加速南非工业化进程、强化在特别经济区的合作、强化海洋合作、基础设施发展、人力资源合作、金融合作。[②]在经济特区方面,南非希望学习中国的经验,而金融方面,祖马特别期待金砖国家新开发银行尽快建立并成立非洲区域中心来开展合作。2017年11月南非方面表示,中南能源合作的重点依然会集中在能源转化、新能源研究等领域,同时要保证不仅实现区域发展,更要延伸到整个非洲。[③]

拉马福萨政府更为明确地将金砖机制和中非合作论坛视为中南重要“国际战略合作平台”。[④]尽管有评论指出,中国乃至巴西等金砖国家与南非在非洲存在较大的利益冲突,[⑤]但它们彼此之间同样有着较大的合作空间和共同利益。作为大国云集的金砖机制是南非能够有效借重以扩大其

---

① 参见:http://za.china-embassy.gov.cn/chn/znzfgx/2014/201412/t20141210_10408081.htm。

② “Government Signs 26 Agreements Worth R94 Billion with China”, https://www.gov.za/speeches/government-signs-twenty-six-agreements-worth-r94-billion-china-2-dec-2015-0000.

③《国家电网驻非办举行2017中国—南非能源研讨会南中经贸协会能源委员会成立》,人民网,http://world.people.com.cn/n1/2017/1201/c1002-29680570.html.

④ Ramaphosa, “South Africa Ready to Work with China Towards a Shared Future”, https://www.gov.za/blog/south-africa-ready-work-china-towards-shared-future.

⑤ 西方学者往往认为金砖国家之间在非洲大陆存在广泛竞争,南非加入其中是个错误。甚至南非前沿资讯公司总裁马丁·戴维斯也认为,中国的制造业和印度的服务业都是南非的主要竞争对手,如何在金砖框架内协调在非洲区域经济发展中的利益将会是重要议题。参见马丁·戴维斯:《非洲大陆上的较量与合作:南非为何成为金砖国家?》,《博鳌评论》2012年7月。

在非洲影响力的关键杠杆。因此，南非在主办历次峰会时都将关键主题设定为“非洲”和“金砖”，呼吁支持非洲发展与合作。2018年南非主办的“金砖+”领导人会晤主要邀请的国家就是非洲国家及非洲地区组织领袖。2023年峰会还专设“中非领导人对话会”，由拉马福萨和习近平共同主持，非盟轮值主席科摩罗总统阿扎利等十多位非洲国家领导人出席。对话会取得丰硕成果，为助力非洲一体化和现代化，中方提出“支持非洲工业化倡议”“助力非洲农业现代化计划”和“中非人才培养合作计划”三项举措。[①] 由此可见，在南非看来，在金砖国家和非洲的合作中，中国与非洲的合作是重中之重，南非则是其中的重要沟通桥梁。

而非洲国家对于南非在金砖机制中发挥非洲影响力予以了高度评价。2018年中非合作论坛各方“祝贺南非主办金砖国家领导人第十次会晤，并延续由‘金砖+’合作倡议和金砖领导人与非洲外围组成的‘金砖+’领导人对话会。各国领导人积极评价会晤通过的成果文件和相关举措”[②]。作为政府间发展组织轮值主席的吉布提总统盖莱表示，“金砖与非洲关系超越了合作本身，具有战略意义”，政府间发展组织“欢迎金砖发挥重要作用，在促进贸易、投资和基础设施建设等方面支持非洲大陆集体努力”[③]。

同时，中国也视南非为中非合作的桥头堡和领头羊，将中南金砖合作作为中非合作的重要牵引。2020年10月任命外交部部长助理陈晓东为驻南非特命全权大使凸显了中国对南非在非洲事务中的地位的高度重视。2023年8月习近平访问南非之际，中方明确表示“支持南非引导金砖国家

① 习近平：《携手推进现代化事业共创中非美好未来——在中非领导人对话会上的主旨讲话》，中国外交部，https://www.fmprc.gov.cn/ziliao_674904/zt_674979/dnzt_674981/xjpcxjzgjldrdswchwbdnfjxgsfw/zxxx_135504/202308/t20230825_11132509.shtml。

②《关于构建更加紧密的中非命运共同体的背景宣言（全文）》，http://focacsu-mmit.mfa.gov.cn/chn/hyqk/201809/t20180905_5859803.htm。

③《驻吉布提大使就“金砖+”领导人对话会和中非领导人对话会接受吉布提主要官方报纸〈民族报〉专访》，http://www.focac.org/chn/zfzs/202308/t20230830_11135688.htm。

同非洲和'全球南方'国家加强合作"[①]。而中国则早已身先士卒,始终在中非合作这一大格局下来谋划中南高水平合作。中国积极推进"一带一路"倡议与非盟《2063年议程》开展对接,着重在基础设施建设、经济特区与产业园区建设等领域发力,提升非洲自主发展能力。[②]2021年中非共同制定《中非合作2035年愿景》,并出台首个三年规划,共同实施卫生健康、减贫惠农、数字创新等九项工程。同期中南两国签订新的十年战略合作规划(2020—2029),并将之视为中南全面战略伙伴关系的行动项目。[③]该规划重点关注技能转移、卫生、数字经济等领域的合作。可以说它和中非合作项目高度协同。

南非全球对话研究所高级研究员弗朗西斯·科内盖指出:"2013年德班会晤的一项重大成就就是强调要加强金砖国家与非洲国家及组织的合作,大力推动非洲的发展。但目前南非还没有对如何拓展金砖国家同非洲的合作给出特别明确的计划。南非作为金砖国家一员,理应加大力度推进其和非洲的合作。"[④]要实现这样的合作,强有力的支撑机制是关键。而2017年8月成立的金砖新开发银行非洲区域中心,为中南合作和中非合作开辟了全新渠道。它代表着金砖国家对于非洲大陆发展的坚定承诺,显示金砖国家和新开发银行还将惠及整个非洲和发展中世界。[⑤]巴西金砖智库也认为,非洲的真正发展必须破除新殖民主义政治经济结构,只有以金砖

---

①《中华人民共和国和南非共和国联合声明》,https://www.gov.cn/govweb/yaowen/liebiao/202308/content_6899647.htm。

②《中非合作论坛——北京行动计划(2019—2021年)》,http://focacsummit.mfa.gov.cn/chn/hyqk/201809/t20180905_5859862.htm。

③ DIRC Media Statements, "President Ramaphosa to Host President Xi Jingping of the People's Republic of China on a State Visit", https://www.dirco.gov.za/president-ramaphosa-to-host-president-xi-jinping-of-the-peoples-republic-of-china-on-a-state-visit/.

④ 朱宛玲:《南非学者高度肯定"金砖"作用期待金砖国家加强与非洲的合作》,国际在线报道,http://za.china-embassy.gov.cn/znzfgx/2017/201708/t20170823_10407495.htm。

⑤ 黄玉沛:《金砖银行建非洲区域中心是创新金融发展》,《21世纪经济报道》2017年8月24日。

国家及其新开发银行为契机,才能彻底改革国际金融资本主义。“依靠金砖国家,南非和中国才能形成有意义的联盟来合作强化非洲内部的议会进程(目前这些进程是在资金不足的非洲联盟的支持下进行的)”,从而形成统一的政治权力推动区域发展计划,如能源生产网络等领域。作为新开发银行最大的出资方,中国应当以此为凭借,充分发挥其沟通并提升中非合作与中南合作的角色。

(三)近年来中南金砖合作成果

中南关系在中非合作中的地位极为突出。中国已连续14年成为南非最大的贸易伙伴和重要投资来源国,南非则长期是中国在非洲最大的贸易伙伴。

其一,产能与产业合作方面,中南在汽车、矿产和能源领域的合作成果最为丰硕。中资企业在南非投资主要分布在约翰内斯堡地区和各省工业园,项目涉及纺织服装、家电、机械、矿产开发及金融、信息通信、农业等领域。[①]

经贸对接方面,成果愈加丰硕。2022年12月,由深圳市商务局、香港投资推广署主办的2022中国(深圳、香港)—南非(约翰内斯堡)经贸合作线上交流会举行,有关政府、协会和企业的嘉宾围绕医疗、电力基建等领域共商经贸合作与发展。同月,“中国—南非‘一带一路’经济合作研修班”结业,来自南非等国81名官员和学者参加研修,就中南清洁能源合作等议题学习交流。2023年3月15日,南非东莞商品展销中心线下展厅开始上架来自东莞的信息家电等产品,并同步上架南非最大电商平台,标志着“联通全球 莞货南非行”活动启动。4月,中方组织60余家企业参加第五届南非投资大会,宣布新增投资意向近150亿兰特。此外,姆西姆夫布河水资源综合利用等重要项目合作加速推进。5月,郴州市举办湖南(郴州)—南非经贸洽谈对接会,同时赴南非举行湖南(郴州)南非经贸洽谈对接会、开普

① 中国商务部:《对外投资合作国别(地区)指南》,南非(2021年版)。

敦侨界代表座谈会,拜访南非国会议员,就矿业、农业和基础设施建设深入交流。[①]7月,南非妇女、青年和残障部副部长托拉谢率代表团前往郴州考察文旅产业和新能源等方面企业。7月1日,南非标准银行邀请35名非洲客商到长康集团考察,加强沟通合作。8月10日,中国—南非企业贸易对接会暨签约仪式在南非举行。保利集团等20家企业与南非企业签署了价值22亿美元的进口贸易协议,采购产品涵盖农业、矿产、纺织等多个领域。同日,商务部部长王文涛主持召开中国—南非经贸联委会第八次会议,就深化中南多双边经贸合作深入交换意见。[②]

新能源领域合作是2023年中南合作的重大增长点。2017年11月,中国国电集团公司南非德阿风电项目正式竣工,标志着中国风电企业成功在非洲打造出“绿色名片”。2022年12月,平高集团成为南非国家电力公司发布的国家电池储能部署方案主要供应商。为解决能源短缺问题,南非愈来愈将目光瞄向中国。2023年4月南非电子部部长拉莫豪帕会见中国大使陈晓东,希望中国政府帮助南非结束轮流停电的困境。5月,南非国企部部长戈尔丹和南非国家电力公司首席执行官卡利布·卡西姆到访中国电网公司,后者表示将助力南非应对电力挑战,在促进能源转型、推进人才培训等方面深化合作。[③]5月16日,江苏国富氢能公司与南非公司签署战略协议,成立合资公司投入绿氢等能源和化工材料生产。6月,中南合作举办中国—南非新能源投资合作大会,中国驻南非大使陈晓东、南非国企部部长戈尔丹等出席大会开幕式并致辞,170多家中国企业与南非企业就扩大新能源投资合作对接取得积极成果,助力南非解决电力危机、实现能源

---

① 唐思思:《郴州市经贸代表团在南非赞比亚开展经贸对接活动》,《郴州日报》2023年5月20日。

② 《中国—南非经贸联委会第八次会议在南非召开》,中国政府网,https://www.gov.cn/govweb/lianbo/bumen/202308/content_6897722.htm.

③ 王恺雯:《为解决电力问题,南非部长和国企高管到中国“取经”》,观察者网,https://www.guancha.cn/internation/2023_05_11_691858.shtml.

转型。7月24日，中国—南非首期气候变化线上培训班开幕，这是落实《中国政府与南非政府气候变化领域合作的谅解备忘录》的具体行动，也是积极分享发展理念，加强交流互鉴的体现。[①]

其二，科技合作方面，从具体项目到科技对话有跨越式发展。2018年中南科学家高级别对话会开启，习近平和拉马福萨共同出席。该对话会开启中南科技重点合作项目——平方公里阵列射电望远镜。该项目于2022年底开工建设南非台址，中企东南网架深度参与，至2023年9月，台址项目一期工程仍在紧张建设中。[②]中科院国家天文台和南非夸祖鲁—纳塔尔大学启动计算物理学实验室。中南正加紧推进中南科技园区合作，加强信息通信技术、生物技术和传统医药合作研究，推动中南矿业联合研究中心建设。中国移动与南非迈斯特派尔科技公司于2022年11月签署备忘录，为电信、金融服务等企业构建互联网数据中心。[③]当年12月，湖北工业大学与南非文达大学签署协议，共建绿色科技孔子学院，开展以绿色工业为特色的中文教育及人文交流。2023年9月，中国国家航天局与南非国家航天局签署谅解备忘录，标志着南非正式加入国际月球科研站计划。双方将在国际月球科研站论证、工程实施等进行广泛合作。此外，在金砖国家遥感卫星星座合作框架下，中南航天机构开展了遥感数据交换及应用、卫星地面站等合作。[④]

其三，在党际交流和各级政府互访方面，呈现百花齐放的景象。2023年8月22日习近平对南非进行国事访问，双方达成诸多合作共识。2023年2月拉马福萨会见到访的时任中国国务院副总理孙春兰。2023年4月，南非

---

① 李欣：《中国—南非首期气候变化培训班开班式成功举行》，《中国环境报》2023年7月25日。

② 邹松：《南中科技创新合作日趋紧密》，《人民日报》2023年9月4日。

③《中国与南非签署合作备忘录助推非洲数字化升级》，https://www.yidaiyilu.gov.cn/p/289443.html。

④《南非加入国际月球科研站计划》，中国日报网，https://cn.chinadaily.com.cn/a/202309/08/WS64fb1f66a310936092f20fe1.html。

共产党总书记索利·马派拉率考察团访华，到北京、上海和陕西(延安干部学院、梁家河等)等地参观，并和中联部部长刘建超、陕西省委书记赵一德等会见交流。[①]6月，南非警察部部长塞莱到访，与公安部部长王小洪会面，推进双方在金砖峰会安保等务实合作。6月上旬，非洲人国民大会总书记姆巴卢拉率领考察团到访北京、深圳等地。在深圳，姆巴卢拉表示将学习深圳改革开放建设、现代化转型和创新发展的经验。[②]7月，南非共青团全国委员蒙乔等人参加2023年生态文明贵阳国际论坛，表示愿与中国在能源结构调整、节能减排等方面强化交流合作，携手向世界展示中国与南非生态文明建设的解决方案。

地方政府层面，2023年6月下旬，南非豪登省省长一行到访中国重庆、浙江、上海和北京四地，分别和当地党政领导会见交流，广泛接触四地企业、产业园区等，在产业发展、数字技术、新能源汽车等领域深入交流。代表团表示访问极大增进了对中国国情的了解，对中国式现代化有了更全面的理解，愿参与南中地方政府交往合作，与中方携手同行现代化之路。[③]6月27日，嘉兴和开普敦在线上举办“南非中小企业绿色能源技术培训”活动，使南非参与人员对浙江光伏产业有了全新认识，产生了浓厚的合作意愿。8月9日起，宜兴市委书记率领代表团赴南非参与中国宜兴(南非)经贸合作洽谈会，与南非20位商界代表商谈，签署约6亿美元合作项目，达成一批合作意向。9月8日江苏省省长许昆林在南京会见南非自由州省省长杜克瓦那一行，双方共同签署两省进一步加强合作谅解备忘录。

其四，在人文交流方面，双方各层次、各类别团体互动频繁。2017年4月中南两国召开首届中国—南非高级别人文交流机制会议，开启两国副总

① 万宇:《为世界发展提供新机遇(外国政要和友好人士看中国式现代化)——专访南非共产党总书记索利·马派拉》,《人民日报》2023年7月2日。

② 徐兴东:《覃伟中会见南非非国大全国执委考察团》,《深圳特区报》2023年6月13日。

③ 中华人民共和国驻约翰内斯堡总领事馆:《南非豪登省省长勒苏非圆满完成访华之旅》,http://johannesburg.china-consulate.gov.cn/chn/zxxx/202307/t20230705_11108883.htm。

理级别高层对话新机制。2022年7月，南非自由州福建同乡会向布隆方丹的一所学校捐赠了包括电脑在内的学生日用物资，总价值超过30万兰特。9月，由金砖创新基地主办的2022南非青年企业家投资中国培训交流会在线上举行，参与培训的南非代表表示收获颇丰。[①]2023年3月国产科幻片《流浪地球2》正式登陆南非影院，这是国产影片打开非洲市场的重要一步。同月约翰内斯堡大学在校园举办中医推广活动，展示针灸等传统中医技法和八段锦表演，受到师生欢迎。[②]4月19日该校孔子学院还举行中文日主题活动，推广中华文化。6月中旬，南非总统府新闻办公室处长兼金砖电视台台长阿扬达·霍洛率媒体代表团赴云南昆明、玉溪等地，就乡村振兴、民族团结等展开调研，对当地发展留下深刻印象。7月，南非埃尔维斯舞蹈艺术团带来的舞剧《乌班图之魂》在新疆人民剧场首演，加深了中国观众对南非艺术文化的理解。8月29日，南非开普敦大剧院艺术团访问浙江东阳市，了解横店影视文化产业从无到有的发展历程。

其五，军事和防务交流方面向更深层次的合作迈进。2023年2月下旬，中国、俄罗斯、南非三国海军在德班附近海空域举行第2次海上联合演习，聚焦于"非传统安全领域"尤其是维护航运和海上经济活动安全方面，这将有助于进一步推动金砖国家的防务安全合作。6月21日，南非国防军司令马普赫万亚到访北京，双方表示将在现有联演联训、院校教育等领域合作基础上，继续深化战略沟通，携手应对共同安全挑战。7月下旬，中国海军第43批护航编队在完成西非5国友好访问后，技术停靠开普敦补给休整。期间，南非海军司令洛贝斯中将与编队指挥员进行深入会谈，双方表示将继续深化两军的友好交流合作。

南非加入金砖机制对中南两国的经贸关系究竟产生了多大的影响，是

---

①《结合典型案例详解外商投资法：南非青年企业家投资中国培训交流会线上举行》，《厦门日报》2022年9月30日。

②《南非约翰内斯堡大学举办中医推广活动》，华声在线，https://baijiahao.baidu.com/s?id=1760748292159211845&wfr=spider&for=pc。

值得深入探讨的课题。在贸易方面,南非加入金砖之前的2010年,中国已是南非最大的贸易伙伴和最大商品出口市场,中南贸易总额相比2009年增长近60%,达到257.03亿美元,南非对中国出口同比增长70%。2011年(南非加入金砖机制后)同比2010年猛增77%,贸易总额达454.7亿美元,此后几年维持高速增长,连续迈上500亿和600亿美元大关,直到2015有所回落,并维持在300亿~600亿美元之间。2022年对南非进出口总额更是达到567.40亿美元,同比增长5%,占对非洲进出口总额2820.00亿美元的20%。换言之,南非加入金砖后,两国贸易总体均超出此前至少100亿美元(疫情后贸易额回升到500亿美元级别),而南非对中国的出超也维持在100亿美元左右。这说明金砖机制下,两国的贸易联系相对稳定化了(2010—2015年的猛增或许有国际形势、两国国内经济景气度变化及疫情冲击的影响),开始构建出了两国相互需求的基本盘。

表4.1　2018—2021年中国对南非进出口情况

单位:亿美元

年份	进出口额	中国对南非出口额	中国自南非进口额	中国逆差额
2018年	435.36	162.48	272.87	110.39
2019年	424.92	165.43	259.49	94.06
2020年	360.64	152.39	208.25	55.86
2021年	540.71	211.15	329.56	118.41

来源:《中国统计年鉴》:http://www.stats.gov.cn/sj/ndsj/

尽管疫情的影响逐渐消失,但由于国际“脱钩断链”等因素作用,中南双边贸易有所增长,但较为乏力。2023年1—7月,中国对南非进出口总额达到326.96亿美元,相比2022年1—7月的317.18亿美元增长3.1%,占对非洲进出口总额1641.39亿美元的19.92%(见图4.4)。可见,在中国自非洲进口出现14.3%的下降的情况下,中国对南非进出口保持着稳定。

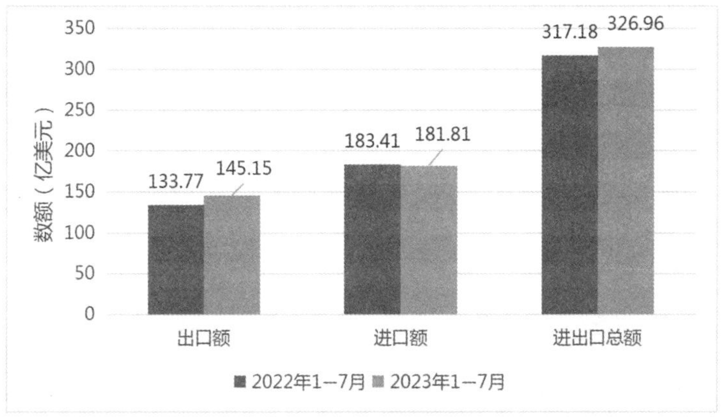

图4.4　2022与2023年1—7月中国对南非进出口情况

来源:《中国统计年鉴》:http://www.stats.gov.cn/sj/ndsj/

双边投资方面,拉马福萨执政以来,多数相关数据有所下滑。2018年中国对南非直接投资存量为65.32亿美元，2019年61.47亿美元,随后继续下降到2020年的54.17亿美元和2021年的52.94亿美元。相似地,中国对南非直接投资也从2018年的6.42亿美元下降至2021年3.64亿美元。中国实际利用南非直接投资方面,更是从2018年的4185万美元下滑到2021年384万美元。中国对南非承包工程营业额下降至2020年的4.91亿美元,不过,2021年回升至8.05亿美元。[①]而在对外承包工程派出人数、对外劳务合作派出人数等方面远远落后于埃及、阿尔及利亚乃至刚果等非洲国家。

2023年8月22日习近平对南非进行国事访问,双方达成从产业、科技到人文的广泛合作意向,涉及新能源投资、蓝色经济、数字工业化、经济特区、航天和卫生等众多前沿领域,这势必为中南双边各层次合作水平的进一步提升打下坚实的基础。

---

① 国家统计局年度数据,https://data.stats.gov.cn/easyquery.htm?cn=C01。

第三章　南非营商与投资环境新变化

南非拥有撒哈拉以南非洲最坚实的经济基础和稳定的投资环境。无论是独立的司法机构、健全的法律部门,还是成熟的金融和服务业,都为南非投资环境提供坚强的后盾。

由于历史上长期存在的种族隔离制度导致南非黑人在经济上处于绝对劣势地位,目前南非几乎所有寻求经济转型的法律、政策和改革计划都着眼于改变南非黑人的经济地位,并将其视为经济发展的主要推动力。为此,在进一步促进工业化过程中,南非政府经常采用提高关税或其他贸易措施,以支持国内产业,这就导致对外国贸易伙伴造成负面影响。例如,拉马福萨总统在2020年10月提出的经济重建和复苏计划中就公布最新的国内支持目标:在5年内将42种进口商品的20%替换为本国产品。其他相关举措还包括制定劳动法,以实现工作场所中不同种族、性别和残疾人的比例代表权。

值得一提的是,2020年7月,国际货币基金组织将43亿美元划拨给南非政府,以应对新冠疫情。而2022年1月,世界银行也批准南非7.5亿美元的贷款,这些都是南非自民主转型以来,上述机构首次支持南非的公共财政。

南非遭受所谓"失去的十年"的影响,即在过去的10年时间里,南非经济停滞不前。究其原因,主要有两条:腐败和经营管理不善。南非在2019年和2020年经历了为期四个季度的技术性衰退。2019—2022年的经济增长率分别是0.2%、-6.4%、4.9%和-1.3%。南非最为严重的失业问题也并没有得到彻底解决，其失业率从2021年的34.9%下降到2022年12月的32.7%。

目前南非投资面临最大的挑战之一是持续的“负荷削减”，主要表现为国内的滚动停电。该国在2022年有超过200多天都处于负荷削减状态，2023年第一季度每天都是如此。缺乏可靠的电力供应不仅严重制约经济稳定增长，更成为投资者最为关注的问题。国际货币基金组织最近将南非2023年国内生产总值增长预期下调至0.1%。同时，南非储备银行将其对2023年南非国内生产总值增长预测从2.6%下调至0.3%。除电力供应短缺，南非投资环境还面临政策不稳定、缺乏有效监管、缺乏完善的基础设施建设和政府服务、熟练劳动力短缺、国有企业绑架财政、普遍腐败、暴力犯罪和劳工骚乱等经济和社会不稳定因素的影响。

在俄乌冲突方面，与严重依赖俄罗斯能源、俄罗斯和乌克兰粮食出口的国家相比，南非承受的负面影响较小。这场冲突主要加剧南非现有的供应链瓶颈和通货膨胀压力，原因在于俄乌冲突导致南非能源和食品价格上涨，使民众可支配收入减少，进一步导致反对生活成本上涨的游行示威活动增多。

从著名信用评级机构的评价来看，穆迪公司认为南非的整体投资前景较为稳定，但将南非的主权债务评级定为投机级别。而惠誉国际于2022年11月将南非的信用评级定为垃圾级。2022年5月，标准普尔将南非整体投资前景从稳定上调至正面，并于同年11月维持对南非的正面展望，认为南非的一些结构性改革计划会在很大程度上缓解其经济压力。然而，2023年3月，由于该机构认为严重的电力短缺对经济增长构成风险，政府为解决基础设施短缺和改善国有企业治理而进行的改革步伐缓慢，国有企业负债可能会对公共财政构成压力等原因，其将南非的评级从正面下调至稳定。此外，2023年2月，全球金融行动特别工作小组正式将南非列入“灰名单”，认为南非并未完全遵守反洗钱和恐怖主义融资标准。这将增加企业必须服从的尽职调查数量,进而使得在南非开展业务的成本上升,同时将导致自南非向海外汇款和与国际银行进行交易更加复杂。

尽管面临结构性挑战,南非仍然是有利于世界各国在非洲地区投资的目的地,非洲是世界上增长最快的消费市场,以美国为首的西方国家于近些年加大对南非投资力度,如谷歌公司投资了约1.4亿美元,百事公司在2020年投资了约15亿美元,福特宣布了一项16亿美元的投资,其中包括2021年1月扩建其豪登省制造工厂。

一、对外投资的开放与限制政策

(一)外国直接投资相关政策

南非政府对外国投资持开放态度,希冀通过开放投资市场推动本国经济增长,提高国际竞争力,并进入外国市场。附属南非贸工部的贸易投资局主要负责投资推广并提供投资服务,包括联系政府相关部门,缩短申请手续,加速投资过程,提供投资后续服务等。南非贸工部在其官方网站发布《投资者手册》,并通过比勒陀利亚、约翰内斯堡、开普敦、德班的一站式服务中心和网站提供投资支持。[①]然而,2018年南非颁布的《竞争法修正案》以国家安全为由,对能源、矿业、银行、保险和国防等特定行业的外国直接投资引入政府审查机制(见修正案“外国直接投资法律法规”一节)。对此,私营部门认为如此复杂的商业经营环境会大大降低南非的投资吸引力。

(二)限制外国私人所有权和对企业的掌控权

目前,南非对外国私人所有权的限制较少,并且建立了一些激励计划来吸引外国投资。外国私人所有权相关法律主要包括《投资法》、2019年《竞争法修正案》和《公司法》。

《公司法》是南非管理公司注册和运营的主要法律依据。根据现行《公

① http://www.investsa.gov.za/one-stop-shop/.

司法》,外国投资者可以设立国内实体,也可以注册外资实体。大部分外国投资者建立的子公司或私人公司都至少有一名董事和一名股东。一般来说,私人公司的成员不得超过50人。如外国投资者要建立规模超过50人的商业实体,上市公司可能是最好的选择。此外,《公司法》还要求外部公司向公司与知识产权注册局提交年报,以供审查。

虽然《公司法》和《投资法》没有禁止外国公司购买南非资产或收购行为的规定,但设有审查此类交易的国家安全条款。2019年的《竞争法修正案》规定,如果总统任命的外国投资委员会认为某项涉及外国公司的收购或合并的行为会危及国家安全,他们有权对其进行阻止。尤其是能源、矿业、银行、保险和国防等行业在进行商业活动时会经常接受额外的审查,而相关审查则是由拉马福萨总统亲自挑选的包括28名部长和官员在内的委员会进行。

除了《公司法》有关国家安全的审查规定外,还有少数行业则需要单独通过法案保证国家安全方面的审查规定。例如2021年9月28日,拉马福萨总统签署《私人安保行业管理修正案》,规定基于国家安全因素,将私人安保公司的外资持股比例限制在49%以内。再比如,2017年通过的《保险法》规定未经严格审批的公司及个人一律禁止在南非开展保险业务。此外,该法规还规定外国再保险公司只有获取许可证,并在南非设立信托和代表机构的前提下才能开展保险业务。

在移民政策与外国投资方面,《移民法》要求商务签证申请人必须将规定的资本投入相关业务中。规定的财政或资本出资由内政部部长根据政府公报的规定确立下来。2021年使用的资本出资为500万兰特,且资本出资必须以新机器或新设备的形式提供。在申请人的业务性质被认定为符合国家利益的情况下,内政部部长可以减少或免除资本出资要求。此类商业活动类型包括农产品加工行业、资讯科技服务、金属和电气机械设备、纺织品、服装和皮革、电气技术、绿色经济产业(包括发电和可再生能源),石油和天然气等行业。

尽管南非竭力吸引外国投资,但仍有一些政策因对外国投资者不利而降低了南非投资吸引力。其中最显著的例子就是2013年颁布的《广义基础的黑人经济振兴法案》(Broad-Based Black Economic Empowerment Act),即"B-BBEE"法案。该法案简单来说就是要求公司在员工、供应商和业务伙伴等方面实现种族平等,并在管理层和股权结构中增加黑人代表,试图使在历史上处于不利地位的南非黑人重新融入经济当中。虽然该法案立意甚佳,任何公司若要参与政府采购,必须取得"B-BBEE"积分优势才能获得政府标案。但由于在所有权、优先采购和管理控制等方面的计分方式不太合理等问题,许多外国投资者认为这些条款过于烦琐,且限制性很大,导致他们对南非投资信心下降。

2022年9月2日,经合组织发布了一份名为《通过企业实际税率评估定向投资税收激励措施的税收减免情况》的工作报告,该报告可能对投资者了解南非税收减免优惠政策有益。①

南非当地也有不少专注研究投资政策问题的智库,如"贸易和工业政策战略研究院"就是南非的一个独立智库,它主要发布包括绿色能源、运输、矿产、资金流动和国有企业等主题的政策简报。②这些研究评论对相关投资者有一定的借鉴作用。"南非发展和企业中心"是另一个著名的专注发布投资政策相关报告的智库,他们主要关注经济本地化、基础设施建设项目和经济特区等议题。③

在利商便捷方面,南非贸工部下设的贸易投资局建立一站式服务中心,以简化外国公司在开普敦、德班和约翰内斯堡等地投资的行政程序。理论上,该一站式服务中心由政府官员组成,负责处理监管、许可审批、配

① 报告原文可参考 www.oecd.org/southafrica/assessing-tax-relief-from-targeted-investment-tax-incentives-through-corporate-effective-tax-rates-3eaddf88-en.htm。

② www.tralac.org/blog/article/13930-the-energy-crisis-how-will-investors-look-at-south-africa-now.html.

③ www.cde.org.za/publications/growth-and-jobs/.

套措施、金融和激励措施等工作，以减少冗长的官僚程序，并为投资提供后续跟踪服务，其网站为www.investsa.gov.za/one-stop-shop/。但根据一些外国投资者的反馈，一站式服务中心经常处于无人办公、无人管理的状态。

公司与知识产权注册局为企业发展提供商业注册服务，并在网上发布详细的注册指南，投资者可通过自助终端或者合作的私人银行办理商业注册业务。[①]此外，新企业还必须通过南非税务局申请营业税（小型企业）、企业税、雇主缴纳的PAYE税（所得税预扣）和技能发展税（适用于大部分企业）。超小型非正式企业可豁免在公司与知识产权注册局的注册，但必须在税务机关注册。此外，企业还必须在劳工部注册，以向失业保险基金和职业伤害赔偿基金缴纳款项。劳工部的注册可能需要长达30天的时间，但可以与其他注册同时进行。

二、投资相关法律制度

（一）监管体系的透明度

南非的法律一般以草案的形式公布，这样公众可以获得完整的草案文本，而利益相关者也可表达自己的意见。[②]尽管如此，外国投资者还是会对南非政府听取并遵循意见感到信心不足。在南非，法律、监管和会计制度原则上应该是透明的，并与国际规范保持一致。政府的管理制度和议会通过的法律都需要接受司法机关的审查，以确保行政程序的规范性。南非审计局作为南非最高审计机构享有宪法委托，对公共部门进行监督和问责。

在南非，贸工部负责投资相关法规的制定。除了制定和审视与市场竞争、标准制定、消费者保障、公司及知识产权的登记和保护等相关的监管制度，该部门还监督国家和省级监管机构的运作状况。

为促进商业监管体系的透明度，维护公众利益，南非颁布一系列相关

① www.cipc.co.za/index.php/register-your-business/companies/.

② www. gov. za / document? search_query= &field_gcisdoc_doctype=545&field_gcisdoc_subjects=All&start_date=&end_date=.

法律法规。例如,2008年南非颁布《南非消费者保护法》,保护消费者的各种权益,如产品选择权、公平的合同条款权益和产品质量保障权益等。此外,南非于2005年颁布的《国家信贷法》旨在促进建立公平的消费者信贷市场,并制定一系列管理标准。[①]

2022年12月,南非先后颁布《金融机构和存款保险征税(管理)法案》和《存款保险费法案》,这两项法案旨在促进金融部门监管和监察机构资金,以确保其能有效监管金融部门,更好地维护金融客户利益。根据这两项法案的备忘录,存款保险费将对持牌银行、互助银行、合作银行和在南非开展相关业务的外国银行分支机构征税。

此外,南非正在制定新的法律法规,以提高大公司的透明度及更好地落实问责制,力图将“受益所有权”概念纳入法律,并向公众提供更多的公司信息。2021年10月,南非贸工部发布《公司修正法案》,并征求公众意见。此法案于2023年8月通过。该法案旨在修订2008年第71号《公司法》,有关监管体系透明度的主要修改之处在于:

公布高管薪酬:这是该法案的主要目标之一,即推动大公司高管薪酬制定过程更加透明化。因此,该法案要求所有上市公司和国有公司在每年年度股东大会上都需要向股东提交薪酬报告,由股东决议批准。

公开公司部分资料:该法案增加第三方查阅大型公司资料的途径,目的在于提高公司信息透明度以提升企业对公共利益的责任感。

改善营商环境:该法案中的多项条文都旨在减少公司运营的行政负担。

受益拥有权和新的“真正拥有人”概念:该法案的目标之一是防止洗钱和恐怖主义融资,为此该法案引入了受益拥有权概念,也被称为“真正拥有人”。真正拥有人指的是对公司股份行使实际控制权的人,而非登记持有人或其他任何类型的中间人。

① http://www.theDTIC.gov.za/wp-content/uploads/NCA_Brochure.pdf.

目前南非尚未有环境保护、社会责任和公司治理相关的信息公开制度。值得注意的是，2022年6月，约翰内斯堡证券交易所发布《可持续性发展信息公开指南和气候信息公开指南》。[①]这是一份针对约翰内斯堡证券交易所上市公司有关可持续发展和气候信息公开的自愿性指南。它在借鉴现有的国际通用框架基础上结合南非本地的实际状况，要求在约翰内斯堡证券交易所上市的公司必须遵守规定，持续公开公司治理（环境保护、社会责任和公司治理）相关信息。对其监管需经法律审查，并向公众公开，以供利益相关者评议。

早在2017年，南非就颁布一系列有关优先采购的规定，要求所有3000万兰特以上的合同都必须包含30%的本地分包。这些条例还规定之前因种族隔离制度而处于经济劣势地位的特定群体可以在政府的支持下单独承包部分合同。后来南非宪法法院判定采购条例与宪法不符，并要求财政部部长在12个月内对其进行修改。由于2017年的条例并没有仔细界定部分概念，导致各州政府拥有很大的自由裁量权。比如，之前的采购条例并没有对“本地”进行定义，导致部分选区议员认为当某项目在其选区进行时，该选区的居民应是唯一受益人。2022年11月，财政部部长在政府公报公布新的《优惠采购条例》，规定政府的采购政策必须实行优惠积分制度。

《优惠采购条例》导致的问题之一是，国家机关在采购过程中应如何界定“以前处于不利地位的特定群体”。虽然优惠采购条例没有明确要求考虑“B-BBEE”，但政府仍然可以将其与就业公平、绿色采购、本地化内容和生产等其他方面一起作为重要的加分点。这些规定使政府在采购政策上具有更大的灵活性，但加分点的分配存在不公正和不透明的风险。

南非的财政透明度总体上令人满意。财政部在网上公布执行预算，而制定的预算通常在制定后三个月内公布。年终报告在财政年度结束后的

---

① https://www.jse.co.za/our-business/sustainability/jses-sustainability-and-climate-disclosure-guidance.

12个月内公布。债务信息至少每年向公众公开并更新。公共财政和债务等方面也相当透明。

(二)国际监管方面

南非是非洲大陆自由贸易区成员国,该贸易区于2021年1月正式开始运作。此外,南非也是东南非共同市场—南部非洲发展共同体—东非共同体三方自由贸易协定的签署国。同时南非也是南部非洲关税联盟的成员国,该联盟在其5个成员国(南非、博茨瓦纳、索莱托、纳米比亚和斯瓦蒂尼)之间具有共同的对外关税和免关税贸易。南非与南部非洲发展共同体签订了自由贸易协定,建立了南非—欧盟贸易、发展及合作协定,构建欧洲自由贸易联盟—南部非洲关税联盟自由贸易协定。更重要的是,南非于2010年12月23日成为金砖国家合作机制正式成员国。这些都为南非对外贸易打开了通道。

2017年11月,南非批准了世贸组织《贸易便利化协定》,履行了许多承诺。但南非政府不是世贸组织政府采购协议的缔约方,这就导致在招标的各个环节容易出现问题,尤其是由于缺乏透明度,招标过程中的腐败已经构成重大问题。

(三)投资相关法制和司法独立

南非拥有比较完整的法律体系,主要由继承自荷兰的民法、英国的普通法和非洲习惯法组成。一般来说,南非在刑事和民事诉讼程序、公司法、宪法和证据法方面遵循英国法,但在合同法、侵权法和家庭法方面遵循罗马—荷兰普通法。南非的公司法管辖范围包括外部公司、非营利性公司和营利性公司(包括国有企业)。在司法和宪法发展部的资助下,南非在350个地区设有区法院和地方法院,在每个省设有高等法院。南非有多个专门法院,包括竞争上诉法院、选举法院、土地索赔法院、劳工和劳工上诉法院以及税务法院,以处理纳税人与南非税务局之间的纠纷。与其他法院一样,裁决也要遵循同样的上诉程序。

需要注意是,与国外直接投资相关的法律法规包括:《公司法》,主要涉及在南非公司的注册和运作。《投资保护法》，旨在保护外国投资者权益。《劳动关系法》，为保护劳工和雇员免受不公平待遇。《海关和消费税法》，为各部门的投资者提供一般奖励。《竞争法》，负责评估、调查和管控限制性行为、权力滥用和非法合并。《经济特区法》，通过提供支持性措施吸引外国投资和技术引进，以促进国家经济增长和出口。

此外，值得注意的还有南非管理外国投资的主要监管机构，主要包括公司与知识产权注册局，这是贸工部根据《公司法》下设的机构，主要负责公司注册和知识产权等事宜；竞争委员会，该委员会是根据1998年《竞争法》（第89号）设立的法定机构，主要负责调查不正当竞争等相关事宜；竞争事务裁判处，该机构是根据《竞争法》设立的法定机构，主要负责裁决竞争事宜；南非储备银行的金融监管部门，该部门属于政府部门，主要负责管理和实施外汇管制政策，执行外汇管制条例等。

在土地征用与补偿方面，南非在漫长的殖民时期实行种族歧视的财产法和土地分配制度，导致南非土地所有权和财产分配模式严重扭曲。鉴于全国大选后南非的土地改革进程依旧缓慢，国民议会于2018年2月通过了一项动议，以研究修改宪法（特别是第25条“财产条款”），允许无偿征收土地。议会指定了一个由各政党议员组成的特别宪法审查委员会，负责研究是否应该修改宪法以允许无偿征收土地，以及如果允许则应如何执行等问题。2018年12月，国民议会通过了该委员会建议修改宪法的报告。在2019年5月的选举之后，新议会成立了一个特设委员会，以启动和引入立法，修改《宪法》第25条。委员会起草了宪法修正案，明确允许无偿征收土地政策，并在2021年3月之前接受公众对草案的意见。经过数次延期，南非国民议会于2022年12月7日投票否决了允许无偿征收土地的宪法修正案，使执政党非洲人国民大会解决土地分配不公的努力受挫。

（四）投资争端解决机制

南非是1958年《承认及执行外国仲裁裁决公约》的成员国，承诺外国和非国内仲裁裁决不会受到区别对待，并确保这类裁决在其法域内同国内裁决一样得到承认并普遍能够强制执行。但南非却并未加入《关于解决各国和其他国家的国民之间的投资争端的公约》,也不是世界银行的国际投资争端解决中心的成员国。

2015年《促进投资法》取消了双边投资协定提供的通过国际法院解决投资者与国家争端的选择,规定投资者若对南非政府的行为有异议则必须通过贸工部任命的调停人来出面解决。外国投资者也可以向南非境内任意有管辖权的法院、独立法庭或法定机构寻求解决争端的办法。但是,在南非,解决争端是相当耗时的过程。如果事态紧急且主审法官许可之下,可以在几天内做出临时判决,但上诉过程通常需要数月或数年;如果是法律纠纷且不是紧急事项,则可在几月内解决;如果存在事实争议,将问题提交审判,则需要数年时间。

南非1965年颁布的《仲裁法》不区分国内仲裁和国际仲裁,也不以联合国国际贸易法委员会的国际商事仲裁示范法为基础管辖南非的仲裁。南非法院保留自由裁量权,可以使用外国司法管辖区的法律审理合同纠纷。但是,南非法院将以合同中规定的国家或管辖权的法律来解释合同。南非承认国际商会监督跨国商业纠纷的解决。替代性争议解决在南非越来越受欢迎,原因有很多,包括对证据、案件文件和判决的保密性。南非的《公司法》也提供了一种替代性争端解决机制。

三、投资相关产业政策

(一)南非最新投资激励政策

为缓解电力短缺压力,南非政府从2023年起为屋顶太阳能电池板提供税收激励计划。在私人住宅安装新的太阳能光伏电池板,都可获得其价格25%的税收减免,即安装者的2023—2024年度个人所得税最高可获得15000兰特的税收减免。南非政府还宣布扩充1962年《所得税法》(第58号)中的第12B条,允许企业从利润中扣除其全新太阳能电力系统的成本。

此外,南非政府为特定部门或商业活动类型提供各种投资激励措施,包括对汽车部门提供税收补贴以及对电影和电视行业提供返利政策。南非政府特别青睐劳动密集型产业和具有当地供应链发展潜力的行业。更多激励计划信息可见其官网。[①]

南非公共投资公司是一家南非政府全资持有的资产管理公司,受2004年《公共投资公司法》管理。该公司的客户大多是政府公共部门,包括政府雇员养恤基金和失业保险基金等。南非公共投资公司经营多元化的投资组合,包括上市股票、房地产、资本市场和私募股权等。如果该公司认为某外国直接投资可以为南非创造社会价值,尤其是可以为南非带来大量就业机会,则该公司会联合外国投资者共同出资。

另一项重要的政府激励计划是"关键基础设施计划",它旨在通过认定关键基础设施,推动基础设施投资,以降低经营成本。"关键基础设施计划"是一种成本分摊式激励措施,适用于已批准的申请人或关键性基础设施项目。贸工部通过该计划可以提供以下资助:为符合条件的基础设施建设提供总成本10%~30%的资助;对于农产品加工业,提供基础设施建设总成本10%~50%的资助;对于可以减轻国家电网电力依赖的项目,提供10%~50%的资助。以上资助最高可达5000万兰特。

为了鼓励和支持寻求绿色经营的企业,《所得税法》也有相关激励措施。2013年通过的《所得税法》第12L条允许对节能措施进行扣除。企业可以根据经过核实的12个月基线,对一年内实现的节能效果申请每千瓦时95美分的扣除。基线测量和节能量验证必须由南非国家认证系统认证的测量和验证机构完成。该激励措施允许对所有能源公司进行减税,而不仅仅是电力企业。但可再生能源除外,因为可再生能源有单独的规定。2015年的一项修正案规定,如果能源转换效率超过35%,企业可以申请从热电联产(即热能和电能相结合)中节省的费用。企业想要申请减免的所有能效计划都需要在南非国家能源发展研究所注册,网址是https://www.

① www.thedtic.gov.za/financial-and-non-financial-support/incentives/.

sanedi.org.za/12L.html。

(二)外贸区、自由港和贸易便利措施

南非于2001年设立第一个工业开发区。工业开发区提供与生产相关材料的进口免税政策,以及对来自南非的材料实行零增值税。可为中小型企业或新的外国直接投资提供加急服务和物流安排。贸工部可为基础设施建设提供共同资金,但对其他法律法规,如《环境法》和《劳动法》,没有任何豁免。制造业发展局与负责工业开发区海关事务的税务局合作,为工业开发区的企业颁发许可证。工业开发区的经营者可以是公营、私营或两者兼有。南非目前有五个工业开发区:库哈工业开发区、理查德湾工业园开发区、杜比贸易港、东伦敦工业开发区和萨尔达尼亚湾工业开发区。

南非还有专注于工业发展的经济特区。经济特区包括工业开发区,但也为出口驱动型工业以外的经济活动提供了空间,包括创新中心和区域发展中心。南非目前有六个经济特区:亚特兰蒂斯绿色科技经济特区、恩科马齐经济特区、马利提—阿—波丰经济特区、穆西纳—马卡多经济特区、茨瓦内经济特区和奥利弗·坦博经济特区。经济特区激励战略规定15%的公司税(而不是目前的28%)、建筑税津贴、就业税激励、海关监管区(免增值税和关税)。

(三)本地化要求

南非政府鼓励各行业在商品和技术方面尽可能由本国提供,同时政府采购通常要求大量使用本国产品。政府的本地化政策于2021年进行修订,重点规定到2025年,在选定的类别中用本国产品替代20%的进口产品,总价值约200亿兰特。其中最突出的例子是纺织产品,按照纺织品工业总体规划,到2030年,在南非所有销售的服装中,至少有60%是由本国制造。

2023年1月,以2000年《优惠采购政策框架法》为基础修改而成的新的《优惠采购条例》正式生效,该条例允许国家各机关根据具体情况施行独立的采购政策。例如,南非国防军要求所有制服都必须从本国生产商处

采购。

南非政府于2021年4月发布了《国家数据和云政策》草案，旨在将南非政府置于国家数据控制的核心位置。该政策草案提出了一系列政府干预措施，包括建立一个新的国有企业来管理政府拥有和控制的网络。它旨在整合政府资助的数据中心的过剩能力，并提供数据处理和云计算能力。政策草案规定，对数据中心的投资将集中在南非的大都市地区，如豪登省、夸祖鲁—纳塔尔省和西开普省。此外，政策草案建议建立一个数字信息与通信技术“经济特区”，以鼓励国内外对数据和云基础设施与服务的投资。该政策草案目前仍在谈论之中。

更重要的是，该政策草案规定了数据本地化的具体要求。为此，该政策草案特别规定：在南非产生的数据应属于南非的财产，无论技术公司的注册地在哪里；个人信息和数据的所有权和控制权应符合《个人信息保护法》的规定；贸工部应通过公司与知识产权注册局和国家知识产权管理局制定一个关于知识活动产生的数据的政策框架，包括此类数据的共享和使用。《个人信息保护法》于2021年7月全面生效，规定了如何处理个人信息以及在何种条件下可以将数据传输到南非境外。目前没有任何规定要求外国信息技术提供商交出源代码或提供监控权限。

四、外汇和汇款

（一）外汇政策

南非储备银行的外汇管制部是负责外汇管制的主要部门。按照规定，得到授权的外汇交易商（通常是大型商业银行）必须处理国际商业交易，并报告每笔购汇。一般来说，资金的兑换和转移只会出现有限的延误。由于南非的外汇系统相对封闭，所以任何一家私人机构，无论规模有多大，都不能对大量兰特进行超过5年的套期保值。虽然非本国居民可以自由地将资本转入或转出南非，但交易必须向当局报告。非本国居民可以不受限制地购买本地证券。为方便资金和利润的汇回，外国投资者应确保授权交易商在其股票上标注“非居民”。外国投资者还应确保妥善保存投资记录。

南非实行灵活的汇率制度,汇率自由浮动,且南非储备银行对汇率波动持宽容态度。这是因为南非外汇债务水平较低。兰特的价值与任何商品一样,是由市场供求关系决定的。货币的供求关系将决定其相对于另一种货币的价值。

(二)汇款政策

在2020年预算报告中,南非国家财政部提出全面改革外汇管制制度,其目的是通过实施新的资本流动管理制度,简化甚至免除一些烦琐和不必要的行政审批程序。在这一框架下,除受资本流动管理措施约束或构成非法跨境资金流动高风险的交易,所有跨境交易都将被允许。此外,有关合法资金流动的行政审批程序会被简化,同时将采取更有力的措施发现和阻止任何非法跨境资金流动。为落实这一框架,南非将起草新的资本流动管理条例。《税法修正案》于2021年1月生效,其中就包括与新实施的资本流动管理系统相关的税收建议。

外国公司在南非的子公司和分支机构在法律上与南非本地公司有同等地位,并受南非储备银行的外汇管制。南非公司可以自由向非本国居民汇出资本投资的还款、股息和分支机构利润(前提是此类转移来自贸易利润,且资金来源不过度依赖当地借贷)、利息支出(前提是利率合理),以及为使用专有技术、专利、商标或类似财产而支付的特许权使用费或类似费用(须经南非储备银行事先批准)。

南非公司(不包括信托公司)可通过所有授权交易商向共同货币区(斯威士兰、莱索托、纳米比亚和南非)以外的公司进行对外直接投资,每家公司每年的投资额最高可达10亿兰特。南非个人可自由投资于在南非证券交易所上市的外国公司。信誉良好的南非纳税人可在其他国家进行总额不超过1000万兰特的投资。目前,南非的银行可将其资本的25%用于直接和间接对外负债。此外,共同基金和其他投资基金最多可将其零售资产的25%投资其他国家。养老金计划和保险基金可将其零售资产的25%投资其他国家。

在接受或偿还外国贷款之前,南非居民必须获得南非储备银行的批准。在不涉及本地生产的情况下,南非储备银行还必须批准向非本地居民支付特许权使用费和许可费。与制造工艺和产品的专利有关的特许权使用费的支付必须由国家贸发局批准。在提供发票证明的情况下,南非公司可支付外国管理费和其他服务费。

五、商业腐败问题

南非有一个强有力的反腐败机制,但法律执行不力,公共部门问责率低,甚至举报人仍然面临巨大风险。腐败被视为严重的投资障碍,尤其是在公共采购方面。高层政治干预极大削弱了国家检察机关应对公共部门腐败和国家俘获的调查能力。"国家俘获"(State Capture)一词用来描述私人利益集团对国家决策过程的系统性腐败,是前总统祖马政府的代名词。为了回应广泛的问责呼声,拉马福萨总统发起了四个独立的司法调查委员会,调查公共投资公司、南非税务局和国家检察总署等部门的腐败、欺诈和渎职行为,这些调查揭示了各级政府中普遍存在的腐败网络。2018年启动的反贪腐调查委员会于2022年公布了其报告,揭示了前总统雅各布-祖马统治时期腐败的严重程度。

公共服务与管理部负责协调南非政府的反腐举措,南非的重点犯罪调查局主要负责有组织犯罪、经济犯罪和腐败问题。公共保护者办公室是宪法授权的机构,负责调查政府滥用职权和管理不善的情况。《预防和打击腐败活动法》正式将公共和私营部门的腐败行为定为刑事犯罪,并将具体罪行(如敲诈勒索和洗钱)的量刑编纂成文,使法院更容易执行。《预防和打击腐败活动法》适用于在该国开展业务的国内外组织,涵盖收受或提供贿赂、影响证人、篡改证据、妨碍司法、采购和撤回投标以及利益冲突等方面。由于执行不力,该法案缺乏对举报人的保护机制。《促进信息获取法》和《公共财政管理法》要求增加获取公共信息和审查政府支出的途径。

南非政府的最新举措是成立了一个反腐败和安全服务办公室,旨在专门解决入境口岸利用伪造证件和其他手段进行腐败的问题。

六、当前中国企业投资南非的机遇与风险

据中国海关总署2023年8月23日发布数据显示,2022年中国对南非进出口3771.3亿元,比上年增长8.6%;2023年以来进一步提速,前7个月中南双边贸易2261.5亿元,同比增长10.5%,南非继续保持中国在非洲第一大贸易伙伴地位。中国是南非主要投资来源地之一,投资存量超过100亿美元,涵盖金融、家电、汽车、矿业、能源等多个领域,南非也是实际对华投资最多的非洲国家,双方形成了稳定、强健的供应链、产业链合作关系。

2023年8月22日,中国国家发展改革委主任郑栅洁和南非国际关系与合作部部长潘多尔代表两国政府签署《中南关于同意深化"一带一路"合作的意向书》,加强务实交流,进一步推动双方共建"一带一路"合作走深走实。

(一)中国企业投资南非新机遇

1.电动汽车及汽车零部件业

中国在电动汽车领域有较大优势,比亚迪、吉利汽车、东风汽车、长城汽车和江淮汽车等中国电动汽车制造商积极寻求在非洲的扩张。目前中国的电动汽车在大多数非洲国家市场中占据主导地位。虽然南非现有的1200万辆汽车中只有一小部分是电动汽车,但潜在市场广阔。尤其是在《广义基础的黑人经济振兴法案》政策下,大量南非黑人获得就业机会,收入显著增长,他们对于廉价汽车的需求会逐步增加,而中国品牌正以更低的成本和更低廉的价格为这些潜在的电动汽车购买者提供更多选择。此外,中国的汽车零组件也属于强项产业,且南非政府利用汽车生产暨发展计划予以大力支持。统计显示,南非小汽车约500万辆,其中一半以上车龄在10年以上,对零组件需求颇大。

2.太阳能相关产业

南非煤矿资源丰富,全国电力来源主要为燃煤发电,受到气候变迁及环境保护影响,南非推出了能源整合计划,未来将减少依赖燃煤发电,并配合各项奖励措施,积极发展太阳能、风力、水力等绿能产业。自2008年发生电力短缺危机后,南非政府即鼓励民众于家中安装太阳能热水器及照明设备,并提供补助。南非政府从2023年起为屋顶太阳能电池板提供税收激励。在私人住宅安装新的太阳能光伏电池板,都可获得其价格25%的税收减免,即安装者的2023—2024年度个人所得税最高可获得15000兰特的税收减免。

南非政府亟盼民间企业积极参与发展再生能源产业,以期引进研发技术及管理经验。南非自身优势为拥有丰富天然资源,例如南非日照充足,全年平均值为每日7.5~9.5小时,非常适合发展太阳能光电,但南非再生能源产业供应链不完备、标准化程度太低等因素制约再生能源产业发展,反观再生能源为中国产业强项,南非产业发展需求与中国出口拓销策略形成互补。

3.电厂

根据拉马福萨总统的"经济复苏和重建计划",南非政府近年来致力于迅速扩大能源生产力。政府正在加速推进《综合能源计划》的实施,以推动可再生能源、电池储存和气体技术的研发工作。具体措施包括:与独立发电商签订协议;推动可再生能源招标方案;调整电力监管框架,加速自用发电项目的审批速度;继续推动将南非国家电力公司重组为独立的发电、输电和配电实体的工作等。

南非电力短缺与政府对于新能源的重视,为我国投资南非新能源项目提供契机。2023年6月,中国—南非新能源投资合作大会在约翰内斯堡举行,与会两国企业代表围绕绿色能源助力南非经济发展的主题进行交流研讨,以加强对接,积极推进新能源项目的合作。

4.农产加工

南非积极发展农产加工产业,包含食品加工、饮料、水产、园艺等4部门。其中食品加工部门目前为制造业中雇用人数最多者,共约有16万人,若包含上游的初级农产品部分,则就业人口预计高达100万人。鉴于南非拥有丰富农产资源,为增加农产品经济价值,南非政府积极发展农产加工业,吸引相关厂商投资。中国食品加工产业发展多年,产业基础雄厚,产品营销全世界。在南非政府积极发展该产业之际,我商可把握该契机赴南非投资,开拓高成长的非洲市场。

5.营运中心

鉴于国际性企业如在南非设立营运总部可为南非带来可观税收利益,南非政府希望通过资格规范的松绑,吸引更多的国际性企业以南非作为对外(特别是非洲)投资的基地。南非此项政策旨在改善投资环境,通过税收优惠以吸引国际性企业在南非设立营运中心,为南非经济转型重要政策。我商可善用此一机制,在南非设立营运中心,争取各项税务优惠,开拓南非及非洲市场。

(二)中国企业投资南非的风险

南非经济相当倚重外国投资,外商直接投资金额占国内生产总值之比重超过50%。在经历疫情期间的投资剧变后,南非政府通过努力恢复政府治理机制,重点打击腐败,逐渐提升投资人信心。但是,不少外国投资者表示,疫情对南非的投资影响只是表象,南非必须进行结构性改革才能真正提高其投资吸引力,实现经济长期增长。虽然南非对外国直接投资的行业限制较少,但若欲取得南非政府或公营事业的采购订单,则必须符合《广义基础的黑人经济振兴法案》规定。此外,南非政府为保护南非本地企业,在行政作业上技术性干扰外资企业,故意延长外商申请期限、行政作业繁杂、办事效率低下、政府官员索贿等现象层出不穷,严重影响南非投资吸引力。

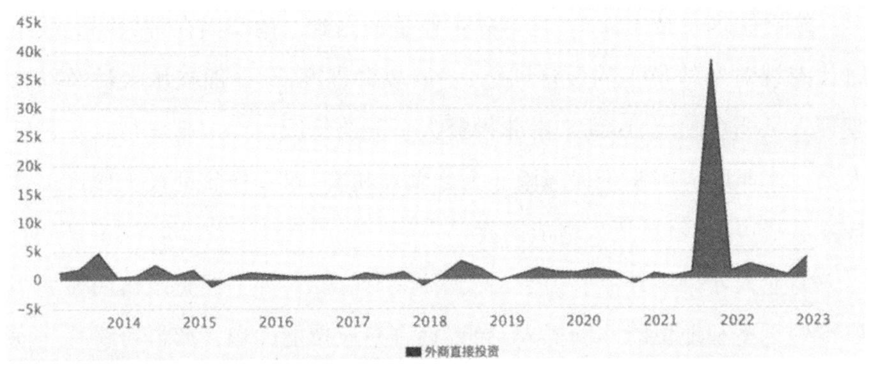

图4.5　南非外商直接投资（单位：百万美元）

来源：https://www.ceicdata.com/en/indicator/south-africa/foreign-direct-investment

社会治安败坏，暴力犯罪猖獗。南非长期以来失业率居高不下，导致暴力犯罪事件时有发生，极大地影响南非投资环境，降低外人投资意愿。南非近几年的治安环境令人担忧，外籍人士的商店与住家不断遭到抢劫，尤其以津巴布韦、巴基斯坦、印度、索马里及中国商人受害最严重，对南非作为非洲经济龙头形象产生严重伤害。所以，无论是向南非投资还是在南非经商，一定要提前了解，预防犯罪事件对我商的影响。

劳工法烦琐及劳资纠纷问题。受历史因素影响，南非劳工素质偏低，多为无技术劳工，加上劳工法严苛，倾向保障黑人、女性及残障人士，易滋生劳资纠纷。另南非工会十分强势，每当发生劳资纠纷，工会即鼓吹劳工罢工，并常对不从者施加威胁。

缺乏周边工业支持。南非缺少生产零配件之周边卫星工业支持，投资厂商生产使用机器设备的零配件，仍须仰赖进口。这就要求厂商保持库存量，以免补给中断，造成停工而影响生产。

赋税高及高汇率风险。南非币长期走贬，汇率变动幅度大，使进出口厂商营运更增困难。如2021年5月南非币对美元汇率为1美元等于13.78兰特，至2021年12月上旬南非币对美元汇率1美元等于16.27兰特。2023年10月，1美元等于19.01兰特。

缺乏经理及技术人员,且申办工作签证困难。南非因在种族隔离政策时代忽视对本地员工的教育训练,普遍教育程度低,一般技术人员及经营管理人员严重缺乏,厂商来南非投资大多需要从国内专门聘雇技术及管理人员。南非政府因基于保障南非人之就业机会,对工作签证及工作许可的核发从严审核,对投资人造成困扰。

专业人才持续外流。由于治安情况每况愈下,加上经贸政策明显偏袒原本处于不利地位的非洲黑人,导致具有专业技能的白人族群纷纷移居海外,使各行业精英人才大量流失,尤其是工程及数理等相关人才流失严重。

第四章　金砖框架下福建及厦门与南非合作

当前，福建省正加快推进“十四五”规划实施，全方位推动高质量发展。而中南两国全面推进两国在基础设施建设、人力资源培训、产业产能合作、农业现代化、海洋经济及国际事务等十大优先领域合作。福建在此框架下加强与南非的金砖合作大有可为。

一、福建及厦门与南非合作进展

（一）福建与南非合作进展

南非是同福建经贸、人文交流合作最为紧密的非洲国家之一，也是闽侨最为聚居的非洲国家。当前，福建省正深入推进先进制造业强省，做大做强电子信息和数字产业、先进装备制造、石油化工等六大主导产业。[①]南非各类资源丰富，与福建省产业互补性较强。福建重点推进的战略性新兴产业（新材料、新能源、节能环保、生物与新医药、海洋高新等），也是南非正着力推进产业转型升级的重要领域，双方合作共促发展的潜力巨大。

正因此，2023年福建对南非和非洲的进出口逆势增长，呈现出较大开拓空间。据厦门海关统计，2023年前5个月，福建对非洲外贸进出口总额382.6亿元，同比增长12.5%。其中进口167.5亿元，增长11.4%，出口215.1

①《福建省国民经济和社会发展第十四个五年规划和二〇三五年远景目标纲要》，2021年，第24页。

亿元,增长13.3%。[①]南非是福建在非洲最大的贸易伙伴。2023年前5个月,南非、尼日利亚、加纳与福建的进出口分别为97.8亿元、37.4亿元和21.1亿元,位居非洲国家前三。福建对非洲和南非的出口产品以机电产品和服饰为主,进口则以金属矿砂和原油为主。

而福州关区对南非进出口增长的速度尤其引人注目。2023年1—7月,该关区对南非进出口总额34.71亿元,同比增长114.69%。[②]这很大程度上得益于2021年中国海关与南非海关签署AEO[③]互认安排。像福耀玻璃工业公司、宝钢德胜不锈钢公司等都在通过AEO认证后,实现了进出口的快速增长。

这一成绩与福建大力同非洲开展经贸交流的活动分不开。譬如,2022年5月18日,中国(福建)—非洲青年跨境电商大会在石狮市以线上方式召开。来自南非等非洲国家的青年企业家代表和电商创业人员、省内高校非洲留学生代表参会。非洲两大跨境电商平台Jumia、Kikuu的负责人介绍平台优势和创业经验;跨境电商专家学者、石狮市优秀企业家分享跨境电商在促进创业方面的良好做法,同时就有关合作意向进行交流。

在科技和合作与人文方面,2022—2023年福建和南非的接触、交流与合作频次大为增加,层次大为深化。2022年5月11日,2022金砖国家传统医药高级别会议在北京和漳州以线上线下方式召开。来自中国、南非、印度等国的官员代表和专家近百人参会。[④]福建省副省长李德金表示,福建培育出24个国家级、省级闽医学术流派,愿意为加强金砖国家传统医药交流,推动传统医药服务,参与金砖国家卫生健康治理贡献自己的经验。

2022年5月23日,金砖国家工业互联网与数字制造发展论坛在福建举办,南非驻华大使谢胜文等嘉宾以线上线下方式发言。福建省就数字化

① 王羚菲:《前5月福建对非洲进出口增长12.5%》,《福建日报》2023年6月14日。

② 吴桦真等:《前7月福州对南非进出口增长114.69%》,《福州日报》2023年8月28日。

③ AEO即经认证的经营者(Authorized Economic Operator),是海关最高信用等级,旨在保护和便利日益增长的国际商业、国际贸易,提升全球贸易供应链安全和便利化水平。

④ 2022金砖国家传统医药高级别会议成功召开,http://www.natcm.gov.cn/guohesi/gongzuodongtai/2022-05-12/26287.html。

转型、智能化改造等领域的经验作分享，与会嘉宾围绕制造业数字化转型、绿色发展等话题开展深入探讨。论坛还发布了《金砖国家制造业数字化转型合作倡议》。2022年6月，金砖国家可持续发展高层论坛在福州举行，福建省和国家发展改革委相关领导出席，南非科创部官员杜特伊特等金砖国家政府部门代表作线上主旨发言。[①]会议设置主论坛、平行分论坛和产业对接会，参会外方希望推进卫生、产业链安全等领域合作；福建省表示，将坚持“金砖+”合作理念，致力在解决自然灾害、粮食能源安全等重大问题方面与金砖国家携手应对全球性挑战。论坛还发布了《金砖主席国产业合作福州倡议书》。

2022年8月10日，由福建省外办和省港口集团共同主办的“国际友城+”系列活动之“福建省国际友城海洋经济与港口合作对接会”以视频连线方式成功举办，来自南非等8个国家的友城港口和企业代表参会并作推介交流。厦门港务集团等公司负责人应邀与南非德班港等代表相互推介各自港口并就有关合作需求进行对接交流。此次对接会旨在为福建省与国际友城深化港口对接，共谋海洋经济合作搭建交流平台。2022年11月4日，在福建省文化和旅游厅指导下，法国、南非等9个国家的福建文化海外驿站，近期分别在海外华文媒体和脸书、推特等海外社交平台开展“大美中国”视频展播活动。[②]该活动通过系列双语宣传片《清新福建人文福地》《山海和鸣》和《听见中国》等，全面立体推介清新福建，在海外引起国际友人和华人华侨的热烈反响。

2023年1月中旬，“欢乐新年 福建祝福”——2023新年民族音乐会（福建）在线上成功举办。马来西亚、南非等9个国家的福建文化海外驿站组

---

① 金砖国家可持续发展高层论坛在福州举办，http://brics2022.mfa.gov.cn/chn/dtxw/202207/t20220708_10717130.html。

② 王文青：《倾听福建山海和鸣展现大美中国风采——海外网友点赞福建文化海外驿站“大美中国”系列视频》，东南网，http://overseas.fjsen.com/2022-10/31/content_31167357.htm。

织国际友人和华侨华人等,通过东南网等平台观看音乐会精彩节目。该系列活动已成为福建面向全球文化交流的桥梁和媒介,更让身在异乡的华侨华人听得到乡音,唤起福建乡愁。2023年2月春节之际,南非、马来西亚等国的福建文化海外驿站推出“清新福建下午茶·福建有约”系列活动,参与人数超过7000人,受到海外华文媒体广泛关注。在南非活动现场,南非金砖国家大使苏克拉尔献上新春祝福。该活动旨在以茶为媒,让海外友人亲身体验福建文旅资源。5月,为庆祝“国际茶日”,福建文化海外驿站及旅游推广服务中心·南非站携手德班理工大学孔子学院,开展了“清新福建下午茶·茶和天下”活动,现场约有60位南非青年参与。[①]活动还设置了中华民族服饰试穿、闻香识茶等中华文化体验环节,加深了当地友人对福建、对中国传统文化的理解和认知。

7月4日,中国—非洲纪实影像交流日活动在泉州举办。活动聚焦“纪实影像推动文明交流互鉴”主题,邀请中非纪实影像创作者与学者就影像合作等开展研讨交流。活动中播放了《华人在南非》《90后的中非情缘》等4部优秀纪录片,南非纪录片导演法伊克·戴尔等创作者,围绕中非纪实影像的拍摄、传播、合作等主题做精彩演讲。与会者希望通过纪录片搭建起一座沟通和理解的桥梁,让更多中国人了解非洲,也让更多非洲人了解中国。

2023年德班理工大学孔子学院50名师生联名致信习近平,讲述学习中文的经历和收获,感谢中国政府为非洲青年追求梦想提供更多机会。8月中旬,习近平复信该院师生,鼓励他们学好中文,为传承发展中南两国友好事业贡献力量。德班理工大学孔子学院中方合作院校为福建农林大学。自成立以来,该孔子学院成功组织100多名汉语学员通过夏/冬令营到中国短期学习,积极向南非学生宣传留学中国项目,推荐20多名学员赴北京大学、福建农林大学等高校攻读学位。此外,该院还积极在水环境治理、食品

① 马帅航:《“清新福建下午茶”在南非举办以茶会友共叙友谊》,东南网,http://overseas.fjsen.com/2023-05/29/content_31327404.htm.。

安全等领域与其他高校开展联合培养研究生等模式合作，于2017年获得“全球先进孔子学院”称号，已成为中南人文合作交流的典范。

2023年9月18—21日，省长赵龙率福建省代表团访问南非，就金砖合作机制和“一带一路”框架下经贸、教育、友城、体育和文旅等领域合作与南非官员座谈交流，达成一系列合作协议。代表团还访问了福建友城夸纳省、德班理工大学孔子学院，走访了南部非洲中华福建同乡总会、南非各地闽籍乡亲，出席“海丝起点 清新福建”文化旅游推介会，并见证多项合作会议纪要签署。①这次出访是近年到访南非为数不多的中国省级代表团之一，为福建与南非的金砖合作开拓了诸多新路径。

（二）厦门与南非合作进展

2023年以来，厦门与金砖国家的合作逐渐走出疫情的阴霾，在进出口贸易方面恢复迅速，尤其是相比于厦门整体外贸形势严峻的状况而言，展现出能够填补其他外贸需求疲软的地区的巨大潜力，而其中厦门与南非经贸扩展的势头尤其喜人。

仅比较2021—2023年1—7月厦门与金砖国家经贸情况而言（见图4.11），2021年1—7月，厦门对金砖国家进出口394.1亿元，增长27.5%，低于同年1—7月厦门市外贸进出口总额的增长率31.9%；2022年1—7月，厦门市对金砖国家进出口规模达478.9亿元，增长20.7%，而同期厦门市外贸进出口5240.1亿元，同比仅增长6.5%；2023年1—7月，厦门市外贸进出口5521亿元，同比增长5.9%，而同期厦门市自金砖国家进出口总额增长率高达38.1%。其中，进口增长较快的是基础资源，如煤炭、农产品分别增长152.9%和22.1%。出口方面，汽车激增34.9倍、鞋靴增长41.7%。尽管东盟、欧盟和美国仍然是厦门的前三大贸易伙伴，但对金砖国家的进出口增长速度远超它们。

---

①《拓展金砖合作共建“一带一路”：为构建高水平中南命运共同体贡献福建力量》，福建省人民政府网站，http://www.fj.gov.cn/zwgk/ztzl/sxzygwzxsgzx/zx/202309/t20230922_6262482.htm。

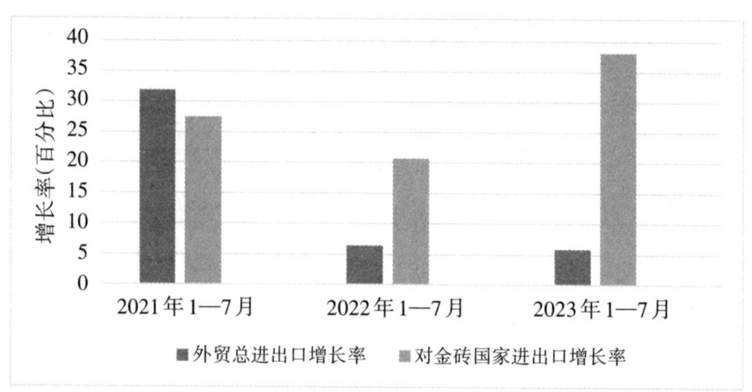

图4.6　2021—2023年1—7月厦门总进出口与对金砖国家进出口趋势

来源:根据厦门海关网站数据整理而得,http://xiamen.customs.gov.cn/.

但在金砖国家中,南非目前是厦门最小的贸易伙伴,双边贸易增长率大大超过厦门总体外贸增长率,但仍落后于俄罗斯和巴西。据厦门海关统计,2023年一季度,厦门市对金砖国家进出口247.7亿元,同比增长57.3%,占厦门市外贸进出口总值的10.6%。其中,厦门对俄罗斯、巴西、南非的进出口分别为113.5亿元、66.5亿元和31.4亿元,同比增长分别为165.8%、39.8%和24.9%,保持较快增长(见图4.7)。

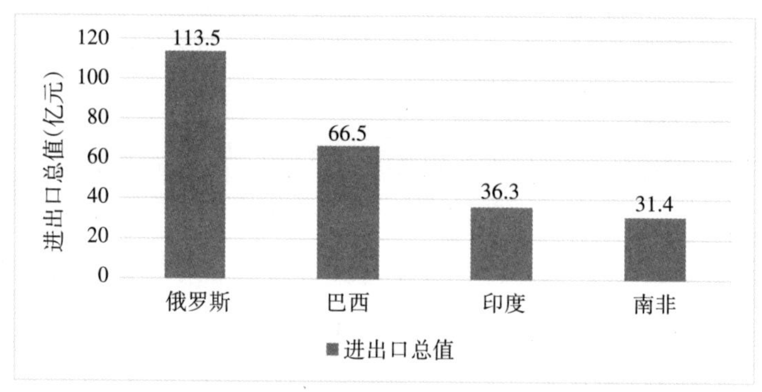

图4.7　2023年一季度厦门对其他金砖国家进出口总值

来源:廖丽萍:《一季度厦门市对金砖国家进出口同比增长57.3%》,《福建日报》2023年4月15日

不过,自拉马福萨政府上台以来,厦门对南非的经贸水平稳中有升,除

2020年受疫情影响一度下跌之外，2021年开始企稳回升（见表4.2、表4.3）。据统计，2019年厦门对南非进出口总额95.91亿元，而2018年为89.27亿元，同比增长7.5%，占全市比重1.5%，南非是当年厦门第十九大贸易伙伴。其中2019年出口南非23.67亿元，同比增长18.67%，占比全市0.67%；从南非进口72.29亿元，同比增长4.29%，是厦门第十四大进口国。2021年厦门对南非进出口总额为113.81亿元，同比增长26.13%，占据全市比重为1.28%，南非是当年厦门第二十四大贸易伙伴，在金砖国家中排名最末。其中2021年出口南非为26.71亿元，同比增长15.03%；从南非进口87.09亿元，同比增长29.97%，为厦门第十八大进口国；在厦门同金砖国家贸易中总量排名最末，但增幅位居第二，仅次于厦门与俄罗斯的贸易，贸易增长潜力较大。①

表4.2　2018—2021年厦门对南非进出口状况表

单位：亿元

年份	进出口总值	出口值	进口值
2018年	89.27	19.95	69.32
2019年	95.91	23.68	72.24
2020年	90.23	23.22	67.01
2021年	113.81	26.71	87.09

来源：根据2018—2022年《厦门经济特区年鉴》数据整理而得

表4.3　2018—2021年厦门对南非进出口增长率

单位：百分比

年份	进出口增长率	出口增长率	进口增长率
2018年	19.1	16.63	19.71
2019年	7.5	18.67	4.29
2020年	−5.95	−1.92	−7.27
2021年	26.13	15.03	29.97

来源：根据2018—2022年《厦门经济特区年鉴》数据整理而得

①《厦门2022年经济特区年鉴》，http://tjj.xm.gov.cn/tjnj/publish/2022/2022.htm。

而在厦门吸引南非投资方面,目前的表现不如人意。截至2021年底,厦门吸引南非企业前来投资共10家,合同利用资金314万美元,实际利用南非投资158万美元,次于毛里求斯、塞舌尔和纳米比亚,居非洲第四位,与南非在非洲的实际地位不太相称。

2022—2023年,厦门和南非在金砖框架的经贸和科技交流频繁而丰富,但尚缺乏足够多厦门与南非或其地方的直接交流合作,更缺乏足够多的实质性的产业、经贸项目的落实。2022年5月21日,金砖国家特色商品电商直播活动在厦门象屿跨境电商产业园举办。活动联合京东、阿里等电商平台,引进南非等金砖国家特色精品,形成金砖产品专区。同时,在线下象屿跨境电商产业园开设金砖国家商品服务中心,展出近700余款金砖国家商品,如首场直播南非专场以"南非轻生活,品酒正当时"为主题,让消费者足不出户就能品味到南非美酒。[①]而自当年4月开启的"买在金砖"系列活动中,南非进口酒直播带货等活动持续举行。

2022年8月29日,第七届金砖国家青年科学家论坛暨第五届金砖国家青年创新奖在厦门举行。来自金砖各国的青年科学家、专家学者近200人与会,南非等国代表通过连线的方式参与论坛及系列活动。9月,金砖国家数字经济对话会在厦门举行,就数字经济合作、产业数字化转型等主题深度对话。南非驻华大使馆(商务)公使约瑟夫就南非数字经济发展现状以及其与金砖国家间的合作情况发言。[②]

当年9月7日,金砖国家新工业革命伙伴关系论坛在厦门开幕,中国政府代表和来自俄罗斯、南非等国负责人致辞。论坛举行金砖创新基地赋能平台上线和产业创新联盟成立仪式,签约29个合作项目。

2022年9月20日,金砖国家友好城市暨地方政府合作论坛以线上方

---

① 福建省商务厅:《买在金砖好货连台金砖国家特色商品电商直播活动在厦举办》,http://swt.fujian.gov.cn/xxgk/jgzn/jgcs/dzswhxxhc/gzdt_598/202205/t20220525_5919682.htm。

②《2022金砖国家数字经济对话会在厦门举办》,民生导报网站,https://baijiahao.baidu.com/s?id=1743477081283938300&wfr=spider&for=pc。

式召开，在福建省政府、厦门市设分会场。南非联合执政和传统事务部部长德拉米尼—祖马等嘉宾作视频致辞。论坛围绕友城合作与绿色转型发展、开放创新与数字化发展等议题分享经验。各方认为，此次论坛契合金砖各国地方政府的共同关切，对接了地方互利合作思路，愿不断深化战略对接，推进友城结好，促进共同发展。①

2022年11月9日，侨连五洲·华侨华人助力金砖国家发展论坛在厦门开幕。来自南非等金砖国家的侨胞代表等150多人参加了论坛，与会专家学者围绕助力金砖合作进行深入交流。王永礼代表福建省委表示，真诚欢迎广大侨胞发挥桥梁纽带作用，支持和参与新福建建设，在数字经济、海洋经济、文旅经济等领域加强务实合作。②

11月4日，金砖国家职业技能大赛决赛和2022金砖国家技能发展与技术创新大赛厦门国际赛同期在厦开赛。前者共有南非、俄罗斯等国3500多支国际参赛队参与角逐，经过选拔，1600多支队伍、近2500名选手进入决赛，是近年来厦门举办的规模最大、对标国际赛的职业技能赛事。大赛聚焦高端制造、数字经济等领域，设置轨道车辆技术、增材制造等26个赛项。开幕式上，来自中国、南非等金砖国家参赛代表团团长致辞，希望以大赛为契机，深化国际产教融合，共同推动金砖国家职业教育高质量发展的愿景。

2023年4月24日，全球发展倡议新工业革命伙伴关系研讨会在厦门开幕，来自25个国家的主管部门、驻华使领馆、领军企业及相关国际组织的约150名代表参加。研讨会分“推动创新包容发展”“营造良好政策环境”和“深化产业国际合作”三大主题展开，并发布《全球发展倡议新工业革命伙伴关系研讨会主席声明》，倡导进一步加强各国在工业化、数字化、可

① 林宇熙：《二〇二二金砖国家友好城市暨地方政府合作论坛举行》，《福建日报》2022年9月22日。

②《侨连五洲·华侨华人助力金砖国家发展论坛在厦开幕》，《福建统战》，http://www.fjtzb.gov.cn/ar/20221111000023.htm。

持续发展领域合作。厦门市市长黄文辉表示，厦门将充分发挥金砖创新基地作用，深化拓展“金砖+”模式，加快构建高效的产业赋能和对接平台，进一步强化开放合作、强化融合发展、强化服务保障，为推动落实全球发展倡议、构建新工业革命伙伴关系提供有力支撑。

2023年9月2日，厦门市代表团访问南非，与德班市签署建立友好城市关系协议书，双方就金砖合作框架下，推动落实新能源等产业合作、港口发展、金砖人才培训等合作项目，并就开拓新能源和文旅产业合作、两市常态化交流等达成系列共识。同时，厦门市金砖办、福建农林大学和德班理工大学签署合作协议，加快在智库合作、人才培养和项目开发、青年创新创业等领域的合作。[①]

二、金砖创新基地推动与南非合作

按照厦门市规划，金砖创新基地将“努力成为金砖和‘金砖+’国家的重要桥梁和纽带、金砖国家新工业革命伙伴关系高质量发展引领示范区”[②]。基地围绕“政策协调”“人才培养”和“项目开发”三大重点任务，着力建设金砖科技创新中心、金砖工业和数字经济产业合作中心、金砖贸易投资中心、金砖创新人才培养中心和金砖政策协调平台。也就是要持续做大“金砖”特色，突出“新工业革命”核心内容，强化“创新”使命，和各方一道，把金砖创新基地打造成为金砖国家在新工业革命伙伴关系框架下的标志性、示范性合作平台。[③]当前基地建设已进入关键期，当大胆谋划新思路，创新机制、平台和项目建设，实现跨越式发展。

①《深化友好交流拓展金砖合作》，《厦门日报》2023年9月25日。

②《厦门市国民经济和社会发展第十四个五年规划和二O三五年远景目标纲要》，https://www.xm.gov.cn/zwgk/flfg/sfwj/202103/P020210406578793305598.pdf。

③ 杨珊珊：《厦门连线参与金砖国家政党、智库和民间组织论坛》，《福建日报》2022年5月20日。

后 记

作为地处厦门这一“金砖之城”的高校，华侨大学积极发挥属地优势，服务国家战略、服务地方政府，在不断地探索和研究中，打造了一支金砖国家研究团队，由华侨大学副校长、金砖国家智库合作中方理事会理事林宏宇教授领衔，依托华侨大学国际关系学院，深耕“金砖+”国家新工业革命伙伴关系的理论研究与政策研究。

自2017年始，为服务金砖国家领导人厦门会晤，华侨大学国际关系学院金砖国家研究团队策划了“三部曲”：编撰并出版了《金砖国家概览》一书、面向厦门市公务员举办了“金砖国家理论培训班”、面向金砖国家学者举办了“金砖国家智库国际研讨会”。此后，华侨大学持续与金砖研究智库、学者展开学术交流和研讨，与国内外智库建立了良好的合作关系。2021年7月，华侨大学与金砖国家新工业革命伙伴关系创新基地签署了合作协议，围绕金砖创新基地建设中的实践与前沿问题，开展系统、深入的理论和对策研究，并形成了具有前瞻性、创新性和可行性的研究成果，为国家、福建省委省政府和厦门市委市政府提供决策参考。

金砖国家国别研究报告是华侨大学作为地方高校特色智库打造的特色研究项目。报告立足金砖国家国情，围绕各国新形势和新发展，对各国政策走向，发展态势，重大政治、经济和社会议题进行分析和研判，对金砖各国对外战略及针对金砖合作的相关政策进行研究，并对金砖框架下的双边、多边合作进行评估和展望。同时，结合厦门金砖国家新工业革命伙伴关系创新基地建设和发展的需要,充分挖掘其推动“大金砖合作”的工作切入点,以及实现与金砖各国,尤其是新成员国有效战略对接的基本路径。

本书为2023年度金砖国家新工业革命伙伴关系创新基地智库合作和课题研究成果,由林宏宇教授担任学术总策划;巴西卷由张恒艳、张晶盈撰写;俄罗斯卷由赵栋、李太龙(Laroslav Zaitsev,俄罗斯)撰写;印度卷由蔡晶、吴蔚琳、斯瓦兰·辛格(Jaswal Swaran Singh,印度)撰写;南非卷由孙旭亮、陈磊撰写。

在编撰过程中,难免疏漏不足,请同行专家学者指正。

编者
2024年12月